本书为湖南省教育厅项目（23A0541）、湖南省自然科学基金项目（2024JJ7121）、湖南省自然科学基金项目（2022JJ50214）研究成果。

制造企业精益绿色制造系统集成效应研究

朱小勇　张 华 著

西南财经大学出版社
Southwestern University of Finance & Economics Press

中国·成都

图书在版编目(CIP)数据

制造企业精益绿色制造系统集成效应研究/朱小勇,
张华著.--成都:西南财经大学出版社,2025.5.--ISBN 978-7-5504-6613-5

Ⅰ.F407.406.2

中国国家版本馆 CIP 数据核字第 2025Z2Y550 号

制造企业精益绿色制造系统集成效应研究

ZHIZAO QIYE JINGYI LÜSE ZHIZAO XITONG JICHENG XIAOYING YANJIU

朱小勇　张　华　著

策划编辑:李晓嵩
责任编辑:王　利
责任校对:廖术涵
封面设计:何东琳设计工作室
责任印制:朱曼丽

出版发行	西南财经大学出版社(四川省成都市光华村街 55 号)
网　　址	http://cbs.swufe.edu.cn
电子邮件	bookcj@swufe.edu.cn
邮政编码	610074
电　　话	028-87353785
照　　排	四川胜翔数码印务设计有限公司
印　　刷	郫县犀浦印刷厂
成品尺寸	170 mm×240 mm
印　　张	16.25
字　　数	281 千字
版　　次	2025 年 5 月第 1 版
印　　次	2025 年 5 月第 1 次印刷
书　　号	ISBN 978-7-5504-6613-5
定　　价	88.00 元

前言

随着环境问题的重要性日益凸显，制造业企业逐渐意识到环境管理对于保持竞争优势的战略意义，如何在保证生产过程达到环保要求的同时又不损害企业的盈利能力，是目前制造业企业亟待解决的难题。已有的研究和实践表明，精益制造和绿色制造能对企业的经济、环境效益产生积极影响，是解决这一难题的有效手段。然而，现有文献和实践案例对这两种手段的分歧和趋同研究较少，难以界定其影响程度，形成协同的方法。本书拟对它们之间存在的集成效应以及协同机制进行研究，这在理论和实际应用上均具有重大意义。

本书在国家自然科学基金项目"机械加工制造系统固有能效属性及其优化创建方法研究"（项目编号：51775392）等的资助下，对精益绿色制造系统集成效应、系统扩散和实践方法集成协同如何对制造业企业的运营绩效产生影响，以及对形成集成协同机制的影响、驱动因素和集成协同融合程度展开研究，并对其集成协同管理体系、应用路径和评价体系等实现路径进行设计，为促进制造业企业可持续发展提供有力支撑。本书的主要研究内容如下：

（1）精益绿色制造系统集成效应对制造业企业运营绩效的影响分析。本书提出了基于田口试验设计法、测量精益浪费分析法、"3R"（减量化、重新利用和再循环）技术的精益绿色制造系统对固体废弃物消除绩效的影响程度，证实了精益制造与绿色制造的兼容性和协同作用；提出了精益绿色制造标杆管理模型（LGMB）和数据包络分析（DEA）方法的精益绿色制造系统对企业绩效集成协同作用的评估方法；并通过对 15 家制造业企业的实证分析，对上述方法进行了验证。

（2）精益绿色制造系统扩散到同行业和供应链对制造业企业运营绩效的影响分析。本书提出了精益绿色制造系统扩散绩效评估框架，建立了基于创新扩散理论（IDT）的扩散三阶段过程对绩效的影响结构假设与平衡计分卡（BSC）四个维度之间的绩效输出关系，并利用偏最小二乘法（PLS）对实施精益绿色制造系统产生的影响进行了实证分析。

（3）精益绿色制造系统实施方法研究。本书建立了制造业企业精益绿色层次结构，提出了基于模糊网络层次分析法（FANP）和模糊复杂比例分析法（Fuzzy-COPRAS）的企业精益和绿色制造实践对生产过程效率提升和能源优化使用的影响的评估方法；构建了精益绿色制造系统实施方法集成管理框架，对企业现有运营系统进行整合；并通过某汽车企业和基于碳效率的价值流程图应用案例对上述理论与方法进行了验证。

（4）精益绿色制造系统协同机制研究。本书以企业内因——人员为切入点，提出了基于网络层次分析法（ANP）和解释结构模型（ISM）技术的人员跨部门协同目标评价指数与障碍因素分析方法；从利益相关者角度提出了基于决策实验室技术（DEMA-TEL）方法的精益绿色制造系统实施的主要驱动因子和影响因素；为有效评价精益绿色系统集成协同融合的程度，提出了制造业企业精益绿色能力成熟度模型（LGCMM）框架，建立了制造业企业精益绿色集成协同（LGS）数学模型，对制造业企业精益绿色系统实施水平成熟度进行了评估。

（5）为研究制造业企业精益绿色系统集成协同运行的实现路径，本书归纳总结出在中国制造业企业中应用精益绿色制造来实现可持续运营的具体策略和路径，并进一步逻辑推演出具体框架体系。该运行体系由战略、运营、操作三个层面系统结合而成，并包含一系列新的思想、观念和工具来指导制造业企业成为精益绿色企业，进一步实现可持续发展。

朱小勇

2025 年 4 月于湖南邵阳

目录

1 绪论

1.1 选题背景及研究意义

1.1.1 本书选题背景

人口、资源、环境是当今人类社会面临的三大问题。特别是环境问题，主要表现为环境污染、生态恶化和资源枯竭，其恶化程度与日俱增，对人类社会的生存与发展构成了严重威胁，人类社会面临着严峻的挑战。如何实现自然与人类社会协调发展、和谐共生，使人类社会进入一个更高的文明境界，是亟待解决的难题。近几年，全球范围内快速的工业化，一方面改善了人们的生活，另一方面却对环境产生了重大的负面影响。但随着消费者环境意识的觉醒和政府对环境保护的力度加大，制造业企业正在努力在其经营范围内制定相关措施和方案来解决环境问题。考虑到人们对消费活动对环境产生的负面影响有了更深刻的认识，许多组织已开始投资于重新设计流程和产品，以增强其可持续性。同时，这些组织也开始寻求替代方案以降低成本和提高质量，提供环境友好型产品来满足消费者的需求。这表明过去几十年来的生产模式发生了重大变化，现在已纷纷通过采用各种环境友好的做法使产品和流程更具有可持续性而使产品的绿色化和竞争力得到增强。制造业必须改变传统的大量消耗资源能源的制造模式，导入并实施绿色制造技术现在已成为企业运营管理的必选项，很多企业已在充分研发和大量使用绿色材料、绿色能源，创建绿色设计数据库和绿色信息知识库等基础原材料和信息知识技术，生产出环境负面影响小、资源利用效率高的绿色产品。

绿色制造模式在制造业企业的产品制造环节主要通过清洁生产、产品生命周期管理、环境管理体系（ISO14000 标准等）、再制造等方法来消除产品的环境负面产出，对环境保护起到预防污染的作用。清洁生产是指在产品制造过程中持续应用经济、环境和技术综合战略，在所有生产部门中不产生或减少或回收废弃物来提高原材料、水和能源的使用效率。清洁生产致力于提供预防污染的措施，以最大限度地减少对环境的影响，并避免仅在生产系统的出口处执行环保措施的策略。

有助于企业实现绿色化和可持续发展的另一类实践是精益制造。源于丰田生产方式的精益制造模式是一种在单位时间内实现流量均衡的多品种生产类型，即实现准时制造、消除一切浪费和故障，追求零库存和零缺陷来实现持续提高生产效率和企业效益。精益生产这种制造模式及其核心思想在 20 世纪 80 年代开始被世界各制造业企业广泛接受和学习与模仿，纷纷建立自己的独特制造运营模式。在这一方面，最近的研究表明，精益制造可以为解决当前的环境可持续性问题做出重要贡献。不少企业将精益和绿色制造集成协同来部署企业运营战略，这些战略不仅旨在帮助组织实现其经济目标，而且还可以提升其可持续发展绩效。"精益"和"绿色"的协同特征以及它们融合产生的积极结果，引起了研究者极大的兴趣，合并及协同制造集成的方法（"精益绿色"）最近在学术文献中不断出现。King和 Lenox 认为精益制造可以被认为是绿色的，或者更确切地说，精益实践项目的实施能够导致环境的可持续性（生产过程更绿色），实现清洁生产过程。此外，Bergmiller 和 McCright 发现，良好的精益制造实施理念指导下的组织基础架构对后续实施清洁生产项目的成功起到了催化剂的作用。基于相似的特征，根据 EPA（2007 年）的《精益与环境工具包》报告，不少企业都试图建立一种精益绿色制造组织策略，并在实施过程中强调员工参与解决问题和自我主动寻求改进。Bergmiller 和 McCright 进行了一项研究，以探索精益制造和绿色制造之间的相关性。结果表明，将精益与绿色实践同时实施时，绿色制造可以提高精益制造的绩效，主要是在生产成本方面。因此，当两者同时部署实施时，两者之间存在协同作用。Silva 等人在巴西一家饮料生产企业运用精益制造实践常用的实施工具 PDCA（戴明环）方法框架来部署实施绿色制造实践项目计划，通过案例研究来验证精益与绿色制造的集成效应和协同作用。这些证据表明，精益和绿色类似，精益和绿色制造可以协同其理念、实践、方法和工具，从而在企业运营中取得更佳的可持续发展效果。然而，在学术文献中，关于这种协同作用的报道仍很少，尤其是与目前相对广泛的有关绿色精益个案研究的文献相比。因此，有必要开展这方面的系统研究来探索制造业企业精益绿色制造集成效应和协同机制。

1.1.2　本书研究意义

如今，在企业运营绩效方面，精益生产在制造业被认为是最具有影响力的范式之一。精益概念的起源可以追溯到几十年前，特别是日本丰田汽车公司，它被称为丰田生产系统。精益生产的核心理念就是创造价值和消除产品在制造过程中不增加价值的活动。实施精益生产能够消除企业浪费的概念已经广泛地传播，在制造业实施的经验证据也表明它既可以提高组织的竞争力，也可以缩短产品的生产周期和交货期、减少库存、提高产品质量和生产率。

但是现在，世界上每年大约有 7 000 万的净人口增长，当务之急是要节约资源，采取措施缓解日益增长的环境负担，客户也追求环境友好型产品，要求最大限度地减少对环境的破坏。为了符合政府的环保法规，并应对顾客对环境可持续性产品和服务需求的增长，企业被迫仔细考虑这些目标。因此，绿色制造已成为一种减少企业产品和服务的负面生态影响以及提高环境效率的经营哲学和操作方法，同时还能实现企业的财务目标。

如今，随着环境维度成为企业战略考量的重要环节和消费者的消费偏好，制造业企业既需要提供低成本、高质量产品和服务，同时也必须努力实现更高程度的环境无害运行，管理团队必须采用不妨碍取得高效制造成果的预防污染项目。基于上述目的，企业往往同时实施精益生产和绿色制造来提升企业绩效。同时，实施绿色制造以符合相关的环境保护目标也带来了相当大的成本，经常抵消相关福利。本书旨在辨别和探索两种生产方式如何相互作用，以及它们如何产生最大的协同效应及融合提升企业组织运营和环境绩效。

1.2　国内外研究现状

精益模式被认为可以减少浪费，降低成本，提高质量和生产率，更好地利用资源并为客户创造价值。精益思想在实践过程中一般是通过五项原则来定义的：①正确定义价值：价值是从最终客户的角度来进行定义的，价值是站在客户的立场上，在特定时间提供特定功能的特定产品，具有特定的价格；②识别价值流：识别每个产品（或产品系列）的整个价值流，并相应地发现浪费并消除浪费；③创造价值流：让价值按照客户的要求在各部门/工序不断流动；④客户拉动价值：制造客户想要的产品，并仅在客户想要时才提供；⑤追求完美：持续不断地控制和消除产品价值流的各个阶段存在的不确定性和浪费，追求完美。根据 Womack 和 Jones（1998）的研究，精益生产思维的关键组成部分是 kaizen（改进）。kaizen，一个日语词汇，一种面向过程的改进哲学，着眼于增量改进和改进系统的标准化，并作为进一步改进的基础。改进哲学有两个主要目标：第一个目标是建立和发展提倡组织内部解决问题的文化，重点是用科学和结构化的思维来分析和解决问题；第二个目标是全员的参与，从车间工人（最底层）到高级管理人员（最顶层），kaizen 依靠不断的持续改进和员工的积极参与。

绿色制造模式旨在降低产品全生命周期过程中的环境风险和负面影响，同时提高生产效率并消除组织的环境浪费。绿色制造可以说是一种综合考虑环境影响和资源消耗的现代制造模式，其目的是实现产品全生命周期过程对环境负面影响最小，但同时资源消耗最低及利用率极高来促使企业实现经济效益和社会效益的协同优化。在企业的制造系统中产生的环境问题主要是资源的过度消耗和废弃物的产生，所以绿色制造主要涉及产品全生命周期的全过程环境保护问题和资源优化利用问题，能够让企业从源头上减少产品制造和消费过程中给自然环境带来的不利影响，减少对资源的消耗所引发的环境问题，实现人与自然和谐共生。

通过实施精益和绿色制造，组织可以提高其经营绩效，同时能协同和提高环境、社会和经济效益，最终提高制造业的竞争力。精益和绿色制造模式的重叠（协同）由以下共同属性构成：浪费和制造过程中的废弃物减少或消除技术，人员和组织，缩短交货时间从而缩短生产周期，供应链关系，KPI（关键绩效指标）、服务质量等具体实践。其主要共同点可以在消除浪费和制造过程中的废弃物减少的目标属性中找到交集。尽管这两种制造模式都用不同的方式来定义废弃物（浪费），但总的来说，两者都以消除多余消耗为目标。精益生产考虑的是制造过程中的七种废弃物，即大野耐一所定义的所有非增值活动，而绿色制造模式是指摆脱资源利用效率低或消除废料以及生产过程中的副产品生产等形式的环境废弃物。尽管这两种制造模式在消除废弃物方面有不同的目标，但是它们针对的是相同类型的废弃物。例如，在精益和绿色制造模式中，大量库存、多频次运输和制造过程中产生的副产品或非产品产出的生产都是浪费。库存过多对企业意味着额外的风险并消耗有限的资金资源。此外，保持产品库存过程中需要照明、加热或冷却等特殊的存储空间，从环境角度来看，这都被视为浪费。在运输方面，就总体而言，绿色废弃物的增加不会造成精益废弃物的减少，反而会增加进一步消除废弃物的成本。将精益和绿色模式结合起来实现共同消除各种浪费是在供应链中减少浪费的最佳解决方案，这可以说是精益绿色供应链的最终的和长期的追求目标。

精益和绿色两种先进制造模式的废弃物（浪费）减少技术通常具有相似性，重点是运营和生产实践过程。通过改变企业的经营文化来减少商业行为从而减少浪费，这意味着要改变企业的愿景，并将精益和绿色实践整合到支持功能中，例如管理理念和行动实践。精益和绿色制造模式都要研究如何整合产品和流程重新设计以延长产品使用时间，使产品易于回收以及使流程更有效（即减少浪费）。精益和绿色制造模式在实践过程中改进项目的开展和成功都要求高水平的员工参与、鼓励员工的参与，并赋予他们责任，促进精益和绿色实践的实现。当涉及供应链关系时，两种模式都依赖于与供应链合作伙伴的密切合作，协作支持跨链共享信息和最佳实践服务于整合供应链的目标。将绿色实践延伸到精益供应链，超越传统核心活动，为进一步的合作减少浪费和扩大效益范围开辟了新的途径。

精益和绿色两种先进制造模式共享的 KPI 是服务质量。制造业企业在产品制造过程中，除了精益生产之外，以绿色方式制造产品还将增加向客户的价值交付。通过引入绿色产品，企业可以将自己与竞争对手区分开来，针对新客户群并开拓新市场。产品制造过程扩展而具有绿色功能的生产实践将为企业带来额外的利润，而无须大量投资。在这两种制造模式中，某些工具是共享的，比如对传统精益生产工具价值流程图（VSM）的扩展。传统 VSM 被用于映射制造过程或供应链的所有流程，引入了可持续价值流程图（SVSM）。使用这种方法，可以很容易地把排放二氧化碳视为废弃物，从而实现精益浪费的消除，同时也能实现绿色浪费的识别和消除，实现更好的经济效益和环境效益。有分析指出，精益制造模式在全球范围内被广泛应用于制造业企业，在各制造业企业导入绿色制造模式的过程中，精益生产是绿色制造的催化剂，有助于企业向绿色转型。在现有的精益实践基础上实施更多的绿色活动，这将是一个相对容易的步骤，预计不需要太多时间或资金投入。

虽然精益和绿色这两者之间有很多的共同点，但同时也存在不兼容的差异性。现在对于制造业企业而言，绿色制造不再是可选项，将绿色制造引入精益运营环境的过程中，将不得不在多个目标之间做出一定的取舍，而这些目标并不是完全兼容的。精益和绿色制造之间的差异在于它们的关注重点不同，如什么被视为浪费、客户、产品设计和制造策略、产品生命周期的结束、KPI、成本、使用的主要工具以及某些具体实践方法。例如补货频率，精益制造强调多批次多频率，而绿色制造强调减少碳排放，因此存在不一致性。

总的来说，两者之间存在着不可兼容的差异性，但可以找到一个使两者利益最大化的点。关注精益实践的成本降低和灵活性不会妨碍绿色实践的实施，即关注可持续发展，并关注运营过程的生态影响；反之，亦然。使用精益实践创建的企业内部氛围可以成为实施绿色实践的理想背景。研究表明，通过相互关注废弃物消除，精益制造在一定程度上可以是绿色的。在一个已经普遍减少废弃物产生的环境中，可以最大限度地减少废弃物。绿色实践通过有效利用资源以及减少多余和不必要的材料来帮助进一步节省成本。如前所述，这也表明，尽管两种模式针对的是不同形式的废弃物，但可以将它们组合起来。绿色废弃物可以看成是精益废弃物的延伸，并且为了减少精益废弃物，可以合并并同时减少绿色废弃物。关于精益与绿色制造的协同关系，不仅仅是建立工厂精益环境必须有利于推行环保绿色措施，绿色实践也必须对精益实践产生积极的影响。对于国内外精益与绿色的集成协同研究现状，下面从三个方面进行论述。

1.2.1 精益和绿色制造集成协同及兼容性研究现状

20 世纪中后期，随着世界经济的高速发展，资源消耗和环境污染越来越严重，资源和环境问题已经成为当代人类面临的最大挑战，迫使人类不得不对工业化时代以生态环境破坏和资源过度消耗为代价的传统发展模式进行深刻反思。正是在这样的背景下，既满足当代人的需要又不对后代人的生存与发展构成危害的可持续发展观成为世界各国的普遍共识。

在当今激烈的全球化竞争环境下，企业组织不仅需要提升运营绩效，也需要提高生态效率。这就促使众多学者开始研究探索精益和绿色范式合并融合的可能性。在企业组织管理的传统方式中，为了实现不同的企业战略目标，精益生产和绿色制造往往单独部署实施。通过相应的数据库（如 Elsevier、Springer、Emerald、Google Scholar、T&F、Wiley、IEEE 等），我们发现有数十篇相应的论文深入研究了两者的兼容性、协同效应和分歧点。通过阅读相关的文献，我们发现在这个方向上的研究已经不仅是集中在探索精益和绿色一般意义上的密切关系，而且是在特定领域内的深度融合和协同作用，如供应链管理、制造过程和产品开发等领域。不少论文对其他一些企业组织管理领域，如财务、环境、运营、绩效等方面的兼容性可能造成的影响也进行了研究。

绿色在某种程度上是对精益的自然延伸，因为精益实践是绿色的，而其本身没有明确的意图成为绿色的。事实也证明，精益生产比非精益生产更环保。但是绿色实践并不是许多企业的重点，因此通过实施简单的绿色框架来最大化绿色收益的潜力很大。至关重要的是要整合两个策略并同时实施，以充分利用协同效应。

对于协同关系，不仅精益环境必须有利于实施绿色实践，而且绿色实践也必须对精益实践产生积极影响，而对环境敏感的过程很难精益化。尽管通过实施精益实践，波音公司将资源生产率提高了 30% 至 70%，但诸如喷漆、金属表面处理、化学处理和热处理等过程却没有取得可比的收益。

但是，可以对建议的精益生产方法进行修改，尽可能实施绿色化措施以获取环境效益。在企业的改进过程中，应用主要的精益原则可以通过暴露和消除隐藏的绿色废弃物来帮助绿色实践更加有效。

总的来说，研究表明，精益生产和绿色制造可以通过协同融合来同时实施，因此可以有效地一起工作，能够形成协同效应，减少废弃物，缩短交货时间，提高产品设计、企业员工、组织、供应链的效率。出于上述原因，应促使企业组织选择实施这两种先进制造模式。然而，尽管精益生产和绿色制造能够在很多方面保持协同融合，但精益和绿色制造在某些维度方面存在不同。举例来说，两者各自主要的关注焦点、对浪费的定义、价值结构、流程结构、绩效指标、利益相关者类型和实施过程中的工具、技术、方法等。因此，精益和绿色实践又是不同的。绿色制造为了符合相关的环境保护目标，也带来了相当高的成本，在供应链领域内实施精益生产追求多频次配送和绿色制造追求的低碳化是冲突的，它们都对企业绩效有不同的影响，表明还需要进一步的研究来探索精益和绿色制造多方面的协同融合性。

1.2.2　精益和绿色制造集成协同对企业绩效的影响研究现状

组织绩效是多维度的，通过组织多方面绩效整合而体现出来。在这方面，大量的研究一直致力于探求精益和绿色实践在单独实施或者协同实施过程中对企业组织运行领域某一个维度或多维度的整合绩效影响，涵盖财务、环境、可持续发展、运营和客户感知等维度。精益和绿色制造能够对企业组织绩效带来非常大的提升，但在这个相对激荡的研究潮流中，不同的学者表达了一些不同的观点，主要涉及企业组织在实施过程中是同时导入还是先后导入精益和绿色制造实践能够给组织、企业的供应链和企业业务/流程带来更大的潜在利益。

精益和绿色模式都针对不同类型的客户。通过降低成本和缩短交货时间，精益客户得到了满足，而绿色客户则受到绿色信念的驱使，并在购买产品时感到满意，这使他们对环境更加友好。具有成本意识的客户不会批评绿色实践的整合行为，只要实施绿色制造能对成本效益平衡产生积极影响就行。反过来，只要绿色客户遵循环保原则支持制造绿色产品，他们就不会吝惜为他们的产品支付更多的费用。关于这两种模式的主导成本，精益生产可以用货币单位来衡量。但是，对于绿色制造而言，仍然很难用经济效果来衡量其带给子孙后代的成本。但是，绿色和环境相关法规和标准的建立将有助于将绿色制造转换为财务效果，这对于确定基准的可能性以及确保整个供应链和不同行业中绿色措施实施后的绩效影响和评估，以及同行业企业的可比性至关重要。

我们查找到的文献似乎都表明，采用精益和绿色实践对企业组织运营中各维度的绩效能产生有益的影响。这也证明了 Dües 等人以及 Kitazawa 和 Sarkis 的研究结论，他们认为组织共同实施精益和绿色制造能达到更好的绩效，特别是在企业组织的环境和运营方面。然而，相较于实施精益生产对组织绩效的影响所进行的广泛研究最后形成了统一的研究结论而言，精益和绿色制造实践两类不同的企业管理范式所面对的的复杂性、系统性和不同性质、规模和范围视角等仍然缺乏清晰的和一致的关于影响组织绩效的研究结论。因此，直到现在，相关研究试图建立精益和绿色实践对组织绩效的不同方面的影响的努力仍然存在有限性和不确定性。

1.2.3 精益和绿色制造集成协同实证研究现状

目前，精益和绿色制造研究的重点领域主要是企业组织功能方面和工业领域的制造业企业。因此，精益和绿色绩效评估方法和绩效评价指标研究实证应用 60% 以上的文献集中在特定的组织功能领域，精益和绿色制造主要集中在制造业的供应链领域。这也符合当今企业与企业之间的竞争主要是供应链之间的竞争的事实，精益和绿色制造研究也成为企业全球竞争发展的主流范式。物流活动是供应链活动中不可分割的一部分，因此关注供应链活动方面的精益和绿色研究文章通常被归类为供应链研究流派，这里面的少数文章可细分为研究精益和绿色制造实践协同实施与供应链其他领域方面活动联系的详细研究。这表明，一些精益和绿色制造协同研究只集中在供应链特定的物流活动中，没有与其他供应链功能和活动联系起来。因此，未来的精益和绿色供应链研究可以专注于特定的其他关键活动，如采购和物料搬运、配送等。同样，对于企业生产、制造和工业系统流程的评价和实证研究也是未来精益和绿色研究人员应考虑的研究方向或应用精益和绿色制造技术的领域。

通过将绿色实践引入精益运营环境中，供应链的范围得到扩展。新的供应链将从产品设计阶段到产品生命周期（消费者消费后剩余价值的再回收、再处理和再利用）结束。这包括引入反向物流周期，该周期管理包装以及有缺陷或废弃产品的退货。在供应链领域，关于补货频率的认知是精益与绿色实践冲突的重点。在精益生产环境中，精益生产是按照准时制原则进行的，仅维持很少的库存，因此原材料或半成品的补货频率很高。但是，频繁的补给会导致运输量的增加，从而增加二氧化碳的排放，这与绿色实践中的二氧化碳减排原则背道而驰。为了实现"绿色环保"，企业必须找到方法来最大限度地减少这些做法对环境的危害。例如，通过选择可以在运送时分担卡车货物的相同地理区域的供应商，或者在运送少量货物时管理路线以在一条运送路线上为同一地区的多个客户提供货物的方式来做到这一点。这两种做法都旨在减少运输提前期。这两种做法并非不兼容的。

相较于其他行业所面临的环境保护压力，制造业企业被迫重新思考它们应如何管理和运营它们的业务和流程，以应对政府环保法规和客户要求的产品和服务的增长的环境可持续压力。因此，大多数精益和绿色研究在分析每个工业部门时集中在制造业上。从企业历史来看，制造业作为理论创新和价值创造的一个重要来源，做出了巨大贡献，研究和工作实践的发展和组织模型（如精益生产、六西格玛、全面质量管理等）被广泛接受并且大范围地应用到其他行业。在制造业实施精益和绿色制造的情境下，这些模型正从制造业缓慢扩散到其他行业，如建筑、电解铝生产、农产品、港口、教育和服务流程管理等。

1.3　本书的主要内容

精益绿色制造系统是制造业企业导入和实施现代先进制造模式领域内一个新兴的研究内容。我国对精益生产和绿色制造也有大量的研究成果，但是对于两者集成协同融合的研究只有很少的研究成果。目前，越来越多的学者注意到了精益绿色生产在推动企业可持续发展上的重要性。精益思想已被企业界普遍认知为一种改进企业经济绩效和运营绩效的有力工具，然而它在对于环境保护和社会可持续性的影响上却存在矛盾性。许多学者对绿色制造的研究侧重于技术层面的研究，即如何通过绿色制造技术创新来消除产品服务对环境的消极影响，节约资源以实现可持续发展，而忽略了绿色制造技术在管理模式和运营层面的促进作用，只关注环境保护、资源效益而忽略了企业同时还必须追求的成本、效率等经济效益，以及短期效益与长期效益的平衡。但同时，学者们也指出，将精益和绿色集成协同并成功运用并不容易。因此，将精益和绿色制造模式两者集成协同以实现企业的可持续发展，特别是在中国制造业已成为支撑产业的环境下，更需要结合中国经济发展和企业运营现状对精益绿色制造系统的集成协同进行探讨和研究。

本书的研究旨在通过理论与实践（实证）相结合的方法，从理论上找到精益生产与绿色制造对制造业企业运营、环境管理两个体系确定的关联性，探索出一条详尽的路径来利用精益绿色制造集成协同的理念实现中国制造业企业的可持续运营。本书研究的主要内容和方向：一是精益绿色制造集成协同究竟会对制造业企业产生哪些积极的绩效影响；二是精益绿色制造系统集成协同作用机制，在制造业企业内外部的影响和驱动因素有哪些，如何判定集成协同融合的程度；三是怎样实现精益绿色制造系统的集成协同。

为了实现本书上述的预期研究目标，围绕选题即制造业企业精益绿色制造系统集成效应和协同机制形成了研究技术路线，如图1.1所示。

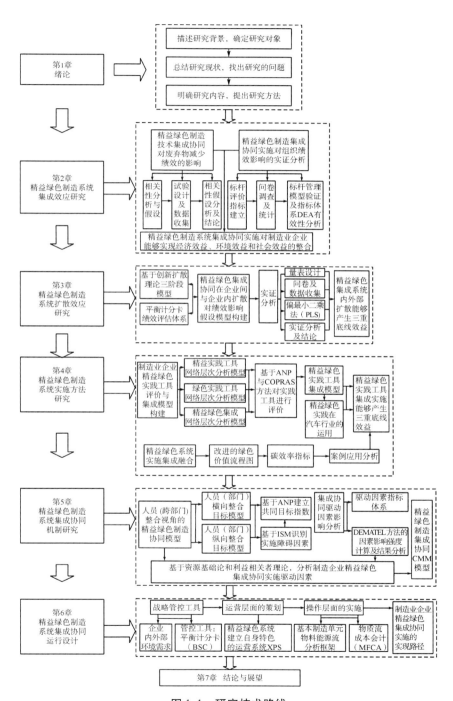

图 1.1　研究技术路线

根据图 1.1 所示的研究技术路线，本书内容及整体结构如下：

第 1 章，首先描述了本书的研究背景，确定了研究对象。其次对相关国内外研究现状进行综述，并根据现有研究的不足与缺陷找出了研究的问题。最后概括本书的研究内容，并提出相应的研究方法。

第 2 章，首先运用田口试验设计（Design of Experiment，DOE）工具，测量来源于精益和绿色的不同方法对制造过程中废弃物消除绩效的影响。基于试验结果，我们得出了制造过程中废弃物最小化技术发展的层级结构，发现集成精益/绿色制造矩阵法在制造业废弃物最小化项目中的效果优于精益浪费分析方法，联合"3R"层级技术和精益管理浪费分析方法，通过对精益/绿色方法（工具）单独或集成运用于制造过程中废弃物减少的定量分析方法，证实精益与绿色制造融合具有兼容性和协同作用，从而证实精益和绿色制造理念融合的优越性。然后，通过提出精益绿色制造标杆管理模型（lean green manufacturing benchmarking，LGMB）和数据包络分析（data envelopment analysis，DEA）方法来评估精益与绿色的协同作用，考虑了人员、信息、产品、供应商/客户、管理和流程六方面的指标，以及有助于提高生态效率的精益生产的方法和技术。通过对 15 家制造业企业的实证分析结果进行验证，进一步证实精益和绿色融合具有兼容性和协同作用，也验证了应用精益生产方式的企业同时也是那些具有较高绿色实践绩效的企业。

第 3 章，制造业企业精益绿色制造系统集成协同实施产生了更大的溢出效益，需要同行业和供应链上的合作伙伴进行合作和支持。精益绿色制造系统企业内部和在合作伙伴之间的扩散对于其最终成功运用精益绿色集成协同以及产生相应的绩效至关重要。但是，扩散过程本质上是复杂且动态的，并且涉及跨时间的演进特性。创新扩散理论（innovation diffusion theory，IDT）的运用就是为了有效地探索多阶段的扩散过程的效应。此外，单一的绩效评估主要基于财务会计方法，不能准确和全面地衡量不同阶段的产出绩效，在扩散的不同阶段，组织绩效的输出更多的是非财务绩效指标。平衡计分卡（balanced scorecard，BSC）扩展了绩效评估的范围，结合了四个绩效方面的角度，非常适合解决此问题。在 IDT 和 BSC 的基础上，本书提出了一个新的框架，用于探索基于三阶段扩散过程精益绿色模式对组织绩效的影响结构模型与 BSC 之间的关系。我们对从问卷调查中收集到的数据采用偏最小二乘法（partial least square，PLS）进行分析。结果表明，从 BSC 四个维度来看，外部传播与两个早期阶段（采用和内部传播）之间存在显著差异。此外，BSC 四个维度在外部扩散阶段都可以很好地实现。组织外部的属性（例如行业类型）在影响精益绿色实施产生的绩效方面比组织内部的属性（例如企业规模）更重要。

第 4 章，将有关精益与绿色实施方法与绩效之间关系的相关零散研究理论知识系统化，以识别精益绿色实践与绩效的关系并将其整合到一个评估系统中，确定精益和绿色集成协同实施和绩效之间的关系。本书首先建立了精益和绿色三个决策层次结构，确定与之相对应的准则、子准则和可供选择的方案。其次运用模糊网络层次分析法（fuzzy analytic network process，FANP）和模糊复杂比例评价法（fuzzy complex proportional assessment，Fuzzy-COPRAS）进行评价分析，构建集成框架作为精益绿色实施的路线图。为促进精益和绿色进一步融合和协同，在对丰田理念、丰田生产方式和企业进行现场观察和文献研究的基础上，本书构建了一个精益绿色系统集成管理模型——"精益绿色屋"，以管理在组织和运营层面的精益和绿色绩效，旨在促进协同精益生产和绿色制造的实施。最后引入丰田中国公司案例来证实精益和绿色能够非常好地协同融合，促进企业的可持续发展。同时，为进一步探索精益工具与绿色理念的融合，促进精益绿色系统的集成协同实施，本书提出了一种基于碳效率指标的绿色价值流映射模型（carbon efficiency value stream mapping，CEVSM）。该模型使用碳效率和碳排放作为评估指标，从七种浪费的角度确定了生产过程每个阶段的集时间流、能量流、物料流、运输流、碳排放流于一体的改进价值流程图，并将其转换为碳排放流。此外，本书还建立了碳效率的数学模型，以分析和计算所有类型的浪费的碳排放流量，以确定消除浪费的机会。本书通过对生产金属冲压件的制造单元进行案例应用研究，证明了该方法的有效性。精益实践可以成为绿色制造过程的催化剂，共同实施以促进企业的可持续发展。

第5章，人员（部门）整合是成功实现精益绿色运营管理模式的关键。本章首先运用网络层次分析法（analytic network process，ANP）和解释结构模型（interpretative structural modeling method，ISM）技术（方法、工具），为制造业企业实施精益绿色战略环境下的人员管理和帮助组织维持其运营绩效提供了一条可视化、透明的和切实可行的路径。其次针对制造业企业精益绿色协同实施过程中的单个驱动因素进行分析，提出四大类15个影响因素，并基于复杂网络理论中的决策实验室分析（decision-making trial and evaluation laboratory，DEMATEL）方法进行分析和辨识，计算得出综合影响指数，分析影响驱动精益绿色系统重要因素和主要因子，从而使企业在实践过程中给予特别关注和重点培育。为科学有效地评价制造业企业精益绿色集成协同成熟度，本章最后借鉴信息软件行业广泛应用的软件能力成熟度模型（capability maturity model，CMM）的成功经验，结合精益管理系统实施的特点，针对企业精益绿色集成协同系统实施能力成熟度模型（lean-green capability maturity model，LGCMM）建立了一个评估精益和绿色系统集成协同度的模型（lean green synergy，LGS），用来评估制造业企业精益和绿色系统集成协同程度和成熟度。通过模型可以发现企业在实施精益绿色系统过程中存在的短板，由此促进精益绿色系统进一步融合，进而促进企业的可持续发展。

第6章，为研究制造业企业精益绿色系统集成协同的实现路径，本章归纳总结出在中国制造业企业中应用精益绿色制造集成协同系统来实现可持续运营的具体策略和路径，并进一步逻辑推演出基于精益绿色制造实现中国企业可持续运营的具体框架体系。这个框架模型从三个层级反映出了在企业精益绿色系统实现企业可持续运营转型的动态过程：企业战略层面精益绿色思想的渗入（S）、运营层面精益绿色思维绩效评估指标的集成整合（O）、操作层面精益绿色方法（工具）的实施（C）和持续改进创新（I）。在战略层面要求所有的工作都必须与企业内外部环境相匹配，精益绿色战略通过平衡计分卡（BSC）进行管控。在运营层面开发的符合企业自身特色的集成协同融合精益绿色新工具和方法的企业特定生产系统（company-specific production systems，XPS）是整个企业运营体系的强力支撑。之后，就可以转换为具体的基础制造单元的操作流程，运用物流—能源流分析生产线进行改进。同时，对精益绿色制造系统实施评价系统进行评价，构建了整体实施绩效评价指标体系，并对车间生产线精益绿色实施绩效使用物质流成本会计（material flow cost accounting，MFCA）来对改进效果进行评估。

2　精益绿色制造系统集成效应研究

　　企业要提高经济效益，同时还要兼顾社会效益、环境效益，可以采用精益和绿色相结合的战略。本章将从不同的角度来研究精益绿色制造技术系统的采用与实施如何促进企业的经济效益、环境效益和社会效益，促进制造业企业可持续发展。

2.1　精益绿色制造技术集成协同对减少废弃物的绩效影响

　　制造业在将制造资源转变为产品的过程中以及产品的使用和处理过程中，都会产生废弃物。废弃物是制造业形成环境污染的主要根源。消除环境污染，实现可持续发展是企业应当履行的社会责任。绿色制造是可持续发展的一个重要组成部分，是 21 世纪制造业的可持续发展模式。在经济快速发展的今天，企业间竞争压力越来越大，不仅要提高经济效益，同时还要兼顾社会效益、环境效益。能否在经济发展的同时实现对环境污染的有效控制成为企业关注的焦点。与此同时，为了在全球市场上具有竞争力，确保产品和服务具有较高的质量和较低的成本非常重要。精益理念也可以被应用到供应链与利益相关者的合作中，以提高整个生产过程的效率。丰田公司强调消除生产过程中的七种严重浪费，这七大浪费的定义为：生产过剩、不必要的库存、运输、不必要的动作、不合适的加工、等待和缺陷。后来，沃玛克和琼斯引入了第八个浪费：未充分利用人才。

精益实践的应用有利于减少环境污染，消除企业应用污染控制技术的障碍，强调减少污染带来的价值增加。因此，精益是绿色的补充。此外，采用精益生产会降低污染减少的边际成本，既可以降低环境开发的成本，也可以提高减少污染所增加的价值。同时，绿色制造也展示了与精益方法相似的特征，即实践精益理念以消除浪费和持续改进环境的同时，组织考虑采取了绿色环保设计，如可回收利用的零部件，还可以提供更清洁的产品和服务。精益和绿色制造对企业生产过程中废弃物的消除作用重叠如图2.1所示。因此，绿色理念已经成为企业减少对生态环境产生不利影响的产品或服务的一种可操作方法，提高了环境保护效率。同样的，精益有一系列实践方法和工具来减少制造过程（领域）中的浪费，提高效率和效益。由此可见，精益和绿色制造似乎自然而然地实现了整合。制造业企业可以同时采用并结合精益生产绿色战略来实现内部降低成本和风险，增加收入，改善品牌形象。

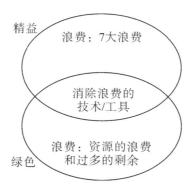

图 2.1　精益绿色消除废弃物的相互影响

本节采用定量分析方法研究精益/绿色集成制造过程中的固体废弃物管理。这项工作是在 Garza-Reyes、Dües 等人、Martinez-Jurado 和 Moyano-Fuentes 以及 Fercoq 等人的研究基础上展开的。Dües 等人指出精益与绿色在废弃物减少技术方面存在重叠，这也是本书所关注的焦点之一。Martinez-Jurado 和 Moyano-Fuentes 认为精益和绿色是互补的，取决于三个主要原则：减少浪费、专注过程、全员参与。Garza-Reyes 发现一些令人关注的问题可以通过精益/绿色管理的定量研究来回答（兼容性、集成、绩效评估方法和组织绩效的影响）。本书的研究主要从精益和绿色两个方面分别展开。首先，运用实验设计工具，测量不同的方法对废弃物管理绩效的影响：精益管理的七种大浪费、"3R"层次结构和这两种方法的融合。其次，论证了两种制造管理模式的方法集成，精益/绿色矩阵的运用比所有的其他各种方法的单独采用更能够增强废弃物管理的绩效。本书的研究采用DOE 方法，即一种安排实验和分析实验数据的数理统计方法进行实证研究。

2.1.1 精益绿色制造技术集成绩效相关分析与假设

起源于日本汽车工业的精益生产现在已经是全球工业企业的主流管理范式，因为这种管理范式能够消除企业生产过程中的浪费，提供高质量、低成本、短交付期的产品、服务，优化价值流活动中的非增值部分。精益管理型企业是一个能同时实现高效率和高效益，给不同的利益相关者创造价值的综合体。一个具有挑战性的精益概念模型主要涉及是否具有解决效率悖论问题的能力，来实现企业经济效益来源关注视角的转换，实现从关注资源到关注流程效率的改变。此外，精益制造是一个集成的社会技术系统，其主要目标是同时消除浪费，减少和最小化供应商、客户和内部变异。精益不仅是一系列方法和工具，也是一种基于一个相互关联的复杂的社会技术系统的实践，是用于流程改进的管理方法。实施精益管理的企业主要是改进生产制造流程，通过消除制造过程中的浪费，剔除制造流程中的非增值部分，提高产品的增值部分，增强企业的竞争优势，这在日本被称为"丰田生产方式"。精益生产的主要目标之一是识别和消除生产过程中的非增值活动，被日本人称为"浪费"或"muda"。这些浪费会导致组织内部潜在的混乱和利润、机遇的丧失。同样的，环境影响可以被认为是绿色废弃物的结果。US EPA（2007）研究发现，企业在制造流程中产生七大浪费的同时也对环境产生负面影响，造成环境污染。制造流程中产生的七大浪费和固体废弃物的环境影响如表 2.1 所示，如缺陷浪费会导致产生缺陷的组件回收或处置、填埋处理等；生产过剩会带来需要处理额外的危险材料从而导致额外的废弃物处理，造成更大的环境污染。

表 2.1　精益浪费及其相应的环境影响

精益浪费	相应的环境影响
生产过剩	不必要的能源和原材料的使用,在涉及危险物质的情况下,会有更多的安全问题
	直接排放的可能性提高
不必要的库存	加热/冷却/照明等能源的过度使用
	由于添加的包装和可能的产品变质,额外的材料使用和产生垃圾的可能性提高
运输	运输过程中的能源使用
	产生的废气直接排放到空气中
	危险货物运输的特殊风险(溢油)
不必要的动作	更多空间和能源、资源的消耗(能量)和包装材料的潜在需要增加
缺陷	原材料和能源的浪费
	重新修复、处理产生管理费用(能源、处理成本等)
不合适的加工、	不必要的能源和原材料,产生更多的垃圾和排放,潜在的危险性提高
运输和等待	耗费能源和资源,可能的物质损失增加
人的能力未被充分利用	失去改进意愿

　　彼得·海恩斯借鉴精益管理方法，第一个提出绿色制造领域内的八种绿色制造废弃物。在绿色制造领域选择使用精益方法的模型，非常适合寻找和根除制造业废弃物。因此，绿色的"muda"被定义为温室气体、富营

养化、过度使用资源、过度用电、污染、垃圾、过度用水以及健康状况不佳和不安全状态。表2.1中的精益"muda"与绿色（环境）影响的关联被认为是第一个显示精益与绿色制造废弃物之间产生的有形的浪费协同效应。因此，我们可以更明确地将精益和绿色废弃物联系起来，如图2.2所示。精益为企业提供了可用于消除业务流程中浪费的方法（工具）集，如价值流程图、快速换模技术、5S（分类、按顺序校正、系统的清洁、标准化和维护）管理、看板管理等。本书的定量研究也将确认实施精益生产是否有效地保护了环境，在消除七大浪费的同时是否对环境预防和保护方面产生了有益作用。基于以上分析和研究目的，本书提出假设H1：

假设H1：精益制造七大浪费（muda）的识别和消除生产过程中的浪费能够减少环境负面影响、消除绿色浪费和提高环境效益。

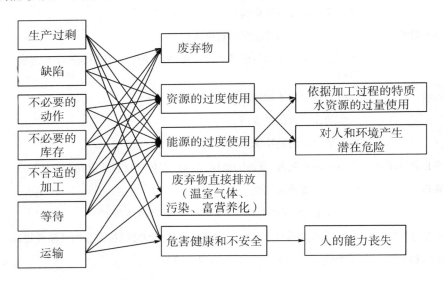

图2.2　精益与绿色废弃物之间的因果关系

企业在生产过程中产生的废弃物都是通过末端处理方式来处理的，如填埋、垃圾焚烧、易地处置等，现在这种末端处理方式对企业和其他利益相关者而言，如社区、当地政府等，都是一个越来越不受欢迎的处理方式。废弃物填埋首先会使企业产生运输和处置费用成本，同时这种处理方式也丧失了重新回收利用其中具有重复使用潜在价值物料的机会成本，对环境、生态系统、地下水系统等也会产生破坏性的影响。废弃物减量化能为企业带来一系列的环境和财务绩效收益。在生产过程中消除废弃物或者把废弃物再利用为原材料能降低企业的成本。综合梳理废弃物管理文献，不同年代的不同学者在废弃物的处理方面提出了不同的处理层级，经过梳理可以将废弃物的处理层级划分为七个层级（1：处置/填埋/焚烧；2：恢复/获取能量；3：回收；4：重复使用；5：减少废弃物来源；6：在设计阶段提前预防；7：消除/优化），这些层级结构列出了废弃物管理的优先次序。比如，Allen 定义了五级管理，第一级为传统处理方式，通常是垃圾填埋或焚烧；第二级是从废料中回收获得相应的价值或能源，包括材料回收、堆肥和从废弃物焚烧中发电等回收产生新能源；第三级是重新作为原材料再次投入使用，避免没有进行循环利用就进入废弃物流；第四级和第五级分别为减量化、消除/优化废弃物。减量化是绿色制造可持续发展中废弃物管理的首要任务，就是减少资源投入、减少废弃物或减少资源浪费，通过彻底的工艺变革彻底消除浪费。彻底消除浪费是一个不切实际的期望，需要花费无限的成本，但消除浪费、减少资源投入等行为方式可以通过一系列的行动层级来实现废弃物的最小化，在绿色制造技术中通称为"3R"技术，如表 2.2 所示。Dan Azimi Jibrila 等人认为"3R"废弃物处理层级技术是固体废弃物管理的战略方法。"3R"实践包含不同的措施和专业技术，最终使曾经被认为无价值的废弃物无价值部分最小化，尽量降低废弃物对环境的负面影响。废弃物管理等级制度是国际公认的废弃物管理政策实践，并强调在源头减少浪费。

表 2.2　"3R"层级技术

"3R"	含义及原则
减量化（reduce）	指在生产和服务过程中,尽可能地减少资源消耗和废弃物的产生,其核心是提高资源利用效率
再利用（reuse）	指产品多次使用或修复、翻新或再制造后继续使用,尽可能延长产品的使用周期,防止产品过早地成为垃圾
再循环（recycle）	指将废弃物最大限度地转化为资源,变废为宝、化害为利,既可减少自然资源的消耗,又可减少污染物的排放

　　"3R"技术层次结构是开展废弃物管理,改善环境污染可借鉴的重要方法,是为减少废弃物、实现浪费最小化而开发的概念框架。Hicks等人提出了一个通用的功能模型,从物料转换的自然运动规律和成本累积的角度模拟物料流和废弃物流。Musee等人提出了废弃物管理的三阶段顺序方法:浪费源识别和量化,对废弃物的定性评价,提出废弃物最小化的切实可行的备选解决方案。Darlington等人为食品行业提供了一个量身定做的废弃物解决办法:浪费清单来源于生产过程监测分析、成本和环境影响执行成本分析并对各成本进行排序和实施重要性管理,对其按照减量化→再利用→再循环→废弃物处置等分析程序形成详细的分步解决方案,逐步实现减量化、再利用、再循环和安全处置废弃物,描述了一系列有助于废弃物最小化的方法和工具:集成定义法（integrated definition method, IDEFO）再现贯穿生产制造不同阶段的物流、投入（原材料）/产出（废弃物）图。也有其他的学者提出类似的研究成果:投入和产出流,固体废弃物流和材料、能源流。大量的研究已经形成了废弃物管理的优化方法,但都没有对"3R"技术层级方法或任何其他专门方法对制造业中固体废弃物最小化的影响进行相应的定量研究。这促使本书的研究对"3R"技术层级在消除废弃物项目中进行精确衡量和对精益管理中使用七大浪费识别技术消除环境负面影响进行比较。因此,本书提出假设H2:

　　假设 H2：作为绿色制造技术中废弃物管理的方法和技术，"3R"技术层级法优于精益制造七大浪费识别和消除生产过程中的固体废弃物方法，可以实现生产过程中的固体废弃物最小化。

　　精益生产关注生产系统中浪费的消除，通过持续改进流程和工艺变革减少没有附加价值的活动。联合国环境规划署倡导的清洁生产技术被定义为一种针对产品过程和服务过程的集成预防性环境策略。这种策略旨在持续实施一系列策略和利用相关工具，以解决产生污染的问题。清洁生产技术以废弃物源头预防为目标，与许多行业采用末端处理解决方案截然相反。制造商为了塑造一个良好的绿色形象，可以同时采用精益和绿色战略，可以驱动企业内部不断降低成本和风险，增加收入，改善品牌形象。随着全球竞争的加剧和政府、消费者对环境的关注，对绿色产品、良好生态环境的追求，绿色发展、可持续发展成为工业界和学术界共同关注的焦点。最新的文献认为可以通过精益和绿色制造组合、集成、融合来提升制造业的效率、效益，实现经济效益、环境效益和社会效益的协同发展。Garza-Reyes 认为现在缺少关注企业层级的精益和绿色协同的实证研究，尤其是具体工艺和行业的测量方法和模型的开发，因为精益与绿色之间的虚拟整合主要就是运用精益管理的理念、方法和原则，在环境项目的持续改进中，有助于实现精益和绿色建立合作关系。精益管理的目标就是建立起一个高效率、组织有序、致力于持续改进和消除一切浪费的生产系统。精益生产追求诸如高质量、可靠性和产能柔性等运营绩效目标，可以通过改进生态供应链管理和产品的再循环与逆向物流系统来实现。Bergmiller 和 McCright 认为绿色制造推动了精益生产的发展，尤其是提高了精益生产的成本效益。最近精益与绿色这两种范式的合流、融合再次受到重视，具有精益与绿色双重价值取向的企业容易在企业内部进行环境管理实践，减少浪费和污染物排放。此外，Hajmohammad 等人研究证实，在一个已实施精益管理原则的企业，能够形成一种良好的、从上到下的接受和采用新思维、新变革的氛围，从而能够有利于促进接受和实施提升工厂车间环境绩效的环境实践。Tseng 等人研究证实精益供应链管理在大规模推行可持续制造环节中是一个主要的组成部分。Galeazzo 等人的研究也证实企业内外部不同职能部门或不同角色之间的合作（持续改进项目经理、运营经理、供应商等）建立共识、协同实施精益/绿色项目会产生比较令人满意的结果。总的来说，学者们倾向于以精益和绿色战略的结合来驱动两者产生共同的和互惠的效益聚集。

精益和绿色这两种实践方法之间的主要重叠区与消除浪费相关。企业在运用绿色管理理念和实践消除浪费的过程中，如果能融合集成精益管理理念就会产生更大的效益。Mollenkopf 等人证实，精益和绿色战略是兼容的项目，因为它们联合专注于减少废弃物。Dues 等人也认同精益和绿色是兼容的，但精益和绿色范式的重叠还包括其他一些共同特征，如人与组织、缩短生产周期、围绕服务属性所建立的供应链关系和关键绩效指标。Martinez-Jurado 和 Moyano-Fuentes 认为精益和绿色实践是互补的，应遵循下列三个主要原则：减少浪费、专注过程、全员参与。他们认为减少浪费是两者集成的关键领域之一，同时也需要足额的人力资源参与和工艺流程管理方法。Verrier 等人建立了一个原始的框架模型，借鉴丰田生产方式，在精益屋的基础上嵌入环境问题，构建了一个精益和绿色屋。这个框架模型旨在通过详细的最佳思维实践，促进实现一种有效且可持续的对精益和绿色方式的集成协同的理解和实践。

尽管学者大都认为精益与绿色两种实践范式具有汇合趋同的事实，但有一个问题在文献中被忽略了。Garza-Reyes 指出，现有的研究存在不足，就是关于如何来定量衡量精益与绿色之间的兼容性。除了最近的三项研究，大部分文献都用定性的方法来回答这个问题。第一个是 Chiarini 在提升环境绩效的过程中对实施精益管理五大工具（价值流程图、5S 等）的量化研究和同时将每一种改进工具与具体的环境绩效提升（原油泄漏、消除尘埃等）结合。第二项是 Verrier 等人和学者 Manikas 及 Kroes 两人建立的精益和绿色管理框架，涵盖精益指标、绿色绩效指标和绿色意向指标。第三项是 Ruisheng 等人研究证实碳排放/碳效率值和生产周期的优化改进能够同时进行。本书也试图证实定量测量环境影响产生的变化是否可归因于使用了精益和绿色方法与工具。本书建立在 Dües 等人的工作基础上，试图详细说明运用组合精益/绿色范式方法与技术具有减少废弃物的属性。这种定性研究需要量化和实验结果来强化促进，证明在减少浪费项目中精益和绿色理念融合的基本原则的有效性。因此，本书以第 3 个假设 H3 来检验、测量精益（七大浪费识别和消除法）和绿色（"3R"层级技术）的组合运用能够实现减少浪费的技术整体提高。

假设 H3：组合两大方法（"3R"层级技术、精益废弃物识别和消除法）在减少固体废弃物的过程中能产生更好的绩效。

同时，从表 2.1 关于精益和固体废弃物影响的对应关系可以看到，每一类浪费的消除都会导致相应的废弃物减量化和消除，这就构成了制造过程中废弃物最小化清单。将表 2.1 中的内容与精益和"3R"层级技术进行链接，建立精益/"3R"矩阵如表 2.3 所示。例如，精益浪费中的"运输和加工"与"3R"中的每一个都可以建立链接：减量化，可以通过优化设施的位置来实现；再利用，可以通过引入包装的重复使用来实现；回收利用，可以通过废弃物的集中运输、处理来实现。精益/"3R"矩阵可以支持 Pampanelli 等人提出的模型，特别是在环境价值流的提升方面。假定精益/"3R"矩阵是一个很强大的工具，可以促使精益/绿色更进一步集成融合实施，对环境项目产生更大的绩效。为此，本书提出假设 H4：

假设 H4：集成融合精益/"3R"矩阵集成融合精益有害物质消除法和"3R"层级技术积极影响废弃物最小化项目。

综合上述假设，笔者绘制出本书的理论模型如图 2.3 所示，提供了一个制造过程中废弃物最小化项目发展过程的水平升级层级模型。

表2.3　精益/"3R"矩阵

浪费	"3R"原则	精益解决
生产过剩	减量化	坚持按生产计划生产产品
	再利用	开拓新市场、新需求、新用途，将生产过剩的产品输送到有需求场所进行销售处理
库存	减量化	与生产计划等协同、库存控制消除呆滞的材料或产品
	减量化	信息协同，优化上游库存使其降到最低水平
搬运和动作	减量化	在一个最佳的位置布置设备以降低转运和再次包装成本
	再利用	引入可重复使用的包装
	再循环	内部滑道等工具的使用和循环以减少运输成本
	再循环	废弃物的集中运输、处理
缺陷	减量化	控制重要参数(运行模式、工程控制卡、防错防呆)以减少缺陷
	再利用	废胚等部件、废弃材料作为原材料重新回收制造，恢复使用
	再利用	细分质量要求，实现再利用
过度加工	减量化	按正常水平下的合适质量要求生产产品
	减量化	过程控制，优化材料和机器设备的使用效率
	减量化	按严格的规则控制材料/辅助用品的消耗
等待	减量化	减少在制品库存，预防材料/产品损坏

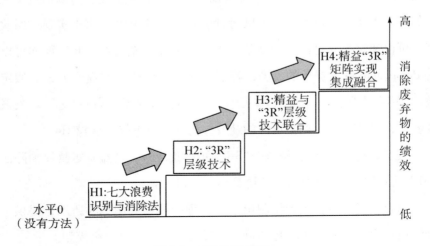

图2.3　研究理论模型

2.1.2 试验方法

依据实证研究的要求，为了验证上文所提出来的假设，必须进行定量的试验研究。依据上一节建立起来的假设已经明确存在多少、哪些不同的因素（七大浪费分析法、"3R"层级技术、两大方法的结合和精益/"3R"矩阵）会对制造过程中产生的固体废弃物管理产生绩效影响。本书的目的就是探寻上述哪些因素显著地影响减少固体废弃物的绩效，可以使用的最主要的手段和工具就是进行试验设计，即安排一批试验，通过对试验的结果进行统计分析获取最大的信息。为了获得严格有意义的试验数据和信息，试验设计过程将采用 Antony 等在 2001 年提出来的试验过程。为了检验上述四个假设，笔者选择 2013 级 88 名工业工程专业大四的学生，试验时间在大四第一学期的工业工程综合实训课程中进行，因为该课程要求学生已经全部修完该专业所有的专业课程（其中已经修完精益生产、绿色制造理论与技术课程和毕业后从事的工作也是该方面的事项），因此对精益生产七大浪费的识别和消除、绿色制造技术的理解都有比较好的理论基础。同时，笔者另从即将进入大四阶段学习的大三学生（也已完成精益生产和绿色制造理论与技术课程的学习）中选择 22 名为第五组，进行了一个额外的参照附加实验测试，使用精益/"3R"矩阵来测量对固体废弃物消除的绩效影响。因此，试验设计为两因素（lean：七大浪费分析法，green："3R"层级技术）两水平（1：利用本方法和技术，2：没有特别指定的方法）全因素试验。在试验过程中，学生被随机分成四组，每一组学生选择一个特定的要求来识别消除给定案例中的固体废弃物，每一个参与试验的学生必须为所给定的两个生产制造过程的案例提供两个最佳的解决方案。试验数据来源于上面描述的试验，数据统计处理工作采用 SPSS.19 软件完成。

2.1.2.1　问题的提出和结果输出赋分

该实证研究的目的就是调查影响因素中对制造过程固体废弃物治理规划的有效性以减少浪费。在固体废弃物改进计划项目中，要从众多的方案中确定最佳解决方案，多准则评价是被推荐的方法，主要使用结果来对绩效影响的强度和行动方案的实施难易程度这两个主要标准进行评估。O'Connor 和 Spangenberg 提出了一份固体废弃物指标清单，包括处理的数量、使用的方法和回收的比例。固体废弃物的减少数量一般作为环境绩效指标，行动计划的实施通常与生产周期和成本相匹配。对于大多数的企业来说，理想的状态就是实施的周期短、投入少或者是收益高。本实证研究将对案例所有的解决方案对绩效的影响强度和实施的难易程度进行赋分，如表2.4所示。

表2.4　解决方案的评价分数等级

绩效影响	解决方案的实施难度		
	困难	中等	容易
强	7	8	9
中等	4	5	6
弱	1	2	3

2.1.2.2　控制因素和水平识别及定义

按照实证研究确定的理论模型，本试验设计为两因素两水平全因素试验。因素 A 是精益管理的七大浪费识别技术所匹配的固体废弃物管理（用 lean 表示），因素 B 是"3R"程序（用 green 表示）。影响因素的水平定义为：水平1代表需要使用一种方法，水平2代表不需要任何方法（仅仅需要唤起意识和认知），相关因素及水平定义如表2.5所示。同时，在附加实验中，因子 C 为精益/"3R"矩阵的实施。

表2.5　因素及水平定义

水平定义	因素 A（lean）	因素 B（green）
水平1	精益和固体废弃物的影响（US EPA 2007）	"3R"层级处理
水平2	没有特殊的方法（仅仅需要意识）	没有特殊的方法（仅仅需要意识）

2.1.2.3　合适的正交阵列设计

本实证研究为两因素两水平全因素正交试验，需要进行所有因素水平的组合试验。根据正交试验规则建立试验研究的正交阵列，包括四次试验，也包括了项目研究所要研究的因素间的交互作用。具体试验结构如表 2.6 所示。

表 2.6　全因素试验正交矩阵结构

试验号	因素 A（lean）	因素 B（green）
1	1	1
2	1	2
3	2	1
4	2	2

2.1.2.4　试验准备和测量规程

试验设计详细说明了试验的所有细节内容。试验细节包含将参与试验的大四工业工程专业学生 88 人随机分成每组 22 人的四组，加上试验参照组的 22 人，所有参与试验的学生再次集中参与八小时的课程强化学习，再次回顾精益生产和绿色制造关于浪费和废弃物处理以及三者相互交互联系的方法（理念）和技术（工具）。在试验过程中，根据所在测试组的准则，针对所给定的两个制造业企业部分制造过程的案例，每一名测试者提出两个废弃物最小化的最佳解决方案。每一个测试组由 22 名学生随机组成，因此，每个组合因子的测量数是 22；每一个测试的结果的平均值和变异性均可以得到满意的评估。因此，在本实证研究试验项目中，样本规模 $n = 88$ 名学生，在 95% 置信水平下（$t = 1.96$），检验概率 $p = 0.05$ 产生 9.11% （$e = t\sqrt{p(1-p)/n}$）的误差范围。测量规程可以用来精确地定义怎么来衡量评估测量结果。研究项目成员和企业制造资深工业工程经理组成评审小组，评审小组对测试案例所有可能的解决方案进行梳理，并且对所有的解决方案进行了实施难易程度分类，给予不同的评价分值，测试完成后匿名对所有测试者的答案与参考标准进行对比，给出综合得分。

2.1.2.5　试验运行与数据收集

正式的试验在同一时间和地点进行，对所有的测试者都同时发放两个相同案例的文档。此外，根据随机分组情况，把有关因素 A、因素 B、因素 C 的细节设计给予相关的每一名测试者，作为其在案例解决方案过程中的工具手册。在测试开始前，让所有的测试者了解项目的来源、意义、目标，需要完成什么（两个案例的详细资料讲述、给出两个解决方案、解决方案按照实施难易的优先顺序取前两个、必须是能够减少各种固体废弃物的令人满意的改进方案等）。每名测试者有 30 分钟的时间来对测试的两个案例进行分析并给出解决方案。测试完成后，评审小组对所有的测试者的方案结合测量规程给出分值，完成试验和试验数据的采集。

2.1.3　试验数据统计分析

本实证研究的数据分析主要用来研究实验设计中的每一个组合所得数据的测量因素值的影响和测量属性的变异性。遵循 Taguchi 建立的研究方法和成果，笔者选用信噪比来分析变异性，选择它作为度量的标准，同时考虑期望达到满意的数值（信号）和克服变异的数值（噪声）。另外，对因素 A、B 间的交互作用和方差分析也进行相应的研究。本实证研究项目追求目标影响因素最大化，用来计算的信噪比公式为

$$S/N(dB) = -10\log\left(\left(\frac{1}{Mean^2}\right)\left(1 + \frac{3}{Mean^2}SD^2\right)\right) \qquad (2-1)$$

在上述公式中，Mean 为均值，SD 为标准差。

实验数据统计分析结果如下：案例一数据分析结果见表 2.7，案例二数据分析结果见表 2.9，用来测量精益/"3R"矩阵影响的附加实验的数据分析见表 2.11。最后，对消除浪费绩效因素总体影响结果的总体排序见表 2.12。

表 2.7 案例一统计分析（测量值影响和信噪比）

案例一					因素	测量值的影响		S/N 最大比值的影响	
试验号	平均值	标准方差	信噪比	总平方和		水平 1	水平 2	水平 1	水平 2
1	7.41	2.70	15.94	102.93	A	0.86	−0.86	2.46	−2.46
2	4.27	2.69	9.21	96.82	B	1.48	−1.48	3.97	−3.97
3	5.50	2.86	12.23	100.75	AB	0.09	−0.09	−0.60	0.60
4	2.73	2.57	3.08	87.55		A1B1	A1B2	A1B1	A1B2
	4.98	2.71	10.11	388.05		A2B2	A2B1	A2B2	A2B1

在第一个案例的数据分析中，表 2.7 中因素 A1 和因素 B1 对测量的平均值（测量值的影响与平均值比较，+0.86 和+1.48）产生了比较大的影响；同时，两因素也极大地提高了信噪比（与平均值比较，+2.46 和+3.97）。另外，因素 A1 和因素 B1 的联合使用对提升绩效的影响为：+2.43 的测量值和信噪比+5.82。我们也注意到因素 A 和因素 B 的交换作用比较弱（仅仅为+0.09 的测量值和−0.09 的信噪比）。在表 2.8 的方差分析中，因素 A 和因素 B 方法与技术的应用对案例一中废弃物的消除作用是显著的，但因素 A 和因素 B 共同做出贡献的比例仅为 28.9%，其他因素产生了显著影响，这将在章节结论内容中进行解释。

表 2.8 案例一方差分析（ANOVA）

变量	自由度	Seq SS	Adj SS	Adj MS	F	P	Net sum sq	contribution/%
因素 A	1	65.64	65.64	65.64	9.05	0.003	58.39	6.74
因素 B	1	192.05	192.05	192.05	26.49	0.000	192.05	22.16
误差	85	616.27	616.27	7.25			616.25	71.10
合计	87	873.95					866.69	

在第二个案例的数据分析中，表 2.9 中因素 A1 和因素 B1 对测量值产生了影响（测量值的影响与平均值比较，分别为+0.11 和+1.05）；同时，

两因素也极大地提高了信噪比（与平均值比较，分别为+0.16 和+2.99）。另外，因素 A1 和因素 B1 的联合使用对提升绩效的影响为：+1.25 的测量值和信噪比+3.82。我们也注意到因素 A 和因素 B 的交换作用比较弱（仅仅为+0.09 的测量值和+0.67 的信噪比）。在表 2.10 的方差分析中，因素 B 方法与技术的应用对案例二中废弃物的消除作用是较显著的，因素 A 和因素 B 共同做出贡献的比例仅为 7.07%，其他的因素产生了显著影响，这也将在章节结论内容中进行解释。

表 2.9　案例二统计分析（测量值影响和信噪比）

案例二				因素	测量值的影响		S/N 最大比值的影响	
试验号	平均值	标准方差	信噪比	总平方和		水平 1	水平 2	水平 1	水平 2
1	5.64	3.44	11.76	127.36	A	0.11	−0.11	0.16	−0.16
2	3.36	3.40	4.44	102.36	B	1.05	−1.05	2.99	−2.99
3	5.23	3.90	10.10	227.11	AB	0.09	−0.09	0.67	−0.67
4	3.32	2.80	5.45	61.66		A1B1	A1B2	A1B1	A1B2
	4.39	3.39	7.94	518.50		A2B2	A2B1	A2B2	A2B1

表 2.10　案例二方差分析（ANOVA）

变量	自由度	SeqSS	Adj SS	Adj MS	F	P	Net sum sq	contribution/%
因素 A	1	1.14	1.14	1.14	0.10	0.754	−10.36	−0.98
因素 B	1	96.18	96.18	96.18	8.36	0.005	84.68	8.05
误差	85	977.55	977.55	11.50			977.5	92.93
合计	87	1074.86					1051.82	

表 2.11　精益/绿色集成：附加测试的统计分析（测量值影响和信噪比）

	平均值	标准方差	信噪比	总平方和
案例一	7.7	3.4	15.71	110.20
案例二	8.4	4.2	16.09	176.57

表 2.12　影响因素对消除废弃物绩效的影响总括

技术（工具）	案例一		案例二	
	测量值的影响	S/N 最大比值的影响	测量值的影响	S/N 最大比值的影响
精益/"3R"矩阵	3.84	7.86	4.20	8.05
集合"3R"和精益法	2.43	5.82	1.25	3.82
"3R"层级技术	1.48	3.97	1.05	2.99
精益废弃物消除法	0.86	2.46	0.11	0.16

综上所述，全因素试验设计的结果证实应用精益七大浪费识别和消除废弃物方法（假设 H1）和"3R"层级技术法（假设 H2）所导入的有效措施对消除和减少废弃物产生积极影响。因此，虽然还有其他的因素影响期望的绩效，但假设 H1 和假设 H2 也得到了验证。同样，上述结果也显示联合运用 A1 和 B1 也对绩效产生影响，因此，假设 H3 也得到了验证。

在附加实验的数据分析结果表 2.11 和表 2.12（总括所有不同因素对废弃物消除和减少绩效的影响，按大小排序进行排列）中，精益/绿色集成方法对废弃物的消除产生的影响的试验测量结果是所有方法与技术中提高最多的（案例一：+3.84 和案例二：+4.20），同时信噪比的提升也是最高的（案例一：+7.86 和案例二：+8.05）。因此，假设 H4 也得到了证实。

2.1.4　试验结论

精益和绿色制造集成对制造过程的效率和环境绩效的持续提升有积极影响。从 20 世纪 90 年代开始就有许多学者研究精益和绿色制造集成，到现在仍然强调精益和绿色之间的融合。本书通过实证研究的方法来验证精益与绿色的融合能够比单独实施两者产生更好的效率和效益。精益管理能对环境绩效的提升产生积极影响。精益重视寻找不增加价值的部分和力图发现和消除七大浪费，精益浪费和环境污染项目能够相互链接和匹配，消除精益浪费的同时也降低环境污染。本书的研究也证实了七大浪费的识别对消除制造过程中产生的废弃物有积极影响。同样，"3R"层级技术、联合七大浪费法和"3R"技术以及集成精益/绿色制造矩阵对废弃物的消除越来越有效率和效益。然而，在试验的方差分析过程中，其他因素也影响废弃物绩效的提升，因而必定会影响试验的结果。而且，参加测试的是工业工程专业的高年级学生，相关的其他解决问题的方法在测试过程中也自然会产生作用，如因果图法、价值流程图法、5W2H、ECRS法则、LCA、DFE、OUNR、EEC & IR等方法，在测试过程中非故意随便使用上述方法等也会对消除固体废弃物的绩效产生积极影响。

本实证研究的重点是浪费减少技术和采用实验设计这种定量分析工具，通过数据结果分析来揭示制造业浪费最小化项目的技术进步因素。第一，试验结果证实了集成精益/绿色方法中的精益和绿色制造方法对制造业中消除固体废弃物绩效的不同贡献。第二，本实验也证明了"3R"层级技术和精益管理的浪费消除法联合能提升制造业废弃物最小化项目的绩效。第三，两种方法的集成通过精益/绿色矩阵的运用能够提升废弃物消除绩效。因此，本实证研究项目也达到和实现了测量精益和绿色制造之间的兼容程度和对绩效的共同影响的目的。本实验通过联结"3R"层级技术和精益管理浪费识别和消除法，提供了一个非常容易实施的集成框架。在制订改进计划以减少浪费的时候，这种方法提供了一个构建在"3R"层次结构上的结构化指导，能够让它与无价值的废弃物（muda）建立链接。第四，这个矩阵架构实现了精益/绿色集成在产业上的具体实施，类似于其他的核检观察表，对激活创造性和小组互动工作非常有效。同时，这种方法可以由精益/绿色制造工程师来负责实施和管理。此外，矩阵也可以是优化固体废弃物性能和废弃物减少技术的结构化程序。本实证研究项目弥补了制造业中精益和绿色制造技术在减少固体废弃物影响上定量研究的不足，也实现了精益和绿色兼容性的测量，验证了它们之间的联合效应。

本实证研究证实了精益和绿色制造方法在消除固体废弃物计划中的作

业绩效，精益管理对作业绩效的影响被工业企业广泛认识和接受，借鉴精益管理传统语言和方法建立的精益/绿色矩阵架构是一个强大的工具，改造后可成为一个用于提升环境绩效的框架模型。然而，从运行效率的影响角度来看，本次试验除了在减少废弃物（测量和改进）的同时还有两种类型的显著作用：第一是生产成本的降低（较少原材料和能源的使用），提高流程效率，这将提升整体的运行绩效；第二是能够使用精益/绿色矩阵这种查核表在日常工作中主动参与到环境项目中，展现自己作为独立个体对环境问题的关注和具有比较强的生态效率效益意识，强化提高企业内部员工对环境项目的参与积极性。

然而，本实证研究项目可以从其他方法中发现形成浪费的根本原因，从而得到更好的解决方案。此外，本实证研究项目的定量研究方式仍处于初步阶段，还需要更多的研究来补充和更进一步证实集成精益/"3R"矩阵是一个非常有用的废弃物消除方法。同时还需要进一步验证集成精益/"3R"矩阵对所有的工业环境都是有益的。因此，可以最先在制造业中进行验证，因为制造业在生产过程中会产生大量的废弃物，潜在的废弃物回收或减少的潜力是非常大的。同时，废弃物消除技术也将延伸到其他领域，如提高能源使用效率和降低水资源的消耗。因此还需要更多的研究来证明集成精益/"3R"矩阵的实用性能够贯穿产品的全生命周期和所有的经济活动。

2.2 实施精益绿色制造系统集成协同对组织绩效的影响的实证分析

随着生产系统效率的不断优化提高，对资源消耗的需求越来越强烈，中国经济的飞速发展已经付出了巨大的代价：资源的快速枯竭和环境的大范围退化。同时，政府对环境保护的政策越来越严格，迫使制造业企业不断改善其运营方式和产品结构等，生产经营活动对环境的消极影响得到控制，并鼓励企业制定绿色战略以实现可持续的运营。尽管如此，制造业企业还需要做更多的工作来减少全球化生产活动所产生的风险。在这种情况下，相关的文献研究证据表明，精益制造（LM）和绿色制造（GM）对组织的环境绩效做出了积极贡献。但是，关于这两种方法的趋同和分歧，现有的学术文献研究不是很多。因此，本节试图通过提出和建立精益绿色制造标杆管理（lean green manufacturing benchmarking，LGMB）方法模型，通过模型确定的基准指标体系对 15 家制造业企业进行问卷调查，结合数据包络分析（data envelopment analysis，DEA）模型来评估 LM 与 GM 的协同作用，以评估有关绿色制造在企业中的应用实践和文化。该模型考虑了人员、信息知识、产品、供应商和客户、产品开发管理和制造流程等管理的相关方面，以及有助于提高生态效率的 LM 模式。

2.2.1　问题的提出

精益和绿色制造都有助于提高生产率，提高质量并节约原材料和制造过程中的其他资源，两者之间存在协同。制造业企业实施精益制造和绿色制造具有相似的资源配置作用，并且能在制造过程中将系统要素的整合与减少废弃物的目标联系在一起，可以实现优势互补。精益制造主要关注处理废弃物（一切不产生客户需要价值的活动和资源的过多使用），而绿色制造则关注原材料、资源、能源、水以及其他资源的投入和产出。Dües 等人列出了精益和绿色两种模式之间的一些差异，它们是：①精益通过实现成本和交货时间的减少来驱动和满足客户，而绿色制造通过向顾客提供环境友好型产品（生产、消费和消费后的处理等过程对环境影响最小化）来得到满足；②精益实践侧重于绩效和成本比较的最大化，而绿色实践则采用诸如生命周期评估（life-cycle assessment，LCA）之类的方法来设计产品，以便从环境视角优化产品生命周期的每一步；③在精益实践的环境中，原料或半成品的补货频率很高，因为精益制造追求维持少量库存。但是，频繁的补给配送环节会导致运输次数增加，这会增加 CO_2 的排放，这与绿色实践中的 CO_2 减排原则是背道而驰的。因此，关于这两种制造模式的趋同和分歧，现有的学术文献研究不是很多。因此，本节试图通过提出和建立精益绿色制造标杆管理（lean green manufacturing benchmarking，LGMB）方法模型，通过模型确定的基准指标体系对 15 家制造业企业进行问卷调查，结合 DEA（data envelopment analysis，DEA）模型来评估 LM 与 GM 的协同作用，以评估有关绿色制造在企业中的应用实践和文化。该模型考虑了人员、信息知识、产品、供应商和客户、产品开发管理和制造流程等管理的相关方面，以及有助于提高生态效率的 LM 模式。

　　Kuriger 等人指出，企业组织要成功地将精益和绿色制造结合起来发挥协同集成作用，重要的是要结合制造过程和可持续发展要求（绿色）。也有研究者已经建立起适当的绩效评估和指标体系。因此，针对已推行精益制造的制造业企业，笔者提出 LGMB 方法，旨在通过扎根理论的实证分析，系统解构其同步实施绿色制造转型的实践路径和文化融合机制。笔者所提出的 LGMB 方法基于对人员、信息、产品、供应商和客户、管理和流程的管理等方面的评价指标，来评估制造业企业追求可持续发展目标中的企业制造过程如何有助于提高生态效率。该方法运用标杆管理的思想选择评价指标为标杆基准，同时结合 DEA 模型评估其有关精益环境下绿色制造的实践和绩效输出。精益绿色制造评价系统是一个多投入和多产出的指标体系，而 DEA 模型明确地考虑多种投入（资源）的运用和多种产出（绩效结果）的产生，它能够用来比较提供相似产出的多个决策单位之间的效率。同时，在制造业企业已实施精益先进制造系统的环境中，各组织通常没有专注于评估绿色制造实施绩效的部门和指标体系，间接地为绿色制造（制造过程的清洁生产项目等）的成功实施起到促进作用。同时，可以通过所提出的 DEA 模型输出的结果来调整精益制造实践项目中对精益绿色产生协同效应的资源配置，进一步促进绿色制造绩效输出增加。

标杆管理法也称为基准管理法，它以同行一流企业为基准并与本企业进行比较，是不断改进和获得竞争优势的重要管理方式之一。标杆管理是一种系统的持续的过程，用于衡量组织与最佳实践之间的差距，从而明晰组织自身改进方向，并创造组织优秀业绩的良性循环过程。具体如图 2.4 所示。

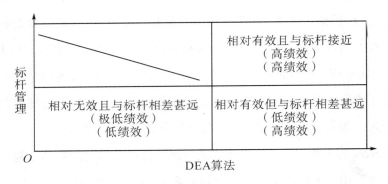

图 2.4　DEA 算法与标杆管理相结合的有效性比较

1978 年，美国著名运筹学家 A. Charnes 和 W. W. Cooper 提出数据包络分析方法（DEA）及其模型，很快就成为运筹学、管理科学与数理经济学交叉研究的一个新领域。DEA 是一个线性规划模型，表示产出对投入的比率。企业管理者可以运用 DEA 来比较一系列单位，识别相对无效率单位，衡量无效率的严重性，并通过对无效率和有效率单位的比较，发现降低或消除无效率的方法。

2.2.2　评价指标体系与模型

2.2.2.1　评价指标体系的建立

为实现对精益绿色制造协同集成组织可持续性的实证分析，笔者提出了 LGMB 方法。LGMB 方法旨在确定制造业企业如何实现更可持续（清洁或绿色）的生产，也就是如果企业采取的绿色措施导致对环境的负面影响较小，即表示企业通过采取相应的预防措施来考虑产品制造过程的清洁或绿色化。本小节主要采用文献检索和理论分析相结合的方法初步确定标杆管理的绩效评价指标。标杆管理设定的绩效评价目标体系由下列指标变量构成：①管理/责任（management and responsibility，MR），②人员（people，P），③信息知识（information and knowledge，IK），④供应商/客户关系（supplier/ customer relationship，SC），⑤产品开发（product development，PD），⑥生产过程（production processes，PP），这些指标变量是从不同的文献中收集的。这里所确定的评价指标变量与绿色制造实践的输出绩效相关联。LGMB 方法旨在提供一种诊断，以验证企业是否有效执行了绿色制造的相关实践行动，以及它们在预防环境方面的表现如何，是否可以降低企业经营对环境污染的影响。

（1）管理与责任指标变量

管理与责任（management and responsibility，MR）指标变量的出发点是从管理角度了解企业实施绿色制造理念的过程是否有相应的组织架构的变化和相对应的部门来负责该项专案工作。一种全新的管理思想要在企业内部成功实施，需要管理支持和相应的激励措施。具体指标及其含义如表 2.13 所示。

表 2.13　管理和责任变量的输入和输出指标及其含义

指标类别	指标	指标的含义
输入指标	MR01 政策的制定及目标的确定	通过定性和定量指标结构体系实施绿色制造政策
	MR02 目标及计划的宣传程度	绿色制造进度目标、计划已定义并已有效传达
	MR03 最高管理层的承诺	最高管理层致力于实施绿色制造行动
	MR04 激励制度与措施	为实施清洁生产原则所取得的相应进展，有一个激励性计划
	MR05 管理层参与、实施支持	高级管理层已选择遵守清洁生产发展计划，而不是短期运营（管道末端）
	MR06 实施环境及氛围营造	为执行和实施绿色制造，实现企业所确立的目标，积极鼓励和重视员工的参与，提供激励和鼓励的气氛
	MR07 员工涉及部门程度	参与绿色制造项目的员工来自企业的各个组织和级别

表2.13(续)

指标类别	指标	指标的含义
输出指标	MRP01 绩效指标	建立绿色制造有关的绩效指标,对部门和员工的工作业绩进行考核
	MRP02 绿色制造改进项目	所有层级的部门都有绿色实践活动的部署进度和实施项目专案
	MRP03 激励效果	高层管理人员对绿色实践进行了激励并积极推动参与
	MRP04 实施计划	绿色制造计划在组织各层级部门进行了分解和落实,各层级部门建立了相关的实施计划
	MRP05 员工可用性	拥有实施绿色制造项目技术的员工数量

（2）人员指标变量

人员（people，P）指标变量的选择主要是了解企业为了实施绿色制造，是否对企业员工进行了培训等其他投资。具体指标及其含义如表2.14所示。

表2.14　人员变量的输入和输出指标及其含义

指标类别	指标	指标的含义
输入指标	P01 员工培训	员工培训内容的适用性
	P02 培训内容	培训计划着重于组织各个层级开展绿色制造的概念和工具培训
	P03 生态团队架构	成立组织和相应人员以实施和监控绿色制造理念的应用以及明确权限范围
输出指标	PP01 人员培训的广度	接受过绿色制造概念培训的员工
	PP02 项目团队的广度	各层级部门建立绿色制造应用团队
	PP03 最高管理层的承诺兑现	最高管理层兑现为采取与绿色实践项目相一致的行动而提供资源
	PP04 培训的频率	通常针对各种员工群体进行相应知识的培训

（3）信息知识指标变量

构造和选择信息知识（information & knowledge，IK）指标变量的目的是评估整个企业与绿色制造相关的信息知识传递、沟通和转换的结构和可用性，在绿色制造的实施过程中信息的重要性，环境问题、资源消耗等问题的解决需要关注和获取问题存在的关键因素，从而采取行动确保获得更好的绩效水平以减少对环境的不利影响。具体指标及其含义如表 2.15 所示。

表 2.15　信息和知识变量的输入和输出指标及其含义

指标类别	指标	指标的含义
输入指标	IK01 信息知识获取	信息、知识可根据需要提供给整个组织
	IK02 知识信息共享	知识是通过组织结构共享的
	IK03 财务指标扩散	财务指标的建立旨在评估和报告与绿色生产有关的进展
	IK04 信息知识扩散	信息分散和传达到非常接近项目的相关组织、人员
输出指标	IKP01 信息更新	及时更新有关绿色制造的信息
	IKP02 项目实施收益	通过绿色制造实践来减少费用和成本
	IKP03 项目效果影响	传播通过绿色制造项目获得的结果

（4）供应商/顾客关系指标变量

供应商/顾客关系（supplier/customer，SC）指标变量用来评估供应商/客户在产品和工艺的开发过程中是否参与企业绿色制造的实施过程以及参与的程度如何。具体指标及其含义如表 2.16 所示。

表 2.16　供应商和顾客变量的输入和输出指标及其含义

指标类别	指标	指标的含义
输入指标	SC01 相关方参与的程度	供应商和客户参与开发绿色产品和工艺的过程
	SCO2 相关方参与的广度	供应商和客户参与产品和过程开发领域的持续审查
	SC03 对相关方的激励	对供应商和客户达成绿色产品过程的激励措施
输出指标	SCP01 相关方绿色项目	供应商和客户的绿色产品和过程开发项目
	SCP02 相关方改善项目效果	符合客户在防止和预防环境影响方面的要求

（5）产品开发指标变量

产品开发（product development，PD）指标变量的选择旨在分析被研究的企业绿色制造理念在新产品开发、产品工艺改进方面的涉及程度。具体指标及其含义如表 2.17 所示。

表 2.17　产品开发变量的输入和输出指标及其含义

指标类别	指标	指标的含义
输入指标	PD01 产品开发的涉及广度	集成产品开发，企业所有职能部门以及客户、供应商、第三方部门机构等其他代理商参与，旨在实现环境影响最小化
	PD02 生命周期管理应用	将产品生命周期管理原则应用于开发新产品的全过程
	PD03 产品性能优化	产品经过重新设计，消除了与产品制造、使用和回收相关的任何环境问题
	PD04 新材料应用	一种可能引起环境问题的材料被另一种没有环境问题或对环境危害较小的材料代替
	PD05 产品的再制造	在产品的开发过程中开发组件，以便在企业产品生命周期后期对其进行回收和再利用
	PD06 产品二次开发	研究如何延长产品寿命
输出指标	PDP01 新材料和新模块转换程度	减少对环境造成破坏的材料和/或组件的数量
	PDP02 绿色材料应用程度	采用对环境危害较小的材料种类
	PDP03 老产品绿色化程度	重新设计、开发对环境影响较小的产品种类
	PDP04 废弃产品再利用程度	回收材料和/或组件的使用种类
	PDP05 再制造实施程度	为促进回收、再制造而开发的组件数量
	PDP06 产品衰退速度	延长产品寿命及相应效果

（6）生产过程指标变量

生产过程（production process，PP）指标变量主要用于分析被研究企业的绿色制造理念在产品生产过程中如何实现。具体指标及其含义如表 2.18 所示。

表 2.18 生产过程变量的输入和输出指标及其含义

指标类别	指标	指标的含义
输入指标	PP01 流程再造	生产流程重新设计，旨在消除环境影响
	PP02 再制造	将用过的产品恢复到"新"状态
	PP03 废弃物循环利用	企业使用产生的废弃物在内部消耗、再利用开发
	PP04 物流容器循环利用	使用可在生产过程中重复使用的包装和货盘
	PP05 废弃物专业处理	将废弃物转移给具有更大能力处理废弃物的第三方
	PP06 废弃物的降解处理	在将废弃物回收、再利用或消耗之前，将其分解成单独的部分
	PP07 价值链审查	对整个组织的价值链进行定期审查，以不断减少环境影响
	PP08 气体排放控制	企业评估、控制并寻求减少有害气体向大气中释放
	PP09 水的消耗控制	企业评估、控制并寻求减少水的消耗
	PP10 能耗控制	企业评估、控制并寻求减少能源的消耗
	PP11 精益项目实践	企业采用精益生产实践（技术、方法和工具）以减少对环境的影响
	PP12 固体废弃物控制	企业评估、控制并寻求减少产生固体废弃物
	PP13 有害、有毒物质控制	企业评估、控制并寻求减少有害和有毒物质
输出指标	PPP01 固体废弃物优化程度	采用绿色生产减少了产生的固体废弃物的数量
	PPP02 节水效果	采用绿色生产减少的用水量
	PPP03 节能效果	采用绿色生产降低的能源消耗
	PPP04 空气改善效果	采用绿色生产减少的向大气排放的有害气体
	PPP05 物流容器再利用	采用可回收包装、容器数量类型等
	PPP06 精益实践涉及环境改善程度	采用精益生产实践（技术、方法和工具）减少环境影响的效果

（7）精益实践方法实施评价及其精益水平评价

制造业企业在实施绿色制造管理模式的过程中，随着绿色实践项目的输入，同时也产生了绿色绩效的输出。为了解企业是否同时实施精益生产项目以及实施精益生产项目的过程中使用了哪些方法，特提出相关评估调查清单。各种文献研究表明精益对绿色制造具有正面贡献，因此本书在这项研究项目中创建了精益生产调查清单以验证所调查企业目前正在采用哪些精益实践方式。清单的内容（LM 实施的方法与工具）是通过文献调查得出的，企业精益生产实施情况调查清单从 Nogueira 和 Xiaoxi Fu 等学者的模型改编而来，如表 2.19 所示，以核实精益生产中对绿色制造模式的实施产生促进影响的主要实践。

表 2.19　企业精益生产实施情况调查清单

项目	没有实施 （NA）	非常弱 （VW）	弱 （W）	强 （S）	非常强 （VS）
5S 管理					
kaizen（改进）					
标准作业					
单元生产/一个流生产					
质量控制和零缺陷					
JIT（准时化）					
自动化					
TPM（设备保全）					
SMED（快速换模）					

此外，笔者同时为评估精益制造的实施程度提出了一份评估精益实践行为的清单，以了解和评估哪些具体方面是最适合采用精益实践方法的（不仅对生产效率的提升有重要意义，同时也对环境绩效的改进产生作用）。对于该清单的结构，根据文献，笔者仅考虑了有助于环境可持续性的精益具体实践方法或工具。

某一个被调查企业绿色精益的总得分，可以通过公式（2-2）计算得出。某一个被调查企业精益实践方法的调查问卷得分也是 5 分制，但在计算某一个制造业企业实施 LM 模式总分的时候，各自被赋予相应的权重，例如，没有实施（Not Applied，NA）——0 分，非常弱地实施（Very Weak，

VW）——2.5 分，弱实施（Weak，W）——5 分，强实施（Strong，S）——7.5 分，非常强地实施（Very Strong，VS）——10 分。

$$SCORE_i = \frac{10 \times \sum VS + 7.5 \times \sum S + 5 \times \sum W + 2.5 \times \sum VW}{\sum VS + \sum S + \sum W + \sum VW + \sum NA}$$

$$(2-2)$$

2.2.2.2 评价模型的建立

（1）标杆管理评价法

标杆管理是不断进行比较分析、制订赶超计划并实施执行及评估的过程。本书所确定的标杆管理指标体系都是从不同的文献中收集的。本书确立了管理/责任、人员、信息知识、供应商/顾客关系、产品开发和生产过程6 个指标体系。为评估这些指标体系，笔者利用评价指标设计调查问卷（调查问卷主要由指导语、问题及答案构成），问题答案采用利克特5 级量表开发方法，需要更精确的答案。问卷由企业的专业人员通过会议完成。通过计算6 个变量中每个变量所得出的实践输入和绿色绩效输出指标，可以获得最终的实践输入和绩效输出的总体情况（平均总得分）。

为了对所获得的各制造业企业的总指标体系进行区分和分析，笔者将使用图表显示通过访谈获得的指标结果，讨论各企业所采用的实践项目和方法（工具）并和其获得的绿色绩效对比，如实践输入与绿色绩效输出图、雷达图。

实践输入与绿色绩效输出图是通过6 个分指标变量合并结果生成的最终总指数而获得的。横轴表示企业实施的实践的最终指标，而纵轴表示其获得的最终绩效指标。笔者根据所确定的基本达标标杆的输入输出数据将图表的区域分为4 个象限，每个企业都位于1 个象限中，如图2.5 所示。

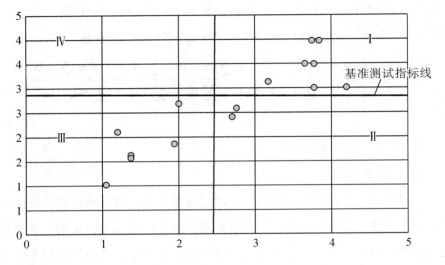

图 2.5　各实践输入与绿色绩效输出分割象限图

　　图 2.5 中的基准测试指标线,可以用作确定需要改进的关键点的参考。为了使位于象限Ⅱ、象限Ⅲ和象限Ⅳ中的企业能够改善其输出结果并实现更高的绩效和绩效指数,有必要进行相应的资源投入以改进精益与绿色制造实践。因此,对于处于象限Ⅱ中的企业,应分析与绿色绩效相关的最低点,为什么有相应的投入而没有产生相应的输出或是否投入过多造成资源冗余;对于处于第Ⅲ象限的企业,应调查其哪些实践做法还不完善并寻求改进,或者是否资源投入不足;对于处于第Ⅳ象限中的企业,应同时分析其输入的实践和输出的绩效,以在两者中均取得更好的或均衡的结果。针对位于不同象限的企业的具体分析如下:①位于象限Ⅰ的企业目前已在产品的制造过程中成功实施绿色制造模式,有非常好的绿色绩效输出。②位于第Ⅱ象限的企业为实施绿色制造实践奠定了良好条件,因为它们已经在进行一些绿色生产项目,但是其产生的绩效与所实施的实践项目应该输出的绩效水平不吻合。可能的原因是组织缺乏激励制度或内部各层级的员工缺乏绿色制造实践项目相关信息的沟通协作。因此,为达到良好的绿色绩效输出,有必要调查关键问题存在点来采取改善绿色输出绩效的相关措

施。③位于第Ⅲ象限的企业具有绿色制造实践相关的良好绩效输出，这可能是管理者严格管理、员工努力工作或其他间接行为（例如精益项目、质量管理和/或环境管理系统）所致。④位于象限Ⅳ的企业在实施绿色制造方面存在非常不理想的情况。在这种情况下，企业可能还没有建立起相应的组织、配备一定的人员等来进行相应流程的变更，以有效地实施绿色制造；或者是开发针对实施绿色实践专案的项目的投资和相应的激励措施没有建立/投入较少，甚至根本不存在。

对所研究的六个变量中的每个变量的实践输入指标和绿色绩效输出指标而言，考虑雷达图来显示每个变量的总体情况（强或弱），即展示每个变量与卓越和基本达标的距离。在雷达图中标识绿色制造评估的卓越标准对应于 5 分。3 分被认为是制造业企业成功实施绿色制造所必需的最低绩效的里程碑（基本达标基准）。具体哪些指标比较成熟，实现了相对有效没有冗余；哪些指标虽然也达到了相对有效但需要优化改进，达到投入需要减少、产出需要增加；哪些指标需要进一步完善，由 DEA 模型进行分析。

（2）DEA 建模数据准备及表述方式

DEA 对其决策单元（同类型的企业或部门）的投入规模、技术有效性做出评价，即对各类型的企业投入一定数量的资金、劳动力等资源后的产出效益做一个相对有效性评价。本书采用 DEA 的 C^2R 模型。

设有 n 个决策单元，对于每个决策单元都有 m 种类型的"输入"（表示该单元对"资源"的消耗）以及 p 种类型的"输出"。设 v_i 为第 i 个输入指标 x_i 的权重，u_r 为第 r 个输出指标 y_r 的权重，则第 j 个企业投入的综合值为 $\sum_{i=1}^{3} v_i x_{ij}$，输出的综合值为 $\sum_{r=1}^{2} u_r y_{rj}$，其生产效率为

$$h_j = \frac{\sum_{r=1}^{p} u_r y_{rj}}{\sum_{i=1}^{m} v_i x_{ij}} \tag{2-3}$$

于是问题实际上是确定一组最佳的权变量 v_1、v_2、v_3 和 u_1、u_2，使

第 j 个企业的效率值 h_j 最大，限定所有的 h_j 值 $(j = 1, 2, 3)$ 不超过1，即 $\max h_j \leqslant 1$，则这 n 个企业及其输入输出关系如表2.20所示。

表 2.20 DEA 建模数据汇总表

项目	指标	权数	部门					
			1	2	⋯		⋯	n
输入	1	v_1	x_{11}	x_{12}	⋯	x_{1j}	⋯	x_{1n}
	2	v_2	x_{21}	x_{22}	⋯	x_{2j}	⋯	x_{2n}
	⋮	⋮	⋮	⋮	⋮	⋮	⋮	⋮
	m	v_m	x_{m1}	x_{m2}	⋯	x_{mj}	⋯	x_{mn}
输出	1	u_1	y_{11}	y_{12}	⋯	y_{1j}	⋯	y_{1n}
	2	u_2	y_{21}	y_{22}	⋯	y_{2j}	⋯	y_{2n}
	⋮	⋮	⋮	⋮	⋮	⋮	⋮	⋮
	p	u_p	y_{p1}	y_{p2}	⋯	y_{pj}	⋯	y_{pn}

每个决策单元的效率评价指数定义见公式（2-3），而第 j_0 个决策单元的相对效率优化评价模型为

$$\max h_{j_0} = \frac{\sum\limits_{r=1}^{p} u_r y_{rj_0}}{\sum\limits_{i=1}^{m} v_i x_{ij_0}}$$

$$s.t. \begin{cases} \dfrac{\sum\limits_{r=1}^{p} u_r y_{rj}}{\sum\limits_{i=1}^{m} v_i x_{ij}} \leqslant 1, \ j = 1,2,\cdots,n \\ v_i, \ u_r = 0, \quad i = 1,2,\cdots,m; \ r = 1,2,\cdots,p \end{cases} \quad (2-4)$$

在上述模型中，x_{ij}、y_{rj} 为已知数，v_i、u_r 为变量。模型的含义是以权系数 v_i、u_r 为变量，以所有决策单元的效率指标 h_j 为约束，以第 j_0 个决策单元的效率指数为目标。这是一个分式规划模型，我们必须将它化为线性规划模型才能求解。于是模型（2-4）转化为

$$\max h_{j_0} = \sum_{r=1}^{p} \mu_r y_{rj_0}$$

$$s.t. \begin{cases} \sum_{r=1}^{p} \mu_r y_{rj} - \sum_{i=1}^{m} w_i x_{ij} \leqslant 1, \ j = 1,2,\cdots,n \\ \sum_{i=1}^{m} w_i x_{ij_0} = 1 \\ \mu_r, \ w_i \geqslant 0, \quad i = 1,2,\cdots,m; \ r = 1,2,\cdots,p \end{cases} \quad (2-5)$$

其向量形式为

$$\max h_{j_0} = \mu^T Y_0$$

$$s.t. \begin{cases} \mu^T Y_j - \omega^T X_j \leqslant 0 \\ \omega^T X_0 = 1 \qquad j = 1,2,\cdots,n \\ \omega \geqslant 0, \ \mu \geqslant 0 \end{cases} \quad (2-6)$$

其对偶问题为

$$\min V_D = \theta$$

$$s.t. \begin{cases} \sum_{j=1}^{n} \lambda_j x_{ij} \leqslant \theta X_{i0}, \ i = 1,2,\cdots,m \\ \sum_{j=1}^{n} \lambda_j y_{rj} \geqslant y_{r0}, \ r = 1,2,\cdots,p \\ \lambda_j \geqslant 0, \ \theta \ 无约束 \end{cases} \quad (2-7)$$

将其转换为向量模式

$$\min \theta$$

$$s.t. \begin{cases} \sum_{j=1}^{n} \lambda_j x_j + s^- = \theta x_0 \\ \sum_{j=1}^{n} \lambda_j y_j - s^+ = y_0 \\ s^- \geqslant 0, \ s^+ \geqslant 0, \ \lambda_j \geqslant 0, \\ \theta \ 无约束 \end{cases} \quad (2-8)$$

设线性规划问题（2-8）的最优解为 λ^*，s^{*-}，s^{*+}，θ^*，则有如下结论：

①若 $\theta^*=1$，则 DMU_{j0} 为弱 DEA 有效（总体）；

②若 $\theta^*=1$，且 $s^{*-}=0$，$s^{*+}=0$，则 DMU_{j0} 为 DEA 有效（总体）；

③令 $\hat{x}=x_0-s^{*-}$，$\hat{y}_0=y_0+s^{*+}$，则 $<\hat{x}_0,\hat{y}_0>$ 为 $<x_0,y_0>$ 在有效前沿面上的投影，相对于原来的 n 个 DMU 是有效（总体）的；

④若存在 $\lambda_j^*(j=1,2,\cdots,m)$，使 $\sum_{j=1}^{n}\lambda_j^*=1$ 成立，则 DMU_{j0} 为规模效益不变；若不存在 $\lambda_j^*(j=1,2,\cdots,m)$，使 $\sum_{j=1}^{n}\lambda_j^*=1$ 成立，则 $\sum_{j=1}^{n}\lambda_j^*<1$，$DMU_{j0}$ 为规模效益递增；若不存在 $\lambda_j^*(j=1,2,\cdots,m)$，使 $\sum_{j=1}^{n}\lambda_j^*=1$ 成立，则 $\sum_{j=1}^{n}\lambda_j^*>1$，$DMU_{j0}$ 为规模效益递减。

DEA 模型中决策单元的纯技术效率为 1，规模效率也为 1，则从生产函数来讲，它既是技术有效的，也是规模有效的，毫无疑问该决策单元肯定是有效的，如图 2.6 所示。如果某个决策单元的纯技术效率为 1，而规模效率小于 1，则 DEA 也是有效的，对于这些决策单元，其投入 X_j 所获得的产出 Y_j 已达到最优，没有投入冗余和输出的增加。

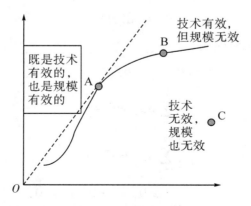

图 2.6　生产函数中 DEA 有效性的经济含义

综上所述，引入标杆管理程序，通过调查、访问、文献查阅等方法收集各决策单元的工作绩效与指标数据，建立所要考核的标杆单元 DMU_M。将有效决策单元与标杆进行比较，选出有效决策单元。针对无效决策单元，具体哪些指标比较成熟，实现了相对有效没有冗余；哪些指标虽然也达到了相对有效但需要优化改进等，用 DEA 算法进行分析。基于标杆管理的 DEA 方法流程如图 2.7 所示。

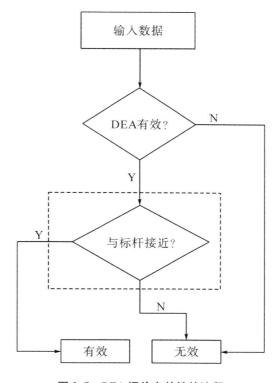

图 2.7　DEA 评价有效性的流程

2.2.3　实证分析与结论

2.2.3.1　问卷设计及问卷发放情况

笔者利用确定的评价指标设计调查问卷，调查问卷主要由指导语、问题及答案构成，问题答案采用利克特 5 级量表开发方法，问卷对象为企业环境管理人员、精益项目人员、生产经理等。笔者向 25 家大中型制造业企业共发出问卷 100 份，实际收回 70 份，有效问卷 61 份，有效问卷回收率 61%，有效问卷涉及的企业有 15 家。笔者采用克朗巴哈（Cronbach）α 信度系数法，对收集到的数据进行了信度检验，统计数据符合要求。本书指标大多是对实证研究成果的整合，其真实性、有效性检验也得到了认可，因此不必再进行效度检验。

（1）决策单元样本企业概况

笔者根据调查问卷的回收情况，最后确定 15 家企业的问卷为有效问卷。为获得有效的数据，参与问卷调查的企业组织至少有一名员工填写了调查表。如果被调查企业组织的生产过程和产品比较复杂，则需要两个或更多员工参与问卷的填写。为对被调查企业的基本情况有所了解，在填写调查表的问题信息之前是被调查企业基础信息的填写：员工人数、年营业额、已获得的认证证书（质量管理、环境管理、职业健康安全等）、所属行业部门、精益绿色制造项目组织架构等，以及在企业实施的 LM 计划中，是否关注减少环境影响的评估和行动等。15 家企业的具体相关信息如表 2.21 所示。

表 2.21　15 家有效样本企业基础信息汇总

企业代码	规模	所在行业/部门	项目部门设立情况		认证情况		
			精益制造	绿色制造	ISO9001	ISO14001	OHSAS18001
E01	大型	电子	√	√	√	√	√
E02	大型	农业			√	√	
E03	大型	机械加工	√		√	√	
E04	大型	冶金			√		
E05	大型	马达制造	√		√	√	
E06	大型	金属机械	√		√	√	
E07	中型	冶金	√		√	√	√
E08	中型	家用电器	√	√	√	√	√

企业代码	规模	所在行业/部门	项目部门设立情况		认证情况		
			精益制造	绿色制造	ISO9001	ISO14001	OHSAS18001
E09	大型	塑料制品	√		√		
E10	大型	汽车制造	√		√	√	
E11	大型	机械加工	√	√	√		
E12	大型	轮胎制造	√		√		
E13	大型	家用电器	√	√	√	√	
E14	中型	机械加工			√		
E15	大型	纺织品	√	√	√	√	

（2）样本企业情况

笔者从所获得的调查问卷相关信息中了解到，在这15家制造业企业中，80%（12家）是大型制造业企业，剩余的20%（3家）是中等规模的制造业企业。选择大中型制造业企业参加这项研究，因为这些企业通常具有明确的组织结构，能够对精益和绿色制造管理模式的引进和实施提供资金、组织、人力资源等保障。15家企业来自电子、农业、冶金、机械加工、金属机械、马达制造、轮胎制造、汽车制造、家用电器、塑料制品、纺织品等行业或部门。企业类型多样，有资源密集型和劳动密集型企业，也有现代制造业和传统制造业，还有高污染企业和需要高清洁环境的企业。

在这15家制造业企业中，在企业获得认证情况方面，所有的样本企业都获得了ISO9001质量管理体系认证，质量管理体系在各样本企业都已实施了较长的时间，基本上在各样本企业成立后不久就积极进行该认证。这从另外一个层面说明，样本企业在它们的竞争战略中并没有优先考虑环境问题，但实施了质量管理体系，而各种文献研究表明在企业实施质量管理体系能够间接支持环境绩效方面的改进。在环境管理体系认证方面，有67%（10家）样本企业获得了环境ISO14001体系认证，有3家样本企

（20%）正在实施环境管理体系，取得相关的认证证书，最后剩余的2家样本企业后期将根据客户的要求和环境保护政策积极准备导入ISO14001环境管理系统。15家样本企业都实施了精益制造管理模式，为更好地导入和实施LM，都成立了相应的组织架构来承担相应的职责，15家样本企业中已有9家样本企业实施了环境管理系统，通过了ISO14001管理体系认证，但在企业内部成立专门的组织架构和部门专职负责绿色制造概念方法项目推进的只有5家（33%）。针对企业员工职业健康管理体系OHSAS18001认证，通过的样本企业只有E01、E07、E08这3家企业。因此，绝大部分样本企业（10家，占67%比例）可持续性行动（绿色行动和绩效）改进成果主要是在企业的产品问题优化、解决制造过程问题、降低成本和满足客户要求等精益、质量改进项目中间接或伴随产生的。

2.2.3.2　绿色实践输入与绿色绩效输出指标数据获取及模型结果分析

本书采用问卷调查的形式来获取输入和输出指标数据，输入指标问卷调查主要针对实施绿色制造实践相关的情况展开调查；输出指标问卷调查主要针对不同的实践输入指标所带来的绿色绩效输出情况的调查，采用打分的方式对输出指标进行打分。接下来分别依据LGMB模型和DEA模型对收集到的数据进行分析，以发现其内在联系。

（1）数据结果分析

笔者针对所获得的数据，从总体情况和个体上进行分析，针对所研究的6个变量中的每个变量的实践输入指标和绩效输出指标，计算出各变量的输入和输出总得分，如图2.8所示。同时，确定制造业企业标杆基准达标得分为3分，即3分被认为是制造业企业成功实施绿色制造所必须达到的最低绿色绩效的里程碑基准点。将15家样本企业划分在4个象限中，各变量总体情况相对于标杆基准点情况用雷达图显示，分别如图2.9、图2.10所示。

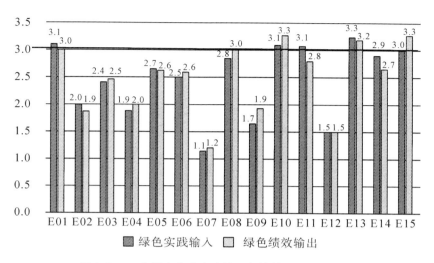

图 2.8　15 家样本企业实践输入与绩效输出得分情况

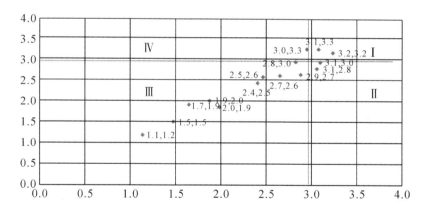

图 2.9　15 家样本企业输入与绩效输出象限分布

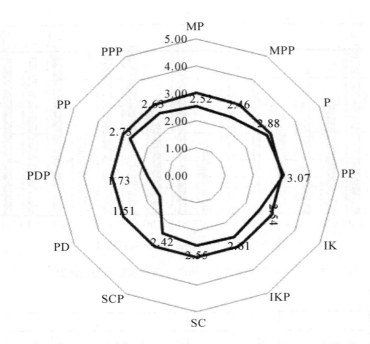

图 2.10 15 家企业绿色实践输出与绿色绩效总体情况分布雷达图

由图 2.9 中 E01（3.1, 3）、E02（2, 1.9）、E03（2.4, 2.5）、E04（1.9, 2）、E05（2.7, 2.6）、E06（2.5, 2.6）、E07（1.1, 1.2）、E08（2.8, 3）、E09（1.7, 1.9）、E10（3.1, 3.3）、E11（3.1, 2.8）、E12（1.5, 1.5）、E13（3.2, 3.2）、E14（2.9, 2.7）、E15（3, 3.3）可以看出，只有 27%（4 家）样本企业位于第 I 象限（多实践高绩效），6%（1 家）样本企业位于 II 象限（多实践低绩效），其余 67%（10 家）样本企业位于 IV 象限（少实践低绩效）。

E11 样本企业是唯一位于第 II 象限的样本企业，拥有 3.1 分的实践和 2.8 分的绩效。该样本企业正在实施 ISO14001，最终将为 GM 实践的绿色绩效输出贡献更大价值。目前其绿色业绩输出低于 3 分的原因是该样本企业开展的绿色实践项目仍在制定预防措施、即将实施的过程中。此外，该样本企业还采用和实施了一些 LM 实践。

位于Ⅲ象限的样本企业最多，这说明绿色制造模式在中国大部分企业得到了实施，也说明了GM模式实施的难度和短期内难以创造比较显而易见的经济效益，但刚开始都是投资也就是只有成本的付出，收益的实现比较缓慢。重要的一点是，GM实践和绩效值最低的样本企业（E07和E12）比同样位于象限Ⅲ的样本企业E04、E02和E09运用了更多的LM实践。通过详细地分析样本企业E07和E12，我们认为可能是由于其LM行动更多地关注生产效率，而不是针对GM的行动，从而导致这些样本企业即使在LM的某些应用下也无法提供GM的实践和绩效指标，无法帮助企业生产过程实现清洁生产。

位于Ⅰ象限的四家样本企业属于多实践高绩效类型。所有这些样本企业都已实施ISO14001，kaizen（持续改进）在E15样本企业中被广泛用于环境评估和改进，成立了负责GM实践项目的组织架构来专门负责，这同时也和该样本企业属于纺织品行业、生产的产品主要是出口外销，其面对的国际贸易绿色壁垒非常严重有关。

为了使位于象限Ⅱ和Ⅲ中的样本企业能够提升其绿色绩效并实现更高的绩效和绩效指数，有必要进行投资以改进实践。这条基准测试指标可以用作确定需要改进的关键点的参考。因此，建议：①对于象限Ⅱ中的样本企业，应分析与绩效相关的最低点，应调查哪种做法最不完善，并寻求改进；②对于第Ⅲ象限中的样本企业应同时分析实践和绩效，以在两者中均取得更好的结果。

通过分析所有样本企业的GM变量的实践和绩效平均值，用雷达图2.10来进行展示，表明这15家样本企业6个变量指标总体情况相对于基准测试指标的距离（相差距离有多大，距离越大，说明差距越大）。其中生产过程变量指标基本达到接近基准测试指标，说明各企业实施GM的过程中主要还是关注生产过程的绿色化和实施清洁化生产，同时这也是所有变量指标体系中最容易控制的地方，也是绿色绩效评价指标可以衡量和定量评估的指标，同时也是在短期内效果最显著的指标。离基准测试指标最远的指标变量是产品开发指标，这主要是因为产品开发是众多企业最薄弱的地方，需要高储备的人力资源和资金投入。但产品开发是企业实现产品绿色化的源头和出发点，实施的难度比较大，短期内产生的效益不明显，绿色收益要通过消费者的体验才能感知。由于 GM 实践和绩效指标较低，只有五家样本企业（33%）提出了特定的 GM 计划。尽管其他的样本企业没有 GM 计划，但它们开展了一些与 GM 相关的活动。由于这些活动或者行动通常是反应性的和无组织的，因此实践和绩效的价值都很低。

（2）六个指标变量的 DEA 有效性分析

大部分样本企业总体的绿色实践和绿色绩效输出比较低，没有达到或超越所设定的基准测试指标值。问题在于在企业有限的资源投入情况下，是否实现了能达到的目标值。如果样本单元的纯技术效率为 1，而规模效率小于 1，这说明样本单元本身的技术效率正常，没有投入需要减少、没有产出需要增加；样本单元的综合效率没有达到有效（即 1），是因为其规模和投入、产出不相匹配，需要增大规模或缩小规模。

①管理和责任变量指标的 DEA 结果分析

笔者根据 C^2R 模型计算出各调查企业管理和责任变量指标的相对效率结果，如表 2.22 所示。其中 E02 和 E11 的最优解 θ 分别为 0.889 和 0.944，其余各样本企业的最优解 θ 为 1，并且这个决策单位的松弛变量均为 0，可以判断这些样本企业在当前情况下的绿色实践输入与绿色绩效输出达到了有效。但 E02 和 E11 的 DEA 效率分析中纯技术效率为 1，而规模效率小于 1，从理论上来说，样本企业本身的技术效率正常，没有投入需要减少、没有产出需要增加，实现了弱有效性，其中 E11 没有绿色实践投入的冗余和绿色绩效输出的不足，但目前处于第 Ⅱ 象限，非常接近基准值，也同时验证了其绿色绩效输出的效益还没有完全显现出来，后期会呈现比较好的状况。E02 当前的绿色绩效目标值投入存在冗余，或者说在当前规模的投入情况下，没有达到绿色绩效输出的最优值。

表 2.22 管理和责任变量指标 DEA 效率摘要

企业编码	综合效率	纯技术效率	规模效率	规模收益
E01	1	1	1	——
E02	0.889	1	0.889	irs
E03	1	1	1	——
E04	1	1	1	——
E05	1	1	1	——
E06	1	1	1	——
E07	1	1	1	——
E08	1	1	1	——
E09	1	1	1	——
E10	1	1	1	——
E11	0.944	1	0.944	drs
E12	1	1	1	——
E13	1	1	1	——
E14	1	1	1	——
E15	1	1	1	——

从样本企业的 DEA 有效性结果来分析，大部分企业的管理者都关注环境问题，并寻求使用定量定性指标或方法控制和减少环境影响。其所采用的主要指标是定量的，如水和能源消耗和固体及液体废弃物的产生等，同时大部分样本企业都在积极推行环境管理系统，获得和积极推进 ISO14001 管理体系认证，管理者建立了相应的指标来控制他们的行动对环境的影响，这些结果最终都会反馈到和最终贡献给 GM 绩效表现。虽然大部分样本企业没有为 GM 的实施建立相应的组织架构，但是，它们要么正在实施 ISO14001，要么已经获得认证通过，必须努力工作以产生更低的环境影响，保持良好的认证承诺。大部分样本企业能够达到管理与责任指标的有效性，经核实为大部分样本企业的短期业绩刺激，在环境管理方面设定的目标其实很低。

企业高层管理者虽然也重视企业的生态效率，但笔者在调查过程中也注意到企业对绿色生态的主要激励措施和制度仍然集中在生产过程上，大部分企业没有成立相应的绿色行动推动的组织架构，能取得 2~3 分的绿色绩效得分，主要原因是其在关注生产过程中实施了 ISO9001、ISO14001 和 LM 实践改进项目，这个在关注产品生产制造的过程中的改进行动间接地对绿色生产产生了积极有效的影响和绿色绩效的输出。正是由于 GM 主要关注生产过程而且没有相应的组织架构来进行宣传倡导，因此参与绿色生产项目等的人比较少。样本企业的综合效率没有达到有效（即 1），是因为其规模和投入、产出不匹配，需要增大规模或缩小规模。

②人员变量指标的 DEA 结果分析

笔者根据 C^2R 模型计算出各样本企业中的人员变量指标的相对效率，结果如表 2.23 所示。其中 E02、E03、E08、E12、E15 等 5 家企业的最优解 θ 为 1，并且这个决策单元的松弛变量均为 0，可以判断这些样本企业在当前情况下的绿色实践输入与绿色绩效输出达到了有效。同时，E01、E07、E10、E11、E13、E14 等 6 家企业最优解 θ 不为 1，但纯绩效效率都为 1，规模效率小于 1，达到了弱有效，说明在当前的状况下，样本企业本身的技术效率正常，没有投入需要减少、没有产出需要增加。

从人员变量的输入指标和输出指标得分情况和后续的调查了解来看，总的来说，样本企业呈现了相应的培训结构，可供员工接受相应多科目的培训，包括清洁生产、"3R"、质量管理、5S 管理、TPM 等。也有少部分样本企业得分比较低，几乎没有任何形式的 GM 概念培训。同时也有少部分样本企业有培训，但也只是对 GM 概念做简单了解，非常肤浅。此外，培训通常只针对与环境影响活动直接相关的员工。因此，有必要加强对员工的培训，确保企业能够培养足够的绿色实施团队和技术队伍，确保企业环境保护预防项目得到执行和推进。

表 2.23　人员变量指标 DEA 效率摘要

企业编码	综合效率	纯技术效率	规模效率	规模收益
E01	0.969	1	0.969	drs
E02	1	1	1	——
E03	1	1	1	——
E04	0.909	0.929	0.979	irs
E05	0.875	0.889	0.989	irs
E06	0.909	0.917	0.992	drs
E07	0.909	1	1	——
E08	1	1	1	——
E09	0.909	0.929	0.979	irs
E10	0.958	1	0.958	drs
E11	0.909	1	0.909	drs
E12	1	1	1	——
E13	0.969	1	0.969	drs
E14	0.949	1	0.949	drs
E15	1	1	1	——

③信息和知识变量指标的 DEA 结果分析

信息和知识变量指标值 C^2R 模型计算结果如表 2.24 所示，有 7 家样本企业达到了相对有效。这些样本企业认为信息知识是可用的，员工可以方便地访问相关网络，可以分享有关清洁生产的信息和实践知识，得分低的样本企业没有关于 GM 的知识共享。因此，大部分样本企业没有实施 GM 的相关指南来指导企业的生产和员工的行为，这也正是大部分企业没有建立相应的组织架构来负责此项工作的主要原因。

表 2.24　信息和知识变量指标的 DEA 效率摘要

企业编码	综合效率	纯技术效率	规模效率	规模收益
E01	0.75	0.778	0.964	irs
E02	0.952	0.965	0.99	irs
E03	1	1	1	——

表2.24(续)

企业编码	综合效率	纯技术效率	规模效率	规模收益
E04	0.952	0.962	0.99	irs
E05	1	1	0.964	—
E06	0.964	1	0.952	drs
E07	0.952	1	0.889	irs
E08	0.889	1	0.99	drs
E09	0.952	0.962	1	irs
E10	1	1	1	—
E11	0.833	0.875	0.952	irs
E12	1	1	1	—
E13	1	1	1	—
E14	1	1	1	—
E15	1	1	1	—

④供应商和顾客变量指标的 DEA 结果分析

供应商和顾客指标主要显示了供应商和客户在开发新产品以及现有绿色工艺等改进项目过程中的参与程度。从各样本企业的得分来看，供应商和客户对产品和工艺开发的参与更加积极。样本企业的 DEA 结果如表2.25 所示。供应商和顾客参与企业绿色生产情况不是很理想。大部分供应商是中小型企业，达到国家的环境保护政策要求和遵守基本的法律法规是现实的目标，其主要关注点是怎么提高产品的质量、降低产品的成本和提高生产效率，不会过多关注环境指标，采取的措施也主要用来满足顾客要求的绿色指标。因此，样本企业要想获得绿色原材料和半制成品，需要持续关注供应商和客户采用的流程和产品，对供应商进行审核以确定所需的环境标准。要积极鼓励和建议供应商和客户经常参与清洁产品和工艺的开发。

表 2.25　供应商和顾客变量指标的 DEA 效率摘要

企业编码	综合效率	纯技术效率	规模效率	规模收益
E01	0.75	1	0.75	drs
E02	0.818	0.846	0.967	irs
E03	0.931	1	0.931	drs
E04	0.621	0.629	0.987	irs
E05	0.75	0.778	0.964	drs
E06	1	1	1	—
E07	0.818	1	0.818	irs
E08	0.621	0.629	0.987	irs
E09	1	1	1	—
E10	0.892	1	0.892	drs
E11	1	1	1	—
E12	0.818	1	0.818	irs
E13	0.649	0.651	0.996	irs
E14	0.857	1	0.857	drs
E15	1	1	1	—

⑤产品开发变量指标的 DEA 结果分析

针对产品开发变量指标的 DEA 分析结果说明，所有样本企业在该方面都实现了投入与产出的有效性，如表 2.26 所示。结果表明样本企业在各领域的产品开发，以整合为目的进行一些技术投资，以减少对环境的影响。大部分样本企业有一个生命周期的实践管理，在实施的过程中侧重于过程而不是产品本身。

表 2.26　产品开发变量指标的 DEA 效率摘要

企业编码	综合效率	纯技术效率	规模效率	规模收益
E01	1	1	1	—
E02	1	1	1	—
E03	1	1	1	—
E04	1	1	1	—

表2.26(续)

企业编码	综合效率	纯技术效率	规模效率	规模收益
E05	1	1	1	—
E06	1	1	1	—
E07	1	1	1	—
E08	1	1	1	—
E09	1	1	1	—
E10	1	1	1	—
E11	1	1	1	—
E12	1	1	1	—
E13	1	1	1	—
E14	1	1	1	—
E15	1	1	1	—

⑥生产过程变量指标的 DEA 结果分析

参与调查的 15 家样本企业都非常关注生产过程控制，在生产过程中实现了众多的改进项目。通过 DEA 分析结果可以知道，在该方面所有企业在当前的情况下都实现了投入与产出的有效性，如表 2.27 所示。大部分样本企业重新设计了它们的生产流程，力求消除环境影响，这些样本企业最初流程的变化主要集中在生产率的提高上。在一些生产过程中为降低成本所实施的 LM 项目，也直接导致了绿色绩效的成长和输出，比如使用可回收包装和托盘的做法，非常多的样本企业一直在采用这种做法。在大多数样本企业中，可回收包装和托盘是根据其客户的要求而采用的，而不是减少环境影响或与之相关的成本的内部行动。当然也有少部分样本企业没有对所有产品、原材料甚至流程采用可回收包装的做法。针对有害有毒气体的排放，大部分样本企业进行了污染控制和工艺流程改造，因为环境保护部门会不断上门进行不定期的监测。在水和能源的消耗方面，大部分样本企业寻求能源消耗的减少，使用清洁能源来替代，同时尽可能节水或者重复循环利用水资源。大多数样本企业（67%）实施 LM 项目取得了减少环境影响的良好结果。

表 2.27   生产过程变量指标的 DEA 效率摘要

企业编码	综合效率	纯技术效率	规模效率	规模收益
E01	1	1	1	—
E02	1	1	1	—
E03	1	1	1	—
E04	1	1	1	—
E05	1	1	1	—
E06	1	1	1	—
E07	1	1	1	—
E08	1	1	1	—
E09	1	1	1	—
E10	1	1	1	—
E11	1	1	1	—
E12	1	1	1	—
E13	1	1	1	—
E14	1	1	1	—
E15	1	1	1	—

（3）实施 LM 实践项目对绿色绩效的影响分析

依据问卷调查的导语部分，有 80% 的样本企业建立了专门的精益制造推进组织架构，并且有一名高级主管来专职负责 LM 项目的推进，具体情况如表 2.28 所示。大部分样本企业实施精益生产项目都在 5 年以上，处于企业精益管理模式不断深化的阶段。因此，良好的精益实施环境给绿色可持续项目的开展提供了良好的基础和人文环境。LM 核检表最终的结果表明大部分样本企业的得分为 6.0 至 7.9，属于中等强度。这说明执行 LM 过程逐渐进入精益应用的深层次阶段，因此，不是所有的 LM 实践项目都有利于获得 GM 项目的绿色绩效输出，还需要不断持续改进。样本企业在采用 LM 促进样本企业 GM 或者清洁生产中获得了良好的绿色绩效，主要是在精益项目的开展过程中建立了相应的环境指标体系，环境负面作业的减少主要与能源消耗的减少、减少固体废弃物（主要是包装）的产生和液体（润滑剂）的产生有关，这些主要是在生产过程中实现的。

表 2.28　LM 检查表和精益绿色基准测试结果

企业编码	变量指标		精益得分	精益部门	行业/部门
	输入	输出			
E01	3.1	3.0	高	有	电子
E08	2.8	3.0	高	有	家用电器
E10	3.1	3.3	高	有	汽车制造
E03	2.4	2.5	中	有	机械加工
E05	2.7	2.6	中	有	马达制造
E06	2.5	2.6	中	有	金属机械
E07	1.1	1.2	中	有	冶金
E11	3.1	2.8	中	有	机械加工
E12	1.5	1.5	中	有	轮胎制造
E13	3.2	3.2	中	有	家用电器
E09	1.7	1.9	低	有	塑料制品
E04	1.9	2.0	低	无	冶金
E02	2.0	1.9	低	无	农业
E14	2.9	2.7	低	无	机械加工
E15	3.0	3.3	低	有	纺织品

注：高（8≤得分≤10），中（6≤得分≤7.9），低（3≤得分≤5.9）。

2.2.3.3　研究结论与分析

针对笔者所提出的基于标杆管理的 DEA 分析模型，相关企业可以制定相应的行动措施来改进它们的实践与绩效之间的不匹配状况，实现少投入多产出或是同等投入获取更大的收益。实践证明，目前大多数相关企业决策的优先因素是成本，其次是质量，并未优先考虑对环境影响较小的行动和做法。笔者所调查的这 15 家样本企业都通过了 ISO9000 认证。此外，其中 9 家样本企业通过了 ISO14001 认证，3 家企业获得了 OHSAS18001 认证，该综合管理系统的应用有助于实现清洁生产。

在笔者采用的六个调查变量指标中，样本企业生产过程（PP）变量获得了最高评分，而实践输入指标的得分高于绿色绩效输出指标，这是因为样本企业采取的预防措施要与生产有关，而很少采取措施来提高其他变量指标得分，例如改变产品以最大限度地减少对环境的影响；产品开发变量指标得分最低，因为从某种意义上来讲，研发本身就是各样本企业的弱项，如果在研发过程中还追求大量的绿色元素，将与企业追求降低成本和快速推出产品占领竞争激烈的市场的初衷相违背，所以大多只是在力所能及的范围内考虑绿色元素，大部分样本企业还没有考虑实施回收逆向物流和再制造模块。

很少有样本企业在 LM 项目的推动过程中考虑了环境方面的因素。因此，大多数样本企业在 LM 改进和实践中没有考虑环境改善的各个方面，这些样本企业对环境的影响减少是实施 LM 改进项目后间接带来的收获，从而再一次证实，精益也是绿色，也会产生相应的绿色收益，LM 方法能够减少环境负面影响；如果两者能够同时实施，集成协同运行，将产生非常好的经济和环境效益也被证实。

2.3　本章小结

本章首先通过一个关于精益/绿色方法（工具）单独和集成运用聚焦于制造过程中废弃物减少的定量分析方法，来证实 LM 和 GM 理念融合的可能性。其次运用试验设计工具，测量来源于精益和绿色不同的方法对废弃物管理绩效的影响。基于试验结果，形成了企业制造过程中废弃物最小化技术发展的层级结构，集成精益/绿色制造矩阵法在制造业废弃物最小化项目中的应用结果优于精益浪费分析方法和联合"3R"层级技术和精益管理浪费分析方法，证实 LM 和 GM 具有兼容性和协同作用。最后提出基于标杆管理的 DEA 模型评估精益绿色制造协同实现组织可持续性，通过提出精益绿色制造基准化（LGMB）和 DEA 方法来评估 LM 与 GM 的协同作用，考虑了人员、信息、产品、供应商和客户、管理和流程的管理方面，以及有助于提高生态效率的 LM 方法（技术）。通过对 15 家制造业企业的实证分析进行验证，进一步证实了 LM 和 GM 具有兼容性和协同作用，也验证了应用 LM 概念的企业同时也是那些具有较高 GM 实践和绿色绩效的企业。

3 精益绿色制造系统扩散效应研究

扩散原是物理学领域的术语，指物质因不同位置上的浓度差而引起自发的物质移动，扩大散开，以趋于浓度均匀的现象。扩散在创新扩散理论中被定义为一种创新随着时间的推移通过某种渠道在一个社会系统的成员中的传播过程，是创新管理实践通过某些渠道在社会系统中的传播过程。目前，还没有学者对精益绿色制造管理扩散对组织绩效的影响进行研究。本章将创新扩散理论（innovation diffusion theory，IDT）与精益绿色制造（LGM）协同管理理论看作一种管理创新并利用创新扩散理论进行研究。本章在阐述 LGM 扩散的过程从采用、内部扩散、外部扩散三阶段理论，法则关系和绩效影响假设的基础上，利用平衡计分卡（balanced scorecard，BSC）构建评价指标体系，构建 LGM 实践理念对制造业企业不同阶段绩效的影响机制的理论框架。此外，组织的外部属性（例如行业类型）在影响精益绿色实施的绩效方面比组织的内部属性（例如企业规模）更重要。

3.1 精益绿色制造系统扩散对组织绩效作用机制的理论框架构建

本章遵循段锦云等、马力、焦捷和陈爱华等诺莫网络的因果关系网络法则、法则效度的主导逻辑和因果关系研究链条，在前因前置变量、构念变量、结果变量的基础上，构建精益绿色实践扩散对组织绩效的作用机制的理论框架，实证剖析精益绿色实践扩散对组织绩效（经济、社会和环境）的作用机制，用实证分析方法等外部检验手段验证理论框架的内部结构。

3.1.1 模型假设的理论基础

精益绿色制造系统扩散概念包含精益绿色制造和扩散两部分。精益绿色制造作为扩散的主要内容，尤其是绿色概念，涵盖了产品或服务整个生命周期的全部阶段。在原材料的开采和半制成品的采购、设计、制造、销售、售后服务、回收处理、正逆向物流等产品全生命周期环节，精益绿色综合系统地为企业现代化运营管理、环境管理提供解决方案，并不是简单地在单个企业实现高效、优质、低成本、无（少）污染。即使单个企业在企业内部能够实现极致精益绿色化，但也只是局部最优，而当今市场竞争已不再是单个企业之间的竞争，而是一个企业的供应链和竞争对手的供应链之间的竞争。随着世界企业的分工越来越细致，单个企业要想在全球化竞争的环境中取得领先地位，需要其他伙伴企业的配合，实现集成运作。因此，不仅要在单个企业中实行精益绿色管理实践，而且需从整个供应链的角度来考虑和强化精益绿色因素以提高企业的经济效益、社会效益和环境效益，注重上下游（供应商和客户）的合作，甚至带动整个产业或者整个供应链上的企业实现精益绿色化，从而实现企业的可持续发展。

　　目前，还没有学者对精益绿色制造管理扩散对组织绩效的影响进行研究，本书引入创新扩散理论与精益绿色制造协同管理理论是一种管理创新，并利用创新扩散理论进行研究。精益绿色制造管理创新可定义为：在企业运营管理过程中，将精益绿色制造思想（理念）运用在企业的采购、设计、制造、物流、销售、再处理等活动过程中，通过各种先进的创新性的管理实践活动来达到提高效率和质量、快速响应、消除浪费、降低成本、节约资源和保护环境，提高企业经济效益、社会效益和环境效益的目的，实现最终整合资源实现企业可持续发展。目前，精益绿色制造技术系统扩散概念要结合或包含扩散的对象、扩散的主体、时间跨度、影响因素和扩散渠道等五个方面的内容。本书将其定义为：随着时间的推移，精益绿色制造的全部或者部分实践在一定因素的影响下通过某种渠道在某一社会系统（某个产业或地区）中的企业或组织中的传播过程。

　　制造业企业与企业群体之间的精益绿色制造实践模式的扩散，主要有两种模式：一种是在企业群体中某些领先企业已经开始实施精益绿色制造，其他企业通过供应链合作或者竞争关系模仿学习领先企业的先进模式和经验；一种是企业群体中的企业直接受到外部影响（政府的环保政策、消费者需求选择、非政府组织的监督压力等）或者内部管理变革需要等主动实施精益绿色制造管理模式。精益绿色制造管理扩散系统的组成如图3.1所示。企业群体间精益绿色制造管理模式的扩散，在本质上还是取决于企业个体的实施决策，企业决策的出发点和落脚点还是绩效因素，在现代竞争全球化环境中，企业在运营过程中与竞争对手争夺市场份额，都需要向上游（供应商）采购原材料和半制成品，向下游（顾客）销售产品，与其他企业联系和接触并受影响等，都是企业在其内部实施精益绿色制造系统管理决策的外部影响因素。

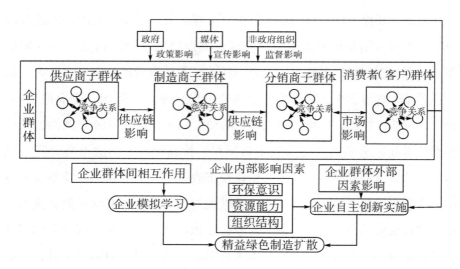

图 3.1　精益绿色制造管理系统扩散系统的组成

制造业企业面临着更加复杂和激烈的竞争环境，这是互联网时代前所未有的进步。许多企业逐渐意识到竞争的本质是一个供应链针对另一个供应链，要迅速反映出客户不断变化的需求。供应链是一个使业务伙伴能够集成的重要流程和先进的管理模式，可以快速响应顾客的需求并通过它们的产品/服务有效地建立了长期的关系。

目前，企业既要实现精益制造以提高生产效率、降低成本和快速响应，同时又要节约资源能源、保护环境而实施绿色制造（清洁生产），需要企业自身和合作伙伴的配合，整合资源实现可持续发展。然而，精益绿色集成供应链管理仍被认为处于起步阶段，有很高的失败率，但仍然被认为是供应链管理过程最终成功的关键。精益绿色制造管理在企业内部和企业伙伴间的扩散是复杂的、动态的，具有跨越时间的进化特性。此前的研究基于相关理论讨论了创新方法和工具采用的决定过程，例如技术接受模型、计划行为理论。相比之下，创新扩散理论（IDT）是一种理解创新传播的比较好的理论。根据 IDT，研究者提出了许多信息系统（IS）创新模型，这些模型通常提出基于阶段的过程，如启动、接受和实现阶段。因此，基于阶段的分析可以进一步捕获创新扩散实施随着时间的推移而发生的各个阶段的变化。随着创新管理模式的扩散，推动创新进入下一阶段的重要推动力是先前的实施绩效，因此，有必要对其对组织绩效的影响进行系统化仔细检查。基于阶段的分析可以动态地为不同的扩散阶段提供不同程度的绩效评估。

3.1.1.1　精益绿色制造管理扩散的影响和驱动因素

从单个企业角度来看，精益绿色制造管理是企业为获取市场竞争优势并形成新的核心竞争力而采取的企业战略，它不仅要考虑效率、质量，还必须将环境因素融入运营管理决策中汇总，建立全新的以高效率、优质、低成本和环境影响最小为导向的企业运行方案。当然，外部因素是企业选择精益绿色制造管理的必要条件之一。

Florida 等人利用美国环保局的数据库对 184 家企业的数据进行分析后总结出能影响组织决策的两种组织因素，即企业拥有的资源和企业面临的监管能对企业实施环境相关的实践发挥了重要作用。同样，Sharma 以及 Bansal 和 Roth 等人的研究表明，这些影响因素同样也制约着规模较大的企业。企业实施精益绿色制造管理动力模型如图 3.2 所示。

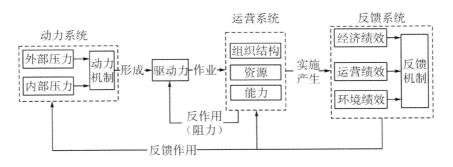

图 3.2　企业实施精益绿色制造管理动力模型

从整个供应链的角度来看，精益绿色对某种产品在整个生命周期内进行时间、成本和环境的影响分析，需要整个供应链上的成员参与和配合，重新设计和整合整个供应链上的流程，以提升整体竞争力，促进全链条的综合效益最优化和可持续发展。从扩散的层次来看，有外部的影响因素也有供应链的各个层级不同要素和个体。它们逐层相互关联形成一个梯级结构。同一产业或者同一区域中的企业以各种交换、合作或者竞争关系形成联结，有纵向的合作关系和横向的竞争关系等。因此，精益绿色扩散涉及的企业存在三种扩散类型，一是前向联结，企业与购买者通过供应行为形成关系；二是同位联结，同类型企业或替代企业通过合作或竞争关系形成联结；三是后向联结，企业通过采购行为形成关系。精益绿色制造相关信息在企业群体之间传播，获得该信息的企业个体在企业内部影响因素和网络中相互联结的企业影响的综合作用下，通过相应的决策机制决定是否实施。同时，网络中实施精益绿色的企业个数随时间的变化也就形成了精益绿色制造在企业复杂网络中的扩散，企业群体间精益绿色管理扩散模型如图 3.3 所示。

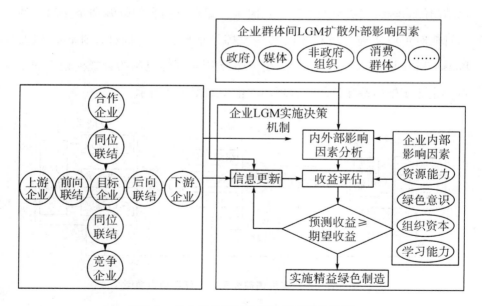

图 3.3　企业群体间精益绿色管理扩散模型

3.1.1.2 创新扩散理论（IDT）和精益绿色制造系统扩散

精益绿色制造扩散实质上就是精益绿色思想、理念、实践和经验、教训等知识信息在组织内部和组织之间传播、共享，最后转换为全体员工的意识和行动，为企业创造价值。创新扩散要实现有效率，信息传播系统是决定信息系统最终实施成功的关键力量。实际上，该过程本质上是复杂而动态的，可能随时间的推移而变化，并涉及不同的组织轨迹的影响。为了更好地理解管理创新扩散实施问题及其解决方法，多阶段而不是单一阶段的分析将为理解该过程提供深刻的启示。虽然 IDT 的主要定义是探索随着时间的推移，相关变量如何指导创新扩散的多个阶段。IDT 最初提出了一个基于阶段的过程，包括两个阶段：采用和实施。采用扩散阶段过程理论能够进一步定义知识获取，说服和学习以及决策的子阶段，从而得出实际的采用决策。创新扩散实施阶段过程理论还包括对任务结构、任务流程和创新部署所需的技术进行更改的准备活动。

创新扩散理论（IDT）已被广泛应用于理解知识扩散原理和实现其传播。Kwon 和 Zmud 首先讨论了 Lewin 的三阶段转换模型，总结提出了创新扩散的六阶段模型，包括启蒙、采用、适应、接受、程序化和贯彻。之后，有学者针对不同的创新扩散提出了各种基于阶段理论的模型，比如，开发了一个四阶段的模型，即理解、采用、实施和同化，以探索企业在 IT 创新传播中的参与。同时，也有学者提出了创新传播的三阶段结构：初始、采用和实施，以了解商业组织对新技术的使用方式。最近，也有学者开发了一个模型，即理解、启动、采用和常规化四阶段模型，以研究电子商务创新在不同国家的扩散情况。也有一项研究开发了一个两阶段模型（采用和贯彻），以发现任务和技术因素之间的相互作用。

上述提及的企业内部扩散研究通常将新技术和新管理模式的创新扩散视为内部渗透过程，从最初采用到企业内部完全贯彻实施。但是，在一些有关跨组织系统创新扩散研究中，学者们已经注意到了扩散过程的更广泛概念，他们选择了一个四阶段模型来捕获新技术或新的管理模式扩散的各个方面，包括适应性、内部扩散、外部扩散和实施成功。在跨组织系统扩散中也讨论了许多三阶段模型，比如，一项研究指出，适应、内部扩散和外部连通性的决策三种顺序执行扩散类型。另一项研究考察了创新在小型组织中的扩散过程，包括采用、内部整合和外部整合三个阶段。其他研究从适应、内部扩散和外部扩散三个阶段讨论了运输行业中新技术扩散的过程。最后，有学者在两阶段结构中还讨论了其他包含中介变量的扩散模型。如，一项研究旨在探索 EDI 新技术扩散的决定因素与组织绩效之间的关系，将内部整合和外部整合两个扩散阶段视为中介变量来考察。另一个模型以相似的关系结构进行研究，将内部同化和外部扩散两个扩散阶段作为中介变量，用于理解 Web 技术在供应链中的扩散。表 3.1 列出了创新扩散阶段模型汇总。

表 3.1　创新扩散阶段模型汇总

模型	阶段的名称
两阶段模型	内部集成、外部集成
	内部接受、外部扩散
三阶段模型	采用、内部扩散、外部连接
	采用、内部集成、外部集成
	采用、内部扩散、外部扩散
四阶段模型	采用、内部扩散、外部扩散、实施成功

Lewin 提出了创新三阶段转换模型，即解冻、移动和再冻结，以描述组织实施创新系统的现象。本节重点关注精益绿色制造创新扩散流程，该流程涉及一系列企业组织内部活动以及企业外部复杂的组织间流程。结合精益绿色制造管理扩散影响和驱动模型，它需要同时处理内部扩散和外部扩散过程，而且，从精益绿色制造实践项目实施开始的投资或其采用决策获得支持是进一步在企业组织内部和外部扩散的重要先决条件。这也与

IDT 的总体概念以及采用和实施阶段相一致。此外，根据精益绿色制造管理扩散影响和驱动模型以及上述大多数学者的研究在内外部扩散均采用三阶段结构，因此本书也考虑了一种三阶段结构来检验精益绿色的扩散过程：采用、内部扩散和外部扩散。采用的定义是多大程度上需要对企业内部实施精益绿色做出决策，并需要为重新设计业务流程启动准备工作；内部扩散是指实施精益绿色来支持企业关键内部组织活动的程度；外部扩散是指企业通过精益绿色来整合其合作伙伴积极参与与实施的程度及范围。

3.1.1.3 精益绿色制造系统扩散对组织绩效的影响

最新的研究指出，精益绿色系统采用率是解释精益绿色产生的价值的重要决定因素。同时对单个企业集成协同实施精益与绿色系统能够获得经济和环境效益，但是，很少有研究发现先进技术扩散在不同阶段（例如内部和外部集成）的传播而对绩效产生重大影响。这些扩散阶段可以显示新技术或者新的管理模式扩散能够产生不同程度的良好绩效影响，促进企业进一步深入采用和实施。将不同扩散阶段对绩效的影响联结起来，通过传播可以促进合作伙伴参与企业间的合作和交易，并通过信息共享增强参与者之间的集成。与上述这些想法一致，本书旨在研究精益绿色扩散与这种扩散能够为实施精益绿色的企业带来的特别收益的联系，需要全面、综合的绩效评估手段和工具。

因此，基于扩散阶段理论的分析方法可以解析各种管理创新和新技术实施的各个阶段的转换。接下来，有必要系统化探索它对组织绩效的影响。基于扩散阶段的分析可以动态地探索和研究不同的扩散阶段对组织的不同程度绩效的影响。绩效评估提供了一种评估过程和手段，来判断企业运营是否已改进或退化。传统上，组织主要根据财务会计方法评估其绩效，这些方法对于评估企业运营过程是否正在改善企业的财务状况非常重要。但是，由于以下原因，这些措施不足以衡量精益绿色供应链绩效：首先，财务会计方法倾向于以历史数据为导向，而不是专注于提供前瞻性的观点。其次，它们可能与重要战略考量和非财务绩效无关，例如客户服务、品牌口碑、客户忠诚度和产品质量。最后，它们有可能不直接与运营效率和效益相关，如社会效益和环境效益。比如，以前有研究试图理解 IT 投资带来的收益，但发现 IT 收益几乎没有提高，即 IT 生产率悖论。产生此问题的原因可能是采用了不适当的方法来衡量绩效（例如简单地采用财务指标）。采用财务指标这种方法评估企业经营状况变化尤其是采用新方法、新的管理模式等正在改善时是否能够为企业提供更好的财务收益，已不足以全面和正确地衡量绩效。因为精益与绿色制造的扩散不仅能够使单个企业实现良好的绩效，同时还能够提高整个供应链或者整个产业链的绩效，实现产业或区域企业的经济效益、社会效益和环境效益等综合效益，实现企业、产业和区域的可持续发展。

因此，用来测量精益绿色管理创新绩效的研究既需要包括财务属性指标又要包括非财务属性指标，需要从全局的角度系统地衡量其扩散产生的绩效。本书使用平衡计分卡来衡量精益绿色管理的扩散绩效，将精益绿色制造扩散的三阶段框架与平衡计分卡的四个维度联系起来。精益绿色制造绩效评价框架包括四个维度，即企业目标、客户利益、财务利益和业绩提升。

3.1.1.4　精益绿色制造系统扩散绩效评价模型 BSC

当今的企业在经营管理决策中都追求经济效益、社会效益和环境效益三者之间的平衡和整合。经济效益是企业运营发展的根本动力和目的，社会效益和环境效益是企业实现可持续发展的必要条件。为全面和综合评价精益绿色扩散的绩效影响，本书采用平衡计分卡来进行评估。

平衡计分卡（BSC）最初是由 Kaplan 和 Norton 在 20 世纪 90 年代初进行广泛研究后开发出来的。他们认为，传统的财务会计方法（如投资回报率和每股收益）提供了不完整的业务绩效图景，因此，他们声称绩效评估标准应该包括非财务角度，例如客户、内部流程以及学习和成长。图 3.4

展示了四个视角之间的相互影响。在从四个不同的角度提供绩效评估信息的同时，平衡计分卡会考虑各种组织惯例，并通过限制所用措施的数量来最大限度地减少信息过载。平衡计分卡的早期使用经验表明，它可以满足多种管理需求。首先，平衡计分卡将企业竞争议程中许多看似完全不同的要素汇总在一起，例如客户关注点、响应时间、产品质量、工作流程和新产品生产周期。其次，平衡计分卡可防止子优化。通过迫使各业务部门一起考虑所有重要的绩效指标，平衡计分卡使它们可以查看某个领域的改进是否以牺牲另一个领域为代价。

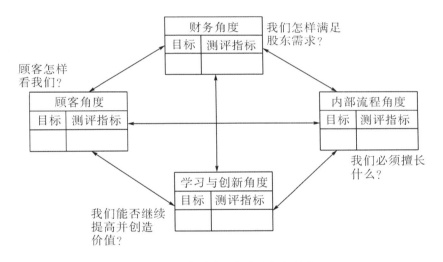

图 3.4 平衡计分卡的基本框架结构

现在许多企业已经超越了将平衡计分卡简单地作为绩效评价工具的做法，而是将平衡计分卡用于战略管理系统。具有独创性的平衡计分卡解决了企业战略规划与战略执行脱节；无法将企业的长期战略与短期行动联系起来；没有对企业战略的全面了解，企业战略的具体实施和目标指标的制定就无法与平衡计分卡中的四个观点保持一致的严重缺陷。平衡计分卡还提供了一个新的框架，将组织战略目标分解为具有因果关系的四个视角进行衡量与评价，如图 3.5 所示。例如，财务角度包括两个战略目标：生产力战略和增长战略。该框架定义了一个层次结构，顶部是财务角度，底部是学习和成长角度。

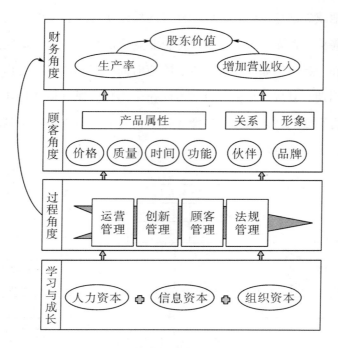

图 3.5　平衡计分卡的战略架构

接下来，他们需要为精益绿色制造扩散绩效评估提出一个专用框架，从而在财务属性和非财务属性之间找到平衡。因此，他们在精益绿色领域提出了一个基于 BSC 的框架，即平衡精益绿色计分卡（BLGSC）。BLGSC 与 BSC 的主要区别在于内部流程的设计。传统的平衡计分卡主要强调内部过程。但是，BLGSC 的主要工作不仅仅要关注内部流程的改进，还需要参与合作伙伴之间进行沟通和协作以实现外部的扩散。外部过程对于完成工作也非常重要。因此，本书扩展了 BSC 的范围，将对外部流程的考虑定义为包括三个目标，即采购管理、协作和社会责任管理。因此，BSC 的内部流程被重新定义为一个更通用的术语，即业务流程。此外，将内部流程角度的客户管理目标重新定位在客户角度的客户关系子目标下。从内部过程的角度来看，运营管理目标的定义可能太宽泛，而且可以分为两个更具体的目标：制造管理和交付管理目标。

基于图 3.5 中 BSC 的战略结构以及 BSC 在精益绿色扩散领域的扩展，我们开发了四个角度的测量项目来评估精益绿色扩散的绩效。首先，我们为四个视角构造具体的目标定义/子构造。财务角度包括盈利能力、收入增长和成本结构。客户观点包括产品领导力、客户关系和企业形象。业务流程视角包括内部流程和外部流程，并且前一个流程包括制造管理、交付管理和创新管理，后一个流程包括采购领导、协作和项目管理。学习和增长的观点包含人力资本、信息资本和组织资本。其次，本书从综合文献的角度进一步定义了这些目标的衡量项目，如表 3.2 所示。

表 3.2　精益绿色扩散 BSC 评价指标系统

维度	目标	测量指标
财务维度	盈利能力	投资回报率增加
		资产收益增加
		边际利润增加
	收入增长	销售收入增加
		市场份额增加
		财务风险减少
	成本构成	整体成本降低
		资产利用率提高
客户维度	产品领导	产品质量提升
		对生态系统的影响减弱
		快速提供多种绿色产品
		产品退货率降低
	客户关系	缩短对客户的回应时间
		提高准时交货率
		提高客户忠诚度
	企业形象	提高企业形象和声誉
		提高企业品牌认知率

表3.2(续)

维度	目标	测量指标
业务流程	制造管理	提高产品质量
		提高生产效率
		提高库存准确性
	交付管理	提高配送效率
		提高运输工具利用率
	创新管理	废弃物回收利用
		迅速将创新产品商业化
		发现更多的市场创新机会
	采购领导	提高采购产品的质量
		降低采购商品的价格
	协同合作	改善信息共享条件
		共同开展改进项目
	社会责任	履行生产者责任
		消除影响职业健康安全因素
学习和成长	人力资本	提高员工技能
		加强员工知识共享
	信息资本	提高知识管理能力
		提高各种信息的可访问性
	组织资本	组织机构变革
		加强对愿景、目标的沟通和理解

3.1.2 理论假设和框架模型

3.1.2.1 理论假设的提出

上文讨论了整个研究框架和假设设定的理论基础。企业内部和企业之间要成功实现精益绿色扩散，需要在其内部和外部合作、协同过程中重新设计工作流程。为此，员工需要通过组织学习机制来提高自己的能力。一般而言，知识管理的目标旨在提升组织学习和成长能力以最终建立正式学习组织的有效途径。不同的学者分析了人力资源和组织学习的驱动作用，普遍认为企业实施人员的专业能力较低和环境意识不足会影响精益绿色的实施效果。因此，对精益绿色制造相关知识的共享和传播对项目的实施有着非常重要的作用。在这项研究中，组织和员工的学习和成长能力可以通过使用组织内部与外部的精益绿色领域内的知识管理来予以提高，当然也可以通过外部的培训而快速获得。如上所述，上一节将精益绿色制造实践模式的实现定义为多阶段扩散过程。因此，可以认为，精益绿色制造不同扩散阶段对组织和员工的学习和成长产生不同影响，据此提出假设 H1。

假设 H1：精益绿色制造实践的采用、内部扩散和外部扩散与学习和成长维度绩效正相关。

在企业采用新的管理模式或新技术后，也就是如果企业决定实施精益绿色模式，那么应该重新设计其业务流程，例如工作设计、问题快速解决工作流程、组织机构变革、库存管理变革、产品交付管理流程、协同作业流程、知识共享流程等，通过业务流程的重新设计来极大地提高其绩效。因此，当组织决定实施精益绿色制造时，它将在实施之前更新其业务流程。基于复杂网络的绿色理念和意识的内部同化和外部扩散两个阶段，导致了库存管理、产品生产周期和供应商关系管理过程的差异化改进。因此，精益绿色的不同扩散阶段可能对其业务流程维度产生不同的影响，据此提出假设 H2。

假设 H2：精益绿色制造实践的采用、内部扩散和外部扩散与业务流程维度的绩效正相关。

客户观点也被认为是影响企业绩效的重要方面。从内部功能与外部功能以及与合作伙伴实现外部集成的企业，在改进客户服务和吸引新客户方面可以获得更大的利益。上一节的外部影响因素分析和驱动力研究，可以假设精益绿色的不同传播阶段可能会对客户的感受产生不同的影响，据此提出假设 H3。

假设 H3：精益绿色制造实践的采用、内部扩散和外部扩散与客户维度的绩效正相关。

有众多学者认为精益与绿色系统在单个企业协调实施能够获得经济和环境效益。他们清楚地表明，他们所研究的企业已经以降低运营成本、提高生产率和降低环境负面影响的形式实现了更大的运营收益。因此，精益绿色的不同扩散阶段能对财务维度产生不同的影响，据此提出假设H4。

假设H4：精益绿色制造实践的采用、内部扩散和外部扩散与财务维度绩效正相关。

某些组织特征，例如行业类型和企业规模，会对新技术的采用或传播产生潜在影响。电子行业和高科技制造业等高动态行业的企业与低动态行业的企业相比，其收入波动性和客户流失率更高。尤其是基于对绿色因素的考虑，有些行业的环境负面影响大，在目前国家环境保护政策高压下，更能促使其实施绿色理念。因此，行业类型可能在精益绿色的实施过程中起适度作用。与小企业相比，大企业更有可能实施精益绿色制造，因为它们拥有有效吸收创新所必需的资源和能力。一般认为小企业追求经济利益，承担比较少的社会责任，而大企业有资源和能力，更容易采用先进的管理理念，理应承担更多的社会责任。因此，企业规模对采用创新技术具有积极影响，应将其纳入关系结构中。因此本书将企业规模和所在行业设定为研究的调节变量。

3.1.2.2 理论假设框架模型的确定

笔者根据上述理论假设和法则关系构建精益绿色制造实践的采用、内部扩散和外部扩散对财务、客户、业务流程、学习和成长维度的绩效影响的作用机制理论框架，如图3.6所示，并进一步以调节变量组成带有调节作用的假设模型。

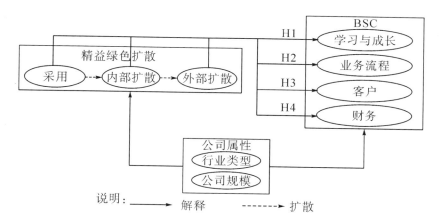

图 3.6 精益绿色扩散不同阶段对 BSC 四个维度绩效作用机制理论框架

3.2 精益绿色制造系统扩散对组织绩效作用机制的实证分析

3.2.1 量表变量设计和数据收集整理

3.2.1.1 量表变量的设计和问卷设计

根据上一节提出的演化路径理论假设和概念模型，需对以下变量进行测量：首先衡量精益绿色创新扩散三个阶段，即采用、内部扩散和外部扩散的程度。采用阶段项目测量由支持精益绿色制造思想（理念）在组织运营过程中的关键流程活动来进行定义，设计流程、采购流程、制造流程、营销流程、物流活动流程 5 个项目问题构成要素进行解释。内部扩散阶段的测量构成要素，主要是精益绿色思想和方法（工具）在企业的各个职能部门采用情况，主要包括产品设计、原材料选择和使用、生产/运营、订单处理管理、产品消费后处理 5 个项目进行调整和改进。用于测量外部扩散阶段项目的构成要素，主要通过企业关系群体在三个不同方面与精益绿色实施企业交互的程度来定义，即受企业影响而采用该思想（理念）的企业数与企业关系群体总数的比例、企业绿色交易金额与企业关系群体进行总交易的比例、参与学习或参与本企业精益绿色实践的企业数占企业关系群体总数的百分比。

组织绩效测量这部分主要以平衡计分卡的四个维度绩效来衡量，就是财务、客户、业务流程、学习与成长。首先确定这四个测量维度目标，然后从广泛的文献中发现和选择它们的测量项目，如表3.2所示。因此，财务、客户、业务流程、学习与成长结构构成要素（测量指标）分别为8项、9项、14项、6项。

针对模型中的调节变量，产业类型定义为高科技制造、传统制造两种类型。企业规模是用企业的员工总数来衡量的，包括三种类型的企业规模，即大型企业、中型企业、小型企业。

为了收集实证数据，需进行问卷调查研究。调查问卷量表包括三个部分的问题，第一部分使用了一个名义量表，此部分收集有关组织和受访者特征的基础信息。前者，包括行业类型、年营业总收入、员工人数和与企业有关系的外部企业数量；后者包括受访者的工作经验、学历和职位等。创新扩散和组织绩效测量这两部分使用1~7分利克特量表。

3.2.1.2　问卷设计的改进以及量表数据的收集和整理

笔者借鉴国内外成熟的量表来设计和编制调查问卷，先在小范围内对共计35人进行了小样本的预测试。笔者根据预测试的结果对量表中的问题项进行了修正和剔除，剔除统计结果不理想、不显著的问题项，并根据问卷回收的结果和建议对问卷问题项的措辞、语义的表达方式进行了修正，最终形成了正式的调查问卷。本书使用的调查问卷为电子版本，只需要使用电子邮件与网上通信工具进行发放与回收，借助网络方式向企业持续改进项目参与人员与主导人员（工业工程、采购管理、项目管理、生产管理、精益管理、质量管理和环境管理方面的工程师以上人员等）共发出问卷400份，实际收回185份，极端答案或明显不符合实际情况或有缺失值或答案具有明显规律性的无效问卷 58 份，最终获得有效问卷 127 份，问卷有效率为 31.75%。样本企业属于汽车制造、电子设备、仪器仪表、家用电器、金属机械、冶金、塑料制品、纺织、医药等多个行业。在本书中设定了调节变量。为了分析的方便，笔者将样本企业的类型定义为两种类型：先进制造业和传统制造业。企业规模采用企业的员工总数来衡量，包括三种类型：大型、中型和小型。具体的样本数据信息见表 3.3。

表 3.3　有效样本基本信息统计

项目	类别	有效问卷数/份	百分比/%
企业类型	先进制造业	53	0.42
	传统制造业	74	0.58
年营业额	<10 亿元	25	19.69
	10 亿~100 亿元	44	34.64
	101 亿~1 000 亿元	45	35.43
	>1 000 亿元	13	10.24
员工人数	<1 000 人	75	59.06
	1 000~5 000 人	30	23.62
	5 001~10 000 人	12	9.45
	>10 000 人	10	7.87
企业关系群体数	<100 个	63	49.61
	100~300 个	42	33.07
	301~500 个	15	11.81
	>500 个	7	5.51
工作年限	<5 年	5	3.94
	5~10 年	56	44.09
	11~15 年	42	33.07
	>15 年	24	18.9

表3.3(续)

项目	类别	有效问卷数/份	百分比/%
学历	大专	25	19.69
	本科	96	75.59
	硕士及以上	6	4.72

注：企业关系群体包含：供应商及销售商企业、竞争对手、替代品企业、其他相关企业。

3.2.2 实证方法的选择

上文建立的理论假设模型，将采用偏最小二乘法（partial least square，PLS）进行分析。PLS是一种新的多元统计数据分析方法，将多元线性回归、典型相关分析和主成分分析进行有机结合，可实现多种数据分析方法的综合应用，解决许多一般多元回归分析方法无法解决的问题。它由 C. Albano 和 S. Wold 等人在 1983 年提出，是一种用来处理多个因变量对多个自变量的回归建模方法。

PLS 允许在数据非正态状态和中小样本量的条件下对潜在变量进行建模。从理论上来讲，执行 PLS 的样本量需要与最复杂的构建体或与内源构建体链接的前因关联的指标数量最多的十倍。特别地，它可以在形成其上级构造时将潜在构念建模为形成构造或反应构造。反应性指标用于检验诸如态度和意图等不可观察的基础构造。形成性指标用于形成上级结构，作为复杂现象的分类和度量工具，其中的各个指标还要根据它们在形成结构中的相对重要性予以加权。此外，形成性指标不需要相互关联，也不需要具有高度的内部一致性。在 BSC 绩效评估模型中，每个绩效主要被视为其指标的解释性组合，例如，盈利能力、收入增长和成本指标构成财务构念。此外，每个主要构念指标之间的协方差并不是必需的。因此，应将四个绩效观点建模为形成性结构，并从一阶形成性指标的组合中予以确定。因此，笔者建立了一个二阶测量模型来验证量表。PLS 适用于对其进行分析。

（1）先将数据做标准化处理。原自变量数据表 $X = (x_1, x_2, \cdots, x_p)_{nxp}$，经标准化后的数据矩阵记为 $E_0 = (E_{01}, E_{02}, \cdots, E_{0p})_{nxp}$，原因变量数据表 $Y = (y_1, y_2, \cdots, y_q)_{nxq}$，经标准化后的数据矩阵记为 $F_0 = (F_{01}, F_{02}, \cdots, F_{0q})_{nxq}$。

（2）再提取成分。

记 t_1 是 E_0 的第一个成分，t_1 需满足公式

$$t_1 = E_0 \omega_1 \tag{3-1}$$

式中，ω_1 是 E_0 的第一个轴，它是一个单位向量，即有 $\| \omega_1 \| = 1$。

记 u_1 是 F_0 的第一个成分，且 u_1 满足公式

$$u_1 = F_0 c_1 \tag{3-2}$$

c_1 是 F_0 的第一个轴，它是一个单位向量，即 $\| c_1 \| = 1$。如果要使 t_1、u_1 能很好地代表 X 和 Y 的数据变异信息，根据主成分分析原理，应该有 t_1、u_1 的协方差达到最大，即满足公式

$$Cov = \sqrt{Var(t_1) Var(u_1)} \times r(t_1, u_1) \to \max \tag{3-3}$$

转换为数学表述求解下列优化问题，即

$$\max \langle E_0 \omega_1, F_0 c_1 \rangle$$

$$\omega_1, \ c_1$$

$$s.t. \begin{cases} \omega_1^t \omega_1 = 1 \\ c_1^t c_1 = 1 \end{cases} \tag{3-4}$$

采用拉格朗日算法，记

$$S = \omega_1^t E_0^t F_0 c_1 - \lambda_1 (\omega_1^t \omega_1 - 1) - c(c_1^t c_1 - 1) \tag{3-5}$$

对 S 分别求 λ_1 和 λ_1 的偏导数，并令其为零，有

$$\theta_1 = 2\lambda_1 = 2\lambda_2 = \omega_1^T E^T F_0 c_1 \tag{3-6}$$

θ_1 正是优化问题的目标函数值。

（3）求残差矩阵。针对提取的成分 t_1，分别求单位矩阵 E_0 和 F_0 关于它的回归方程：

$$F_0 = t_1 P_1^T + F_1 \tag{3-7}$$

$$E_0 = t_1 P_1^T + E_1 \tag{3-8}$$

式中，E_1、F_1 为残差矩阵，p_1、r_1 为回归系数向量，应该满足公式

$$p_1 = \frac{E_0^T t_1}{\| t_1 \|^2} \tag{3-9}$$

$$r_1 = \frac{F_0^T t_1}{\| t_1 \|^2} \tag{3-10}$$

用残差矩阵 E_1、F_1 取代 E_0、F_0，然后求第二个轴 ω_2 以及第二个成分 t_2、u_2。如此计算下去，如果 X 秩是 m，则会有

$$E_0 = t_1 P_1^T + \cdots + t_m p_m^T \tag{3-11}$$

$$F_0 = t_1 r_1^T + \cdots + t_m r_m^T + F_m \tag{3-12}$$

至第 h 步，求成分 $t_h = E_{h-1} \omega_h$，ω_h 是 $E_{h-1}^T {}_0 F_0 F_0^T E_{h-1}$ 矩阵最大特征值所对应的特征向量。如果根据交叉有效性，确定共抽取 h 个主成分 $t_1, \cdots, t_h$ 可以得到一个满意的预测模型，则公式（3-9）为 F_0 在 $t_1, \cdots, t_h$ 上的普通最小二乘回归方程，其中 r_i 满足公式

$$r_i = \frac{F_0^T t_i}{\| t_i \|^2}, \ i = 1, 2, \cdots, h \tag{3-13}$$

（4）验证交叉有效性。记 Y_{ij} 为原始数据，$t_1, \cdots, t_m$ 是在偏最小二乘回归过程中提取的成分，$\hat{y}_{hji}$ 是使用全部样本点并取 h 个成分回归建模后，第 i 个样本点的拟合值，$\hat{y}_{hj(-i)}$ 是在建模时删除样本点 i，取 h 个成分回归建模后，再用此模型计算的 Y_{ij} 的拟合值，记

$$SS_h = \sum_{i=1}^{p} SS_{hj} = \sum_{j=1}^{p} \sum_{i=1}^{n} (y_{ij} - \hat{y}_{hji})^2 \tag{3-14}$$

$$PRESS_h = \sum_{j=1}^{p} \sum_{i=1}^{n} (y_{ij} - \hat{y}_{hj(-i)})^2 \tag{3-15}$$

$$Q_H^2 = 1 - \frac{PRESS_h}{SS} \tag{3-16}$$

当 $Q_H^2 \geqslant 0.097\ 5$ 即 $\sqrt{\mathrm{PRESS}_h} \leqslant 0.95\sqrt{\mathrm{SS}_h}$ 时，引进新的成分 t_h 会对模型的预测能力有明显的提升作用。

（5）复判定系数（R^2）。复判定系数反映回归方程对原始数据的拟合程度，是测定线性回归模型拟合程度的一个重要指标。当特征参数与回归估算目标之间的线性依存关系很强时，剩余偏差将会很小甚至为零，回归偏差趋向 $R^2 = 1$；当线性依存关系很强时，剩余偏差将会很小甚至为零，回归偏差趋向 $R^2 = 0$，所以复判定系数越大越好。

3.2.3　假设检验分析与结论

3.2.3.1　数据量表信度和效度检验

本次研究共发放用于分析的样本问卷 127 份，有效率为 31.75%，看似比较低的响应率引起了笔者对无回应偏差的担忧，因此笔者测试了响应样本的无响应偏差。考虑到较晚的受访者群体最有可能与非受访者相似，通过早期和较晚期的受访者群体之间的比较来提供样本中无回应偏差的信息。因此，早期和晚期子样本分别确定了 80 名和 47 名受访者。笔者使用各种组织特征对这两组数据进行了比较，以进行 t 检验，包括年收入、员工人数和企业关系群体数。它们的所有相关性均显示在 0.05 水平上无显著差异（t 值分别为 0.58、0.41 和 0.48）。结果表明调查数据没有系统性的无回应偏差。具体见表 3.4。

表 3.4　信度与效度的检验结果

构念	均值	标准差	因素载荷	组合信度	AVE	Cronbach's α
采用	4.89	1.19	0.71~0.85	0.79	0.60	0.82
内部扩散	4.87	1.17	0.73~0.86	0.83	0.64	0.83
外部扩散	5.23	1.26	0.88~0.94	0.91	0.78	0.91
盈利能力	4.78	1.26	0.91~0.94	0.93	0.72	0.83
收入增长	5.32	1.11	0.78~0.81	0.81	0.73	0.83

表3.4(续)

构念	均值	标准差	因素载荷	组合信度	AVE	Cronbach's α
成本构成	4.77	1.23	0.81~0.85	0.82	0.69	0.91
产品领导	5.09	1.12	0.85~0.91	0.87	0.71	0.92
客户关系	4.11	1.28	0.88~0.93	0.91	0.73	0.86
企业形象	4.53	1.27	0.83~0.85	0.83	0.70	0.84
制造管理	4.32	1.12	0.78~0.81	0.78	0.66	0.83
交付管理	4.56	1.15	0.82~0.84	0.82	0.79	0.81
创新管理	4.65	1.13	0.78~0.81	0.81	0.68	0.85
采购领导	4.37	1.01	0.81~0.83	0.82	0.75	0.87
协同合作	5.78	1.26	0.82~0.84	0.84	0.61	0.88
社会责任	4.28	0.98	0.86~0.89	0.87	0.72	0.90
人力资本	4.58	1.13	0.79~0.83	0.83	0.73	0.84
信息资本	5.03	1.23	0.81~0.85	0.84	0.68	0.88
组织资本	4.89	1.09	0.83~0.85	0.86	0.69	0.86

　　本书对变量量表的开发参考和借鉴了相关领域的典型研究成果，各变量的内容效度达到了相关标准。笔者借鉴国内外信度和效度较高的成熟量表，确保了量表的内容效度，对量表的信度和收敛效度、区分效度进行了检验，具体分析指标有 Cronbach's α 评估内部一致性（0.70 或更高的分数是可以接受的），使用三个标准评估聚合效度：①大于 0.70 的每个构念的所有因素载荷（item loadings，λ）；②大于 0.70 的每个构念的组合信度（composite reliability）；③平均方差萃取量（average variance extracted，AVE）值大于 0.50。AVE 用于评估构造及其测量项目之间共享的方差。表3.4列出了信度和收敛效度的检验指标值。所有项目的 Cronbach 的 α 值都大于 0.70，因素载荷值从 0.71 到 0.94，复组合信度值从 0.78 到 0.91，平均方差萃取量从 0.60 到 0.79。所有潜变量均显示出高度的信度和收敛效度。表3.5列出了区分效度的指标。所有构念均符合判别达到有效性的标准。

表 3.5　构念区分效度值

构念	AD	ID	ED	PR	RG	CS	PL	CR	FI	MM	DM	IM	SL	CO	PO	HC	IC	OC
采用	0.77																	
内部扩散	0.13	0.80																
外部扩散	0.09	0.21	0.88															
盈利能力	-0.03	0.15	0.27	0.84														
收入增长	0.20	0.31	0.12	0.08	0.85													
成本构成	0.17	-0.09	0.09	0.15	0.12	0.83												
产品领导	0.18	0.07	0.13	0.26	0.17	0.23	0.84											
客户关系	0.25	0.20	0.17	0.17	0.09	0.13	0.31	0.85										
企业形象	0.08	0.13	0.27	0.18	0.32	0.08	0.23	0.15	0.83									
制造管理	-0.11	0.20	-0.09	0.31	0.15	-0.05	0.07	0.19	0.15	0.81								
交付管理	0.21	0.19	0.12	0.05	0.23	0.09	-0.11	0.09	0.21	0.23	0.88							
创新管理	0.15	0.27	0.23	0.12	0.21	0.20	0.09	0.19	0.16	0.14	0.17	0.82						
采购领导	0.23	0.16	0.06	0.16	0.07	0.25	0.15	0.25	0.07	0.04	0.06	0.34	0.86					
协同合作	0.31	0.26	0.18	0.29	0.09	0.07	0.22	0.06	0.03	0.07	0.20	0.15	0.28	0.78				
社会责任	0.19	0.10	0.31	0.03	0.13	0.11	0.14	0.07	0.23	0.10	0.19	0.12	0.14	0.15	0.84			
人力资本	0.05	-0.11	0.21	-0.06	0.14	0.15	0.06	0.04	0.11	-0.60	0.07	0.03	0.05	0.19	0.23	0.85		
信息资本	0.07	0.08	0.19	0.23	0.23	0.09	-0.09	0.18	0.09	-0.80	0.23	0.08	0.13	0.07	0.17	0.13	0.82	
组织资本	0.19	0.05	0.13	0.05	0.08	0.16	0.19	-0.05	0.15	0.19	0.06	0.18	0.16	0.26	0.08	0.09	0.23	0.83

3.2.3.2　假设检验

笔者运用 PLS 分析结构模型，试图得出因果关系性质的结论。遵循结构模型的求解步骤，首先需要估计标准路径系数及其对研究模型中影响路径的统计意义。但是，PLS 不能直接在研究模型中提供路径系数的显著性检验或置信区间估计。笔者利用自助法分析方法重新再抽样，得到 1 000 个自助子样本，并使用这些样本中的每个样本重新估计路径系数。自助法分析方法是一种再抽样的统计方法。1977 年，美国斯坦福大学统计学教授 Efron 提出了一种新的增加样本的统计方法，就是 Bootstrap 方法，又叫自助法。Bootstrap 方法为解决小子样本试验评估问题提供了很好的思路具体来说，这种方法通过从原始数据（初始调查问卷样本）中经过再抽样（有返还的抽样），生成与原始数据集含量相等的样本，这些样本被称为再抽样样本或自助样本。接下来，估计内生变量的确定系数（R^2）以评估研究模型的预测能力。表 3.6 从四个绩效构念的角度展示了三个预测变量的测试结果。

表 3.6　结构模型结果（不含调节变量）

变量名称	采用	内部扩散	外部扩散	R^2
学习与成长	0.23*	0.27*	0.41**	42
业务流程	0.25*	0.28*	0.37**	43
客户	0.17	0.21*	0.27*	35
财务	0.07	0.13	0.23*	31

注：* $p<0.05$，** $p<0.01$。

第一，笔者发现三个扩散阶段对学习和成长维度的绩效均具有显著意义，采用阶段（$p<0.05$）、内部扩散阶段（$p<0.05$）和外部扩散阶段（$p<0.01$）（路径系数 β 分别为 0.23、0.27 和 0.41），因此，假设 H1 得到了完全支持。外部扩散阶段维度绩效的影响要大于其他两个阶段。此外，三个扩散阶段能共同解释 42% 的学习与成长绩效的差异。

第二，业务流程维度的绩效在三个扩散阶段和学习与成长维度具有相似的影响模式。采用阶段（$p<0.05$）、内部扩散阶段（$p<0.05$）和外部扩散阶段（$p<0.01$）（路径系数 β 分别为 0.25、0.28 和 0.37）。因此，假设 H2 也得到完全支持。外部扩散阶段维度绩效也比其他两个阶段具有更大的影响。此外，三个扩散阶段能共同解释业务流程绩效中 43% 的差异。

第三，内部扩散阶段（$p<0.05$）和外部扩散阶段（$p<0.05$）都对客户维度绩效产生了显著影响，而采用阶段则没有显著性（路径系数 β 分别为 0.21、0.27、0.17）。因此，假设 H3 只得到部分支持。此外，三个扩散阶段共同解释了 35% 的客户绩效差异。

第四，对于财务绩效，只有一个阶段，即外部扩散阶段能够对财务绩效起显著作用，而其他两个阶段则没有（路径系数 β 分别为 0.23、0.07、0.13）。因此，假设 H3 也只得到部分支持。此外，三个扩散阶段共同解释了财务业绩差异的 31%。

此外，表 3.7 显示了有关考虑调节变量的结构模型结果。对于自变量（扩散阶段），行业类型与采用和外部扩散阶段正相关，而企业规模与行业差异和内部扩散阶段正相关。对于因变量（绩效维度），行业类型在采用阶段与业务流程绩效正相关。行业类型和企业规模在内部扩散阶段分别与客户和财务绩效正相关。最后，行业类型与外部扩散阶段的财务绩效正相关。

表 3.7　考虑调节变量的结构模型结果

变量名称		采用		内部扩散		外部扩散	
		行业类型	企业规模	行业类型	企业规模	行业类型	企业规模
自变量	扩散阶段	0.22*	0.12	0.13	0.37**	0.27*	0.03
因变量	学习与成长	−0.06	0.08	−0.07	0.11	0.08	0.15
	业务流程	0.31*	0.13	−0.03	−0.17	−0.06	0.11
	客户	−0.13	0.09	0.27	0.19	0.13	0.15
	财务	−0.07	0.04	−0.07	0.37*	0.29*	−0.06

注：* $p<0.05$，** $p<0.01$。

3.2.3.3 实证结论分析

对于四个绩效维度而言，采用和内部扩散阶段之间没有显著差异。对于这四个绩效维度，仅在外部扩散阶段和两个较早的阶段之间才表现出显著的绩效差异。这表明只有在外部扩散阶段才能很好地实现这四个性能。实际上，精益绿色模式是组织间系统的一种形式，将其与内部应用程序以及与合作伙伴的应用程序集成，产生协同融合获得综合效益。例如，需要在企业的内部流程（例如采购、生产和营销）中改变工作习惯，以有效地执行精益绿色理念。也就是说，在正式实施之前，需要重新设计业务流程。业务流程的重新设计对于推动首次应用以进一步接受创新至关重要，通常需要大量的精力和时间。此外，尽管企业试图说服其业务合作伙伴采用，但这可能会很困难。因此，时滞效应在干扰精益绿色扩散的绩效输出中起到了重要的作用，并且可以进一步导致该模式在后来的扩散阶段（如本书中的外部扩散阶段）才能完全实现。也有可能财务绩效不确定的主要原因之一是使用了不恰当的方法来衡量精益绿色实施的价值。绩效指标一直都只侧重于财务角度。时滞效应和度量方法是两个主要决定因素。

在采用阶段，与客户和财务角度相比，企业精益绿色实践输出绩效主要反映在学习与成长以及内部业务流程角度。因此，在此阶段，可以将学习与成长以及业务流程视为可靠的绩效指标。这可以用事实来解释：采用阶段的主要工作集中在准备重组业务流程的计划和做相应的组织和人力准备上。企业的员工需要增强自己的能力和技能，才能更好地开展这些活动。因此，结果表明，学习与成长以及业务流程的绩效输出是现阶段组织绩效的重要指标。

在内部扩散阶段，有三个绩效维度表明了它们的精益绿色绩效存在显著改进，即学习与成长、业务流程和客户。内部扩散定义了关键组织活动中的精益绿色技术的使用程度，此扩散阶段已与客户建立了有效的紧密联系。客户希望在整个购买周期（即购买前、购买中和购买后阶段）获得更好的服务质量（能耗低、安全性高的绿色产品）。结果，它表明与采用阶段相比，从客户角度来说，输出绩效有所提高。一些重要的非财务绩效，例如客户满意度或客户关系，可能需要一定时间才能实现其绩效。这些发现可以部分解释时滞效应在实现客户绩效中的作用，同时将内部扩散视为处于外部扩散阶段财务绩效显著性的早期累积，即财务绩效显现的孕育阶段。

在外部扩散阶段，BSC 的所有四个维度通常被认为是组织绩效特别是财务绩效的可靠指标。外部传播的主要工作集中于使用精益绿色模式通过供应链将企业与合作伙伴进行整合上。通过协作更有可能在基于成本、客户服务、物流快速响应、生产效率、库存管理和产品生产周期方面得到整体大幅度的优化提升，因此，财务业绩有大幅提高。接下来，不同行业中的大多数企业通常将财务绩效视为其业务的最终目标，而要实现这一绩效将需要更长的时间。其他三个绩效维度可能在财务绩效的最终实现中发挥基本或中间作用。这也可以用时滞效应的事实来解释。后面的扩散阶段可能需要更长的时间才能完全实现不同形式的绩效。

最后，关于调节变量，在三个扩散阶段，行业类型主要反映了其与采用和外部扩散阶段的相关性，企业规模主要反映了与内部扩散阶段的相关性。其背后的原因如下：竞争/外部压力是企业最初决定采用精益绿色的主要驱动力。此外，组织内部的扩散程度将以另一种方式受到企业规模的影响，这是因为较大的企业更有可能遵循该决策，然后将其平稳地扩散。最后，在合作伙伴之间的扩散很大程度上取决于行业类型，同时它决定了行业结构的形式。与传统制造业相比，先进制造业倾向于具有激进的文化或信念，以传播新创新技术。就四个绩效维度而言，行业类型显示了三个扩散阶段中所有阶段与不同绩效维度形成的关联作用。相反，企业规模仅在内部扩散阶段显示与财务绩效的关联作用。这可能表明，组织的外部属性（例如行业类型）在影响精益绿色实施产生的绩效方面比组织的内部属性（例如企业规模）更重要。

越来越多的企业将精益绿色视为管理及技术创新的重要战略和产生差异化优势的来源。在合作伙伴之间，成功实施主体（核心企业）是实现组织绩效的关键。研究发现，三个扩散阶段显示了对 BSC 四个绩效维度的不同影响。特别是，最后阶段（外部扩散）和两个早期阶段（采用和内部扩散）之间存在显著差异。此外，在外部扩散阶段可以很好地实现四个绩效维度。首先，关于精益绿色的传播问题特别是外部关注合作伙伴之间（尤其是供应链上的）的合作。时滞效应是有效衡量组织绩效（尤其是客户和财务绩效）的重要决定因素。通常，这也可以认为是新的管理模式和高新技术的采用在短期内很难为企业创造好的财务绩效的原因（IT 生产力悖论），以有效地设计管理技术创新的实施程序。其次，时滞效应对于区分不同形式的组织绩效至关重要。为了完全实现客户或财务绩效，实施绩效的显现时间需要延后。最后，业务流程在实施绩效中扮演着中间角色，从业人员需要首先培养一些组织实践或能力，例如学习和成长以及业务流程改进，以便最终实现其财务绩效。因此，对于组织而言，通过知识管理机制或其他培训计划来提高组织的能力或实践非常重要。

3.3　本章小结

精益绿色制造系统是制造业企业管理系统的一种特定形式，通常被视为企业创造竞争优势的主要策略之一。精益绿色制造系统企业内部和在合作伙伴之间的扩散对于其最终成功运用以及产生相应的绩效至关重要。但是，扩散过程本质上是复杂且动态的，并且涉及跨时间的演进特性。创新扩散理论（IDT）就是为了有效地探索多阶段的扩散过程而出现的。此外，单一的绩效评估主要基于财务会计方法，不能准确和全面地衡量不同阶段的绩效输出，在扩散的不同阶段的组织绩效输出更多的是非财务绩效指标。平衡计分卡（BSC）扩展了绩效评估的范围，结合了四个绩效方面的角度，非常适合解决此类问题。在 IDT 和 BSC 的基础上，本书提出了一个新的框架，用于探索基于三阶段扩散过程精益绿色模式对组织绩效的影响结构模型与 BSC 之间的关系。笔者对从问卷调查中收集到的数据采用偏最小二乘法进行分析。结果表明，从 BSC 四个维度来看，外部传播与两个早期阶段（采用和内部传播）之间存在显著差异。此外，BSC 四个维度在外部扩散阶段都可以很好地实现。外部的组织属性（例如行业类型）在影响精益绿色实施产生的绩效方面比组织的内部属性（例如企业规模）更重要。

4 精益绿色制造系统实施方法研究

目前，尽管学术界研究人员和产业界人士都认识到精益制造与绿色制造之间能够产生协同作用，但是围绕该主题的相关概念仍然显得凌乱，无条理性和系统性。在精益和绿色各实践方法实施的绩效评估上，对于评估精益和绿色的综合绩效仍然处于未知状态，因为每个单独的系统（精益和绿色）都有评估绩效的特定逻辑和准则、指标体系，同时应用精益和绿色实践需要适当的方法来评估模式对组织绩效的贡献和影响。

因此，本书的目的是开发一种集成的方法来评估精益和绿色实践对组织绩效的影响，确定不同实践方法对组织绩效的影响，为企业在推进精益绿色过程中了解和选择不同的实践方法组合提供参考。为同时集成和实施精益绿色制造系统，通过汽车企业行业应用案例和选择精益绿色集成工具的一个方法——价值流程图，本书提出了一个改进的绿色价值流程图模型——基于碳效率的价值流程图（carbon efficiency value stream mapping, CEVSM），并选择了一家生产金属冲压件的制造业企业进行案例研究，以证明精益绿色制造实践集成工具的有效性。

4.1 制造业企业精益绿色制造系统实施方法评价与集成

精益生产是通过识别和消除制造过程中的非增值性活动来实现浪费最

102

小化（或消除）而被广泛接受与认可的制造模式之一，能够提高运营效率、盈利能力和生产灵活性三个方面的组织运营效益。正如丰田公司强调消除产品生产过程中的八大浪费，即生产过剩、不必要的库存、不必要的动作、不必要的加工、缺陷、运输、等待和未充分发挥人的潜能。精益理念就是企业通过实施一系列精益实践方法（工具），如持续改进（kaizen）、看板管理（KANBAN）、全面生产维护（total productive maintenance，TPM）和全员参与等，来整合开发企业独特的运营资源和能力以消除生产过程中的八大浪费，提高整个生产过程的效率。同时，制造业企业也由此实现了能源的节约和避免产品生产过程中产生过多的废弃物等，在成本降低的同时也消除了制造过程所带来的环境负面影响。

随着环境视角在企业战略和消费者偏好中越来越重要，制造业企业在其管理议程中越来越多地关注产品制造、物流、消费和报废处理过程中所造成的环境影响问题。制造业企业需要在促进经济、社会和环境可持续发展的同时，解决快速满足客户需求和企业运营符合严苛的环境法规要求的两难困境。因此，节约能源、消除环境污染、实现可持续发展是企业应当履行的社会责任。绿色制造是可持续发展的一个重要组成部分，是 21 世纪制造业的可持续发展模式。绿色制造是一种系统化、经济化、综合化的技术（方法），其目标是消除产品设计和材料选择、制造、使用和废弃处置等各环节中的所有废弃物流。2015 年，中国政府为实现"制造强国"的战略目标，制定了"中国制造 2025"发展规划，坚持"创新驱动、质量为先、绿色发展、结构优化、人才为本"的基本方针，其核心目标就是促使中国制造业实现产业升级、生产过程高效、资源节约、全球竞争力提升和可持续发展。

精益实践的应用有利于减少环境污染，建立持续改进的氛围，消除企业导入和应用污染控制新技术的障碍，强调在生产效率提升的基础上，节约资源和能源，减少污染，给企业增加价值。此外，采用精益生产会降低污染减少的边际成本，既可以降低环境开发的成本，也可以提高减少污染所增加的价值。同时，绿色制造也显示出与精益制造方法相似的特征，企业在实践精益理念消除浪费和持续改进环境的同时，在设计过程中采取绿色环保设计，在制造过程中使用可回收利用的零部件，在消费过程中对消费者和生态环境无害以及消费后能进行回收处理等，以提供更清洁的产品和服务，提高环境生态效率。精益制造也有一系列实践方法（工具）来减少制造过程中的浪费，消除制造带来的环境负面影响，节约能源，提高效率和效益。由此可见，精益制造和绿色制造似乎自然而然地实现了整合。精益与绿色实践的协同集成能够确保企业获得更大的收益，例如降低成本和缩短生产周期，改进工艺流程和提升环境质量，提高员工的士气和忠诚度。Wu L. 等人通过案例实证研究发现单独实施精益、绿色和社会（环境）实践对企业成功实现三重底线绩效目标产生了积极影响，但同时也凸显了精益绿色实践的完美融合能够实现最优的三重底线绩效组合结果。制造业企业可以同时采用并结合精益绿色生产战略来降低成本和风险，增加收入，提升品牌形象。总之，不断变化的市场竞争环境、来自政府部门对环境污染的关注，以及顾客不断增强的环境友好型产品消费需求意识的外部压力等，促使企业不断地协同融合实施精益绿色制造来维持竞争优势。

现在大部分的文献主要关注两个方面的重点，一个是精益绿色制造实践与供应链绩效之间的关系，另一个是精益绿色制造实践与环境绩效之间的关系。Garza-Reyes 在回顾精益绿色制造文献的基础上，突出强调了精益绿色制造的具体实践方法（工具）对提高组织运行效率和消除环境影响等方面的局限性和不确定性，需要更多的定量研究来填补这个空白。

本书的主要目的是找到一种合适的精益绿色制造集成模型，发现在企业中组合实施精益绿色制造的工具和方法。精益理念认为制造过程伴随产生了八大浪费，海因斯在 2009 年的时候受精益理念的启发，第一个提出了八个绿色制造浪费分类。同样地，环境影响可以被认为是绿色废弃物引致的结果。本书强调精益和绿色废弃物之间的相关性和消除它们的相应方法（工具），运用网络层次分析法建立不同的精益和绿色实践方法（工具）对实施绩效的影响层次结构，并评价精益和绿色系统方法（工具）消除制造过程中的浪费对企业产品生产过程效率提升和能源优化使用的重要性权重影响，建立精益绿色实践方法集成框架结构模型。然后，通过对精益和绿色的相关文献、企业资料和工厂参观考察等，在丰田屋的基础上构建精益绿色屋模型。这个框架模型旨在通过详细的最佳思维实践，促进实现一种有效且可持续的对精益和绿色制造方式的集成协同融合的理解和实践，指导企业成为精益绿色企业，进一步促进其可持续发展。

4.1.1　精益绿色制造系统实施方法多目标评价体系

4.1.1.1　精益绿色制造系统实施方法多目标模型的建立

通过广泛的文献回顾和收集行业专家的意见，笔者共建立了三个层次的结构模型。

（1）精益制造实施方法网络层次分析模型

制造业企业为提高经营效率和客户满意度，使产品和服务更具有竞争力，可以通过实施精益制造来缩短制造周期和降低成本，对产品质量和交货期等方面进行持续改进和优化。Singh 等人通过案例研究发现企业实施SMED（single minute exchange of die，快速切换）技术能够减少产品切换过程中的设备准备时间，同时也发现该方法与其他精益工具，比如 5S 和防差错技术，能显著地缩短生产周期，并取得良好的财务收益。Singh 等人对中国和印度的企业进行了关于政策和战略是否构成企业竞争力的一项实证研究，发现印度企业对供应商的开发、全面生产维护（total productive maintenance，TPM）和全员参与等精益工具的应用和战略规划比中国企业有更多的关注。回顾不同的文献，可以发现不同的文献对精益生产的实施和不同的精益生产方法（工具）有不同的观点，因此，有必要定量研究不同的方法（工具）在精益生产实践中对组织实施精益绩效，也就是对制造业企业生产过程效率提升和资源节约的重要程度，比如5S、持续改进（kaizen）、SMED、可视化管理（visual control，VC）、看板管理（KANBAN）、价值流程图（value stream mapping，VSM）、单元化制造（cellular manufacturing，CM）和TPM，以及研究不同工具对精益生产实施绩效的影响的决定因素权重，了解组织的精益行为。这些实践方法的实施程度将影响组织的精益绩效表现，主要体现为生产制造过程的效率提升，建立精益实施方法评价的网络层次分析模型（图4.1）（简称"精益模型"）与四个标准（效率提升决定因素）和八个备选方案（精益实践方法）。企业通过实施精益制造实现生产过程效率提升的影响因素可以用四个标准进行评估，即成本降低、质量提升、缩短生产周期、提高交付能力。但这些影响因素不是相互独立的，它们之间相互存在影响，如提高质量和交付能力必然会增加成本，生产周期缩短能够降低成本等。

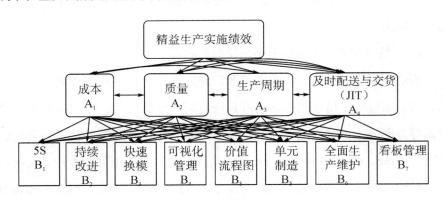

图4.1　精益实践方法网络层次分析模型

（2）绿色制造实施方法网络层次分析模型

随着大气中二氧化碳浓度的增加，造成地球温室效应，以及能源和自然资源的过度消耗，生产过程中产生的废弃物和有毒物质的释放，迫使人类社会思考和提出新的制造范式来降低环境的不利影响因素，从而推动了绿色制造的发展。Mittal和Sangwan认为，绿色制造能生产具有最小化环境和社会影响、经济上合理的产品。一个设计合理的绿色制造系统通过有效地利用原材料、能源和劳动力来降低运营成本，从而增加产品的价值。同时，还可以提高产品质量和优化生产工艺，扩大市场份额，满足客户对绿色产品的消费需求。相关学者通过实证研究发现，绿色制造的实施对制造过程中节约能源、预防环境污染等有非常大的积极影响。Kannan D. 提出了一种混合多准则决策工具，以评估绿色制造的方法（工具）的绩效影响，即环境排放的控制和影响整治，通过减少原料（reduce）、重新利用（reuse）和物品回收再循环（recycle）（"3R"）和绿色供应链来优化利用自然资源。Sezen 和 Cankaya 证实绿色制造对企业的环境效益和社会效益产生了积极影响，有助于降低原材料和有关环境与职业安全方面的费用支出，提高生产效率和改善企业形象。绿色制造通过废弃物最小化提高组织环境绩效和经营绩效，提升长期利润、扩大市场份额、改善企业形象和扩大竞争优势等为制造业企业做出了积极贡献。上述文献综述表明，实施绿色制造必将导致企业经营效益和环境效益的提升。

与精益实施方法评价模型相似，绿色实施方法的网络层次分析模型（图 4.2）（简称"绿色模型"）也考虑到通过实施绿色实践获得的能源节约、减少废弃物等来构建分析模型。绿色制造绩效的评判因素一般是废水减排（waste water reduction，WWR）、减少固体废弃物（solid waste reduction，SWR）、减少废气排放（reduced emissions，RE）和降低能源消耗（reduced energy consumption，REC）。基于不同的文献和专家判断，本书选择了以下绿色实践方法进行研究，如环境管理系统（environmental management systems，EMS）、生命周期评价（life cycle assessment，LCA）、环境设计（design for environment，DFE）、环境排放控制和影响补救（environmental emission control & influence remedies，EEC&IR）、绿色供应链实践（green supply chain practice，GSCP）、ISO14001、"3R" 技术、自然资源优化使用（optimal use of natural resources，ONR）。

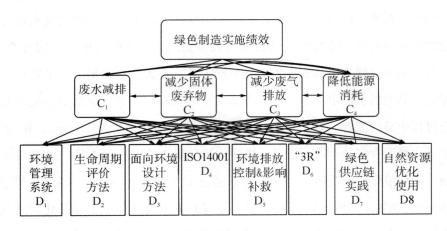

图 4.2 绿色实施方法评价网络层次分析模型

（3）精益绿色制造系统集成网络层次分析模型

目前的文献对精益绿色实践及其集成能够产生的绩效优势已有大量的研究，但是对于企业组织在动态的市场环境中明确实施不同的精益绿色实践方法（工具）对企业的生产效率和能源优化使用产生影响的作用关系进行研究的较少。如果能进行这方面研究从而消化吸收精益绿色实践方法的优势集合，并结合自身的精益绿色水平发展状况，灵活具体地选择合适的系列实践方法（工具），就能获得组织可持续竞争优势，实现可持续发展。

把精益和绿色制造集成到一个共同的平台上来，将会对企业的整体效益产生怎么样的影响？Yang 等人认为，在整体效益提升上表现为组织的两个方面：一是将环境绩效视为组织的环境责任；二是以利润最大化为目标的股东责任，同时，组织的经营绩效从市场和财务两个维度衡量。朱海珅、付园等人以内蒙古 20 家上市公司为例进行实证研究，得到的结果表明企业环境与社会绩效之间显著正相关，也表明企业的社会责任表现是环境绩效提升的一个组成部分。因此，本书具体针对制造业企业实施精益绿色制造的绩效目标主要是实现生产效率提升和能源优化使用两个主要目标进行分析。整合精益和绿色制造的生产效率提升和能源优化使用绩效优势，从质量、成本、交货时间、客户满意度、盈利能力、市场地位、声誉、产品设计、工艺设备效益等方面进行衡量。Dües 等人认为精益制造侧重于降低成本，而绿色制造通过有效地利用资源和减少多余、不必要的材料来更进一步地支持节约成本。本书采用网络层次分析法（ANP）分析的目的主要是评估这两种制造模式对实现组织所期望的生产效率和能源优化使用的贡献度，探讨精益与绿色之间的联系，发现两种制造模式之间不同的优势和驱动力。图 4.3 采用层次结构模型分析了集成精益绿色战略对生产效率和能源优化使用的作用。

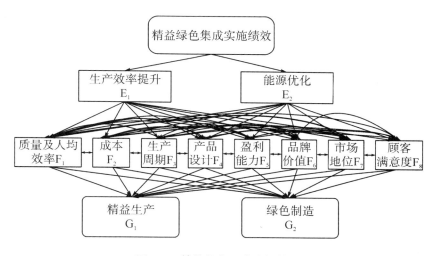

图 4.3　精益绿色层次分析模型

4.1.1.2　对精益绿色实施方法多目标模型的评价

多准则决策（MCDM）方法被广泛用于比较和评估多个相互冲突的标准，然而，不同的 MCDM 技术所获得的结果可能是不同的，因此有必要解决这个问题，即通过使用两个或多个 MCDM 技术以获得更精确的结果从而对选择方案进行优先级排序来确保最有效的结果。在本书中，网络层次分析法（ANP）和复杂比例评价法（COPRAS）被应用于模糊制造环境下的精益绿色实施方法的评价。本书具体以精益绿色实施方法模型为例阐述评价过程。

首先，基于 FANP（fuzzy analytic network process）计算各准则/方案属

性的权重。先不考虑属性或元素之间的依赖关系，计算并建立各准则/方案属性的成对比较模糊关系矩阵 $\tilde{W}_a$。令 $W_i(i=1, 2, \cdots, n)$ 为一个属性，$\tilde{a}_{ij}(i, j=1, 2, \cdots, n)$ 为属性 W_i 与 W_j 之间的相对重要性，从而获得成对比较矩阵 $\tilde{W}_a$。计算准则层属性的重要性使用三角模糊数（triangular fuzzy number，TFN）表示，因为在复杂的评价系统中，经验性知识是用语言术语来表示的。本书采用 TFN，这是一种有效处理不确定信息决策问题的工具，在各属性相对于上一级控制层某属性的两两比较过程中构建语言变量，如表 4.1 所示。

表 4.1　FANP 中的模糊语言变量

语言变量	三角模糊数（TFN）
非常差（VP）	(0, 0, 0.1)
差（P）	(0, 0.1, 0.3)
中下（MP）	(0.1, 0.3, 0.5)
中等（M）	(0.3, 0.5, 0.7)
中上（MG）	(0.5, 0.7, 0.9)
好（G）	(0.7, 0.9, 1)
非常好（VG）	(0.9, 1, 1)

其次，基于专家判断，利用语言变量某一属性所建立的成对比较模糊矩阵 $\tilde{A}$。模糊矩阵具体计算如下：

$$\tilde{X} = \begin{bmatrix} 1 & \tilde{a}_{12} & \cdots & \tilde{a}_{1n} \\ \tilde{a}_{21} & 1 & \cdots & \tilde{a}_{2n} \\ \vdots & \vdots & \ddots & \vdots \\ \tilde{a}_{n1} & \tilde{a}_{n2} & \cdots & 1 \end{bmatrix} = \begin{bmatrix} 1 & \tilde{a}_{12} & \cdots & \tilde{a}_{1n} \\ \tilde{a}_{12}^{-1} & 1 & \cdots & \tilde{a}_{2n} \\ \vdots & \vdots & \ddots & \vdots \\ \tilde{a}_{1n}^{-1} & \tilde{a}_{2n}^{-1} & \cdots & 1 \end{bmatrix} \quad (4-1)$$

在上式中，成对比较矩阵中的属性值互为倒数，在具体计算过程中，$\tilde{a}_{ij} = (\tilde{a}_{ij}^L, \tilde{a}_{ij}^M, \tilde{a}_{ij}^U)$ 时，元素 $\tilde{a}_{ji} = (\tilde{a}_{ji}^L, \tilde{a}_{ji}^M, \tilde{a}_{ji}^U) = \tilde{a}_{ij}^{-1}$，其中，$\tilde{a}_{ji}^L = 1 - \tilde{a}_{ij}^U$，$\tilde{a}_{ji}^M = 1 - \tilde{a}_{ij}^L$，$\tilde{a}_{ji}^U = 1 - \tilde{a}_{ij}^M$。那么，属性 $\tilde{A}_i$ 的模糊平均重要性 $\bar{A}_i$ 为：

$$\bar{A}_i = \frac{1}{n} \sum_{j=1}^{n} a_{ij} = \left(\frac{1}{n} \sum_{j=1}^{n} a_{ij}^{L}, \ \frac{1}{n} \sum_{j=1}^{n} a_{ij}^{M}, \ \frac{1}{n} \sum_{j=1}^{n} a_{ij}^{U} \right) \qquad (4-2)$$

属性 $\tilde{A}_i$ 的模糊重要性权重 $\tilde{w}_{A_i}$ 为：

$$\tilde{w}_{A_i} = (\tilde{w}_{A_i}^{L}, \ \tilde{w}_{A_i}^{M}, \ \tilde{w}_{A_i}^{U}) = \frac{\bar{A}_i}{\sum_{i=1}^{n} \bar{A}_i} = \frac{\left(\frac{1}{n} \sum_{j=1}^{n} a_{ij}^{L}, \ \frac{1}{n} \sum_{j=1}^{n} a_{ij}^{M}, \ \frac{1}{n} \sum_{j=1}^{n} a_{ij}^{U} \right)}{\bar{A}_1 + \bar{A}_2 + \cdots + \bar{A}_n}$$

$$(4-3)$$

最后，根据模糊均值法对属性 $\tilde{A}_i$ 的权重去模糊化，获得明确的权重值 w_{A_i}：

$$w_{A_i} = \frac{w_{A_i}^{L} + w_{A_i}^{M} + w_{A_i}^{U}}{3} \qquad (4-4)$$

相对于准则层的其他属性因素，计算准则层每个属性因子的内部依赖矩阵。相对于某一属性因素，在剩余属性因素之间的两两比较过程中，专家基于语言变量判断构建相应的矩阵，同样用 TFN 表示，从而获得依赖关系比较矩阵 $\tilde{W}_b$。

计算准则层各评价属性因素相互依存的优先顺序。通过计算 $W_{factors} = \tilde{W}_a \times \tilde{W}_b$ 获得。

基于专家判断构建最底层方案层的模糊矩阵并计算相应的两两比较相对权重，用 TFN 表示，构建的矩阵为 $\tilde{W}_{sub\text{-}factors}$。

计算最底层方案层各单个方案的总重要度，并进行排序，可以计算得出总权重（$\tilde{W}_{sub\text{-}factors(global)} = \tilde{W}_{factors} \times \tilde{W}_{sub\text{-}factors}$）。

本书以精益模型为例进行具体的评价分析。首先，运用层次分析法对图 4.1 进行分析，在查阅相关文献的基础上以及专家给的建议对矩阵各因素按照表 4.3 进行打分，并按照网络层次分析法基本步骤和模糊矩阵计算公式（4-1）、公式（4-2）、公式（4-3）、公式（4-4）进行计算，得出层次结构评价准则属性 A 相对于目标层的重要度矩阵为：

$$W_{L-a} = (A_1, A_2, A_3, A_4)^T = (0.093, 0.339, 0.182, 0.386)$$

通过计算层次结构评价准则属性 A 之间相互依赖关系去模糊数，最终比较矩阵为：

$$W_{L-b} = \begin{bmatrix} 1 & 0.093 & 0.153 & 0.176 \\ 0.230 & 1 & 0.24 & 0.312 \\ 0.333 & 0.297 & 1 & 0.281 \\ 0.276 & 0.441 & 0.4431 & 1 \end{bmatrix}$$

故层次结构评价准则属性 A 相对于目标层最终的相对重要度归一化后为：

$$W_{L-factors} = W_{L-a} \times W_{L-b} = (0.220, 0.525, 0.422, 0.641)$$

其相对重要度归一化后为（0.122，0.290，0.233，0.355）。

运用层次分析法对精益实践方法（工具）针对上层某要素（准则）两两比较构建判断矩阵并计算重要度和进行一致性检验且结果归一化后，各元素的总重要度计算结果如表 4.2 所示。

B 层要素的总权重：

$B_1 = 0.122 \times 0.047 + 0.290 \times 0.100 + 0.233 \times 0.034 + 0.355 \times 0.182 = 0.107$

同理可得：

$B_2 = 0.140$；$B_3 = 0.150$；$B_4 = 0.067$；$B_5 = 0.135$；$B_6 = 0.050$；$B_7 = 0.245$；$B_8 = 0.106$

B 层的综合重要度为（0.107，0.140，0.150，0.050，0.135，0.106，0.245，0.067）。

表 4.2 结果表明评价属性标准中"及时配送与交货"获得了最大的权重（0.355），最小影响权重为成本（0.122）以及不同的精益生产实践方法（工具）对组织精益绩效产生的影响权重。

表 4.2　精益模型各层次元素相对重要度汇总

B	A_1	A_2	A_3	A_4	B_i
	0.122	0.290	0.233	0.355	
B_1	0.047	0.100	0.034	0.182	0.107
B_2	0.095	0.298	0.065	0.075	0.140
B_3	0.306	0.052	0.141	0.182	0.150
B_4	0.047	0.052	0.066	0.039	0.050
B_5	0.177	0.051	0.168	0.168	0.135
B_6	0.049	0.028	0.137	0.168	0.106
B_7	0.095	0.316	0.355	0.166	0.245
B_8	0.183	0.103	0.034	0.020	0.067

　　同样应用网络层次分析法对图 4.2 进行分析，构建判断矩阵，按照上述精益模型同样的计算方法，同理可得：在判断矩阵符合一致性情况下，C 层次各元素相对于总目标的重要度为（0.101，0.062，0.518，0.319）。

　　同理可得：D 层的综合重要度为（0.040，0.057，0.194，0.308，0.124，0.158，0.071，0.048）。由最终的综合权重可以看出，减少废气排放（RE）是绿色制造模型最重要的准则，其次是降低能源消耗（REC），而固体废弃物减量（SWR）则得到最小加权。在组织绿色实践过程所实施运用的方法（工具）中，ISO 14001 的作用是非常重要的，其次是绿色制造工具环境设计（DFE）和"3R"。

　　C、D 层次各元素的总重要度计算结果如表 4.3 所示。

表 4.3　绿色模型各层次元素相对重要度汇总

D	C_1	C_2	C_3	C_4
	0.101	0.062	0.518	0.319
D_1	0.045	0.030	0.036	0.047
D_2	0.048	0.053	0.036	0.095

表4.3(续)

D	C_1	C_2	C_3	C_4
	0.101	0.062	0.518	0.319
D_3	0.138	0.134	0.143	0.306
D_4	0.398	0.386	0.357	0.183
D_5	0.028	0.027	0.122	0.177
D_6	0.236	0.245	0.201	0.047
D_7	0.028	0.029	0.069	0.095
D_8	0.079	0.097	0.035	0.049

同理，对图4.3进行分析可得：在判断矩阵符合一致性情况下，E、F层次各元素的总重要度计算结果如表4.4所示，最后计算精益绿色制造模型方案层元素相对重要度，计算结果如表4.5所示。

表4.4 精益绿色模型准则层各因素权重及子准则总权重

EF	E_1	E_2	F_i
	0.667	0.333	
F_1	0.104	0.287	0.165
F_2	0.037	0.032	0.035
F_3	0.036	0.063	0.045
F_4	0.184	0.295	0.221
F_5	0.060	0.032	0.051
F_6	0.188	0.064	0.147
F_7	0.045	0.061	0.050
F_8	0.346	0.167	0.286

由表4.4、表4.5可知，顾客满意度（0.286）在提高企业生产效率和提供环境友好型产品方面扮演着重要的角色，而产品设计（0.221）则决定了每个人的环境保护意识。生产效率提升方面的绩效对企业成为精益绿

色企业方面做出了更大的贡献（0.667），能源优化使用指标占整体模型绩效的0.333权重。产品设计、顾客满意和质量及生产效率三大因素的权重影响了组织的总体绩效。虽然精益制造和绿色制造对提高组织的整体绩效的贡献度几乎相等（分别为0.521和0.479），但是精益生产主要影响产品的及时配送、交货和质量（如表4.2所示），而绿色制造有助于提高品牌的价值和市场地位（顾客满意度）（如表4.5所示）。

表4.5　精益绿色制造模型方案层元素相对重要度汇总

项目	生产效率提升（0.667）				能源优化使用（0.333）				G_i
	质量与生产率	成本	生产周期	产品设计	盈利能力	品牌价值	市场地位	顾客满意度	
	(0.165)	(0.035)	(0.045)	(0.221)	(0.051)	(0.147)	(0.050)	(0.286)	
G_1	0.75	0.667	0.75	0.5	0.667	0.25	0.333	0.5	0.521
G_2	0.25	0.333	0.25	0.5	0.333	0.75	0.667	0.5	0.479

4.1.1.3　精益绿色实施方法多目标模型的效度检验

FANP分析结果在很大程度上取决于专家的判断，因此对专家分配的各种标准和备选方案之间的相对重要性的比较判断非常敏感。同时，不同的专家具有不同的偏好，可能没有真实反映出所想要考察的内容。因此，本书采用Fuzzy-COPRAS（fuzzy complex proportional assessment，模糊复杂比例评价法）评价方法来对精益绿色范式的实践具体方法（工具）和两个范式集成对FANP技术的分析结果是否有效和可信进行检验，看最终的结果是否能够表述和符合其所要测量特质的程度，或者简单地说是指测验的准确性、有用性。本书在获得网络层次模型各准则属性权重的基础上，利用Fuzzy-COPRAS方法来客观合理地评价备选方案影响权重是否具有稳定性和一致性，获得的结果是否具有稳定性和确定性。

首先定义专家评判的COPRAS中的模糊语言变量，提供给决策团队的模糊语言变量三角模糊数如表4.6所示。

表 4.6　Fuzzy-COPRAS 中的模糊语言变量

语言变量	三角模糊数（TFN）
非常低（VL）	(0, 1, 3)
低（L）	(1, 3, 5)
中等（M）	(3, 5, 7)
高（H）	(5, 7, 9)
非常高（VH）	(7, 9, 10)

接着构造模糊决策矩阵。备选方案的偏好评级用语言变量 TFN 来表示，各种准则属性 C_j，$j = 1$，2，$\cdots$，n 下的方案 A_i 的水平等级的矩阵 $\tilde{X}$ 如下：

$$\tilde{X} = \begin{array}{c} A_1 \\ A_2 \\ \vdots \\ A_i \end{array} \begin{bmatrix} \tilde{x}_{11} & \tilde{x}_{12} & \cdots & \tilde{x}_{1n} \\ \tilde{x}_{21} & \tilde{x}_{22} & \cdots & \tilde{x}_{2n} \\ \vdots & \vdots & \ddots & \vdots \\ \tilde{x}_{m1} & \tilde{x}_{m2} & \cdots & \tilde{x}_{mn} \end{bmatrix}, \ i = 1,2,\cdots, m; j = 1,2,\cdots,n \tag{4-5}$$

$$\tilde{x}_{ij} = (\tilde{x}_{ij1}, \tilde{x}_{ij2}, \tilde{x}_{ij3}), \begin{cases} x_{ij1} = \min_k \{x_{ijk1}\} \\ x_{ij2} = \dfrac{1}{k} \sum_{k=1}^{k} x_{ijk2} \\ x_{ij3} = \max_k \{x_{ijk3}\} \end{cases}$$

在上式中，$\tilde{x}_{ijk}$ 为第 K 个决策专家基于准则属性 C_j 对备选方案 A_i 的语言变量的评价 TFN，$\tilde{x}_{ijk} = (x_{ijk1}, x_{ijk2}, x_{ijk3})$。

然后，将得到的模糊决策矩阵去模糊化获得精确值。采用重心法将模糊权重转化为精确的数值权重，该方法是计算各维度模糊权重的非模糊效用值最佳最简单实用的方法。其计算公式如下：

$$x_{ij} = \frac{[(x_{ij}^U - x_{ij}^L) + (x^M{}_{ij} - x_{ij}^L)]}{3} + x_{ij}^L \tag{4-6}$$

再规范化决策矩阵（f_{ij}）。决策矩阵的规范化是通过将每个数值条目除

116

以每个数值所在列中最大的条目来计算，以消除不同度量单位的异常，从而使所有的标准都是无量纲的。

计算加权归一化决策矩阵（$\hat{x}_{ij}$）。模糊加权归一化值计算通过评价属性指标的权重（$W_{factors}$）乘以标准化决策矩阵（f_{ij}）实现：

$$\hat{x}_{ij} = W_{factors} \times f_{ij} \tag{4-7}$$

分别将加权归一化后的无量纲数值分别按照可取的优化方向最大化与最小化的值进行求和，P_i 为优化方向最大化求和值，R_i 为优化方向最小化求和值，即

$$P_i = \sum_{j=1}^{k} \hat{x}_{ij}$$
$$R_i = \sum_{j=l+1}^{m} \hat{x}_{ij} \tag{4-8}$$

计算每个方案（方法与工具和实践范式）的综合评定值（Q_i），即

$$Q_i = P_i + \frac{\sum_{i=1}^{n} R_i}{R_i \sum_{i=1}^{n} \dfrac{1}{R_i}} \tag{4-9}$$

最后，确定最优性准则值 K 及相对评分值 N_i，通过 Q_i 值求出每个方案（方法与工具和实践范式）的综合性能评分，以 Q_i 的最大值为基准，同时最优性准则值 $K = 100$，求出其他指标的相对分值 N_i：

$$N_i = \frac{Q_i}{Q_{max}} \times 100 \tag{4-10}$$

根据综合评定值对每个方案（方法与工具和实践范式）进行排序比较。

结合 Fuzzy-COPRAS 评价方法的步骤，对图 4.1（精益实践方法评价网络层次分析模型）进行分析，构建相应的矩阵及计算结果如下。专家使用表 4.5 中的模糊语言对精益生产范式中的八种实践方法（工具）的属性进行评价，建立模糊决策矩阵 $\tilde{X}_{Lean}$，根据公式（4-5）转换成语言模糊数

表示，得到模糊决策矩阵 $\tilde{X}_{Lean}$，如表 4.7 所示。

表 4.7　使用模糊数表示的决策矩阵

	B₁	B₂	B₃	B₄	B₅	B₆	B₇	B₈
A_1	(5,8.31,10)	(1,5.12,9)	(0,3.25,7)	(1,3.78,9)	(3,6.76,10)	(3,6.89,10)	(1,4.24,9)	(0,3.2,7)
A_2	(3,6.78,10)	(0,3.56,7)	(1,4.76,9)	(3,7.21,10)	(5,8.34,10)	(3,7.21,10)	(1,3.65,7)	(1,3.25,7)
A_3	(5,7.52,10)	(1,4.23,7)	(0,3.21,7)	(5,7.79,10)	(0,3.21,7)	(1,5.23,9)	(3,5.87,9)	(1,4.21,9)
A_4	(3,5.21,9)	(1,5.16,9)	(1,4.57,9)	(1,4.34,9)	(1,4.89,9)	(1,4.87,9)	(1,4.78,9)	(0,3.2,7)

运用公式（4-6）对模糊决策矩阵去模糊化，结果如表 4.8 所示。

表 4.8　去模糊化后的决策矩阵

	B₁	B₂	B₃	B₄	B₅	B₆	B₇	B₈
A_1	7.77	5.04	3.42	4.59	6.59	6.63	4.75	3.40
A_2	6.59	3.52	4.92	6.74	7.78	6.74	3.88	3.75
A_3	7.51	4.08	3.40	7.60	3.40	5.08	5.96	4.74
A_4	5.74	5.05	4.86	4.78	4.96	4.96	4.93	3.40

对表 4.8 中的决策矩阵进行去归一化处理，并根据公式（4-7）将归一化后的值乘以相应的属性权重，得到最终归一化决策矩阵，如表 4.9 所示。

表 4.9　加权归一化后的决策矩阵

	优化方向	B₁	B₂	B₃	B₄	B₅	B₆	B₇	B₈
$A_1(0.122)$	最小	0.208	0.140	0.195	0.123	0.124	0.178	0.124	0.176
$A_2(0.290)$	最大	0.205	0.233	0.409	0.425	0.507	0.419	0.414	0.407
$A_3(0.233)$	最小	0.217	0.217	0.304	0.449	0.367	0.393	0.461	0.382
$A_4(0.355)$	最小	0.112	0.410	0.093	0.003	0.001	0.011	0.001	0.034

运用公式（4-8）、公式（4-9）、公式（4-10）计算 P_i、R_i、Q_i、N_i 的值，并对实践方法（工具）进行排序，结果如表 4.10 所示。

表 4.10 的结果显示，利用 Fuzzy-COPRAS 评价方法与网络层次分析法

评价精益生产八种实践方法（工具）对绩效影响的结果具有一致性。同理，也可以得到绿色制造模型及精益绿色制造集成模型的结果都具有一致性。由此可以确定所有三个层次分析模型的效度分析的结果表明和证实了模型具有稳健性，获得的结果可以推广。

表 4.10　精益层次模型八种实践方法（工具）对绩效影响的排序结果

	B_1	B_2	B_3	B_4	B_5	B_6	B_7	B_8
P_i	0.205	0.233	0.237	0.192	0.207	0.205	0.4144	0.204
R_i	0.537	0.767	0.591	0.575	0.493	0.581	0.586	0.593
Q_i	0.278	0.306	0.310	0.265	0.280	0.277	0.487	0.277
N_i	56.97	62.79	63.59	54.44	57.53	56.92	100.00	56.86
排名	5	3	2	8	4	6	1	7

4.1.2　精益绿色制造系统实施方法集成

目前，大多数制造业企业通过提升生产效率、优化能源消耗来保持竞争优势、提升市场占有率、提高顾客满意度、降低碳排放等，从而实现设定的经济效益、环境效益和社会效益目标，其中一个非常重要和关键的因素就是实施精益绿色集成协同战略。同时，精益和绿色制造在实践过程中各自都有非常多的具体方法、技术、工具，不同的方法和技术、工具可以达到不同的绩效目标。成功实施精益绿色战略并产生高收益的关键也是正确选择合适的系统工具和技术。因此，在这样一个战略决策过程中，有必要通过多层次决策和中间决策层将精益绿色制造战略协同融合和企业的经济目标、环境目标和社会可持续发展目标的影响联系起来。

4.1.2.1　精益绿色系统实施方法集成框架模型的构建

在目前竞争激烈的全球市场上，精益和绿色制造可以有效地增强企业组织的竞争优势、盈利能力并实现可持续发展，为此有必要开发一个精益绿色实践方法（工具）集成模型，方便企业组织实施，使企业组织通过效率提升、能源优化使用实现缩短生产周期、增加产品和服务价值、减少碳排放碳足迹和提高设备整体效率等精益和绿色集成效益。

精益模型的 FANP 结果为了解精益实践的方法（工具）实施提供了一些关键的管理见解，确认实施精益对企业生产效率提升、消除浪费等资源节约具有重要性。在精益层次模型中，TPM 是最有分量的精益实践方法（工具），能够消除停机等待、故障维修等引起的时间损失，对设备性能导致的产品质量优化也起到了重要作用。显然，TPM 通过对机器设备的有计划预防性和预见性维护策略确保了设备运转的高效性，提升了生产效率。这反过来又通过设备性能的优化改进和对员工参与的激励与放权，让企业产品具有更高的质量、减少浪费和制造成本，实现了良性循环。kaizen 和 5S 与 TPM 一道实施，能够快速识别和消除八大浪费，实现成本降低而产生显著的绩效，而 SMED 和 KANBAN 在缩短生产周期和快速交货方面起到了非常重要的作用。准时配送及交货（JIT）和提高产品质量是企业组织实现精益实施绩效最重要的决定要素。这表明企业应该把重点放在快速交货和生产符合产品质量设计规范（绿色性）的产品上，提高客户满意度。成本属性在层次模型中占最低的权重，因为成本没有直接关联消除任何特定类型的精益浪费。但是，通过有效地减少或消除精益浪费的任何努力和有效利用资源都将间接导致成本下降。

在绿色模型中，显示出 ISO14001 在绿色实践中占主导地位，主要影响减少固体废弃物和废水，实现能源优化使用目标。这可能是因为组织要取得 ISO14001 认证，就必须在企业组织的生产过程中采用绿色制造的其他方法（工具）来达到目的和要求。减量化、重复使用和再循环（"3R" 技术）有助于减少固体废弃物，减少资源使用，通过重复利用来延长物料的寿命和通过循环使用将废弃的物料转化成有用的产品。在产品的早期设计阶段，运用 DFE 的设计理念，能够实现产品在制造、物流、消费、回收处理过程中对环保型原材料、包装材料的使用，提高能源的效率，再利用的产品设计和整个生命周期最小的能源消耗等，最大限度地减少对环境不良的影响，实现环境友好型产品设计。能源优化使用减少废气排放是衡量产品和服务绿色度的最重要标准之一，在绿色模型中也占有比较大的权重。这不仅仅是企业组织实施绿色制造最有效的评价标准，产生最显而易见的企业业绩，同时，这也可能是屈从于政府和其他监管团体的压力，如规定的污染控制标准、法律法规等外部压力的结果。但是，在当前全球能源过度消耗、环境污染加剧的时代，对于一个追求可持续发展和承担环境保护责任、能源优化使用减少碳排放的企业而言，目标应是成为一个对资源高效利用、减少能源消耗的高度绿色化企业。

精益生产与企业产品质量、成本和生产率、交货期和盈利能力等有着紧密的联系，而绿色与企业的品牌价值和市场地位密切相关。在网络层次分析结果中，客户满意度与精益绿色制造强相关。这可能是客户环境保护意识和对环保友好型产品的渴望强于对产品或服务在制造过程中的短交货期、低成本、高质量的期望。精益生产和绿色制造模式对企业实现可持续发展具有同等重要的影响，不能顾此失彼。因为，产品设计、客户满意度和质量是实现企业组织理想目标的驱动力。因此，精益绿色集成能够作为管理者协调实施运营和环境实践过程的路线图，在提高企业制造过程效率的同时不损害生态环境效率，并成功实现可持续制造。鉴于 FANP 分析结果，建立精益绿色系统实施方法集成框架结构（如图 4.4 所示），能促使组织同时实现效率提升和能源优化使用目标。

在精益绿色系统实施方法集成框架模型中，TPM、持续改进、5S 和 SMED 是提高企业精益水平的最佳精益实践。TPM 通过预测和预防设备维护策略，使设备效率最大化，保证持续改进的文化氛围和全员参与，通过消除浪费来降低成本和提高质量。5S 为启动改进过程提供了有效的起点，只需要较少的投入。SMED 实现了小批量生产从而导致库存减少和生产柔性提高，实现生产效率的提升、资源的节约。管理者应率先实施这些做法，以缩短交货时间和提高产品质量。这有助于提高顾客的满意度。如果企业不注重环境保护，导致有害气体排放和高能耗等，反映了企业糟糕的环境表现，而面对环境保护意识越来越强的消费者，这将导致顾客满意度降低，同时来自政府部门的节能减排压力，都将促使管理者必须尽早采取ISO14001等绿色制造实践，来减少资源、能源的消耗和消除废弃物的产生。如运用"3R"技术通过改进生产工艺和开发减少消耗材料的产品，以及对废弃材料和回收废旧产品的初始化再利用等提高资源利用效率。制造业企业可以集成框架模型作为指导方针，选择和实施最适合精益和绿色的方法（工具），定期评估它们的实施进展，充分发挥各方法（技术、工具）的优势，成为精益绿色型企业，促进企业可持续发展。

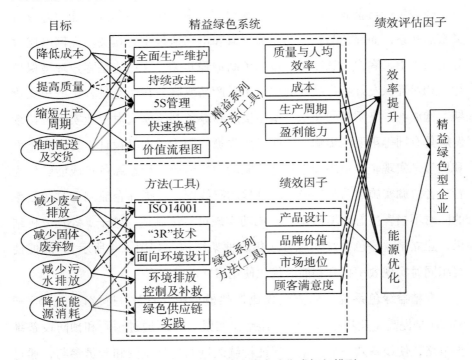

图 4.4　精益绿色系统实施方法集成框架模型

4.1.2.2　精益绿色系统集成管理模型的构建

上文根据精益和绿色实践方法的影响权重建立了精益绿色的实践系统集成模型。但今天，不同的制造业企业都在开发、调整和形成具有自己特色的企业运作最佳实践和理念，如丰田汽车公司的"丰田之路"（丰田生产方式，TPX），从而成为企业经营管理和可持续发展的基因，并落实到全体员工的日常行为中。一般而言，精益与绿色制造，一个现代的、注入绿色元素的精益计划或 XPS，有利于环境管理和工作场所安全。制造业企业都是以企业特定生产系统（XPS）上升到经营管理思想的形式制订自己的最佳改进方案的。本书通过文献评论、工厂参观考察、制造业企业案例调查和精益绿色相关分析，建立了精益和绿色系统集成管理模型，其核心就是精益绿色屋（如图4.5所示）。这是在日本丰田汽车公司张富士副会长总结的新丰田屋的基础上构建的。

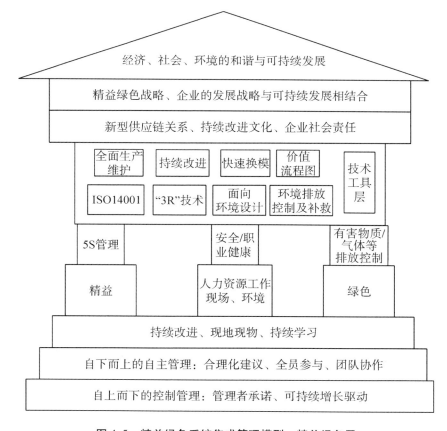

图 4.5　精益绿色系统集成管理模型：精益绿色屋

　　本书构建的精益绿色系统集成管理模型"精益绿色屋"，运用明确、详尽和简洁的方式来阐述精益绿色管理思想的最佳实践建议，对任何制造业企业，包括中小型企业，都可以在组织和操作层面上管理其精益和绿色实践。精益和绿色的集成和融合，可以指导制造业企业内部任何行动，都能为精益、人类和绿色三个支柱带来潜在利益，建立核心竞争力，实现可持续发展。

　　本书所建立的精益绿色系统实践集成框架模型所确定的主要战略工具影响了大多数精益和绿色废弃物，这在精益绿色屋中构成精益绿色制造技术体系，对实现企业组织的绩效产生重要影响，因此被认为是精益绿色系统主要的共同原则。精益绿色系统集成管理模型精益绿色屋包含一种集成管理模型和思想，体现了人类、精益和绿色技术的集成，能够融合自上而下的控制管理和自下而上的自主管理。自上而下的控制管理是实现长期有效的行动的基础，而自下而上的反馈将正确的信息传递给管理层。

　　精益绿色屋不仅在技术、管理观念和组织关系中给制造业企业带来新的思想和变革，竖起消除浪费的旗帜、快速可调整的低碳柔性制造技术系统，关注人与人的层面、关注人的培育（绿色行为导向）和工作现场的职业安全与健康，与供应商建立新型的企业间绿色关系，关注关键利益相关者，确保实现可持续发展从而带来竞争优势，同时，作为一个把环境、社会可持续发展融入企业管理目标的全新管理思想，能够实现与企业文化、企业环境以及管理方法的融合，它追求的目标是在实现客户价值增值的基础上实现企业可持续发展，通过各种技术把精益绿色思想结合起来，从设计、采购、生产、服务、产品废弃后残留资源再利用等全方位在价值链上体现，形成一套完整的系统。精益与绿色融合正在实践中不断取得成功。

4.2 精益绿色制造系统实施方法集成应用案例研究

4.2.1 精益绿色制造系统实施方法集成在汽车行业的应用案例

得益于大野耐一和丰田英二的丰田生产系统的发展，汽车行业是精益生产运用的领先者，同时，汽车制造也是能源消耗多和环境负面影响比较严重的行业。因此，汽车制造行业也是实施绿色制造技术的先驱。丰田汽车公司是全球最成功的汽车制造商之一，自 1937 年创立以来，经历创业期、成长期和国际化三个阶段，已经成为全球著名的汽车制造商之一。丰田汽车公司亦是全球文化底蕴深厚的汽车制造商之一，在保证经济贡献的同时，注重企业文化建设，制定了"丰田基本理念"和"丰田全球发展愿景"，植根于每个运营实体所在的当地社会，为全球化运营提供指导。如今，丰田已在中国多个省份设立了多家独资公司、合资公司和代表处，共有 4 万余名员工。丰田从战略高度推进企业履行社会责任，追求企业的发展战略与可持续发展相结合，切实做好企业社会责任管理，让企业的发展真正满足各方的需求，努力为整个社会的可持续发展做出贡献。

丰田中国以"丰田基本理念"为基础，在增长、效率、稳健三大关键绩效指标基础上追求可持续发展，确立了企业对员工、顾客、环境、社会、贸易伙伴、公益活动等关键相关方的基本责任。丰田不断加强企业社会责任管理，并制定了"为社会、地球的可持续发展做出贡献"的方针。以"顾客第一主义"的信念为基础，开发并提供能够满足顾客期待的创新、安全且品质卓越的产品与服务，彻底保护顾客等所有与企业活动相关人员的个人信息。努力保护环境，开发并普及环境和经济共同发展的技术，同时还与广泛的利益相关者携手合作，致力于防止全球温室效应、保护生物多样性等，力求实现与环境相协调的发展。在汽车产品中，努力在精益生产方式的基础上实现"环境""能源""安全""舒适"。追求"可持续发展的工厂"的举措就是"可持续的生产活动",努力实现精益与绿色相结合。

2015 年,丰田汽车公司为实现可持续发展社会做贡献,发布了"丰田环境挑战 2050"战略,如表 4.11 所示。"丰田环境挑战 2050"战略在 3 大领域发起了 6 项挑战,如表 4.12 所示。同时,为实现"丰田环境挑战 2050"战略,丰田公司制订了当前的执行计划——第 6 次"丰田环境行动计划"(如表 4.12 所示),作为 2016—2020 年期间的五年计划加以实施。在产品生命周期的各个环节,即开发设计、生产/物流、供应商、销售、回收/再利用、与社会联动等工作小组会设定具体的环境目标,精益与绿色项目团队融合协同负责落实具体工作。

表 4.11　"丰田环境挑战 2050"战略

愿景	挑战	目标
打造更好的汽车	挑战新车 CO_2 零排放	2050 年,全球丰田新车平均行驶过程中 CO_2 排放量较 2010 年削减 90%
	挑战新车生命周期 CO_2 零排放	从生命周期的角度出发,包括材料、零部件、生产在内的整个新车生命周期的 CO_2 排放为零
更好的生产活动	挑战工厂 CO_2 零排放	2050 年全球工厂 CO_2 排放为零
	挑战对水环境的影响最小化	根据各国各地区情况实现用水量最小化并进行废水管理
美好城市和美好社会	挑战构建循环型社会和体系	从 2016 年开始启动两个项目,向全球推广源自日本的"合理处理"和循环利用技术和系统
	挑战创建人与自然和谐共存的未来	从 2016 年开始开展 3 个自然保护项目,将丰田集团及其关联公司与各地区、全世界以及未来连接起来

表 4.12　丰田公司第 6 次环境行动计划

分类	挑战内容	计划活动项目	2016—2020 年目标
低碳（气候变化及 CO_2 排放）	挑战新车 CO_2 零排放	（1）面向顶级油耗性能的新车平均油耗比 2015 年降低 20% 以上	新车平均油耗比 2015 年降低 20% 以上
		（2）推进使用电能的新一代汽车的开发及活用其各项特征的普及	节能车/新能源车的普及推广
	挑战新车生命周期 CO_2 零排放	（3）在物流活动中提高运输效率以及降低 CO_2 排放量	车辆、生产部件、补给部件每年均递减 1%
		（4）通过地区能源网络管理技术贡献于地区社会	
	挑战工厂 CO_2 零排放	5）生产活动中的 CO_2 排放量递减	单台车排放量比 2006 年基准年降低 47%
循环（资源/水）	挑战水环境影响最小化	（6）生产活动中的用水量递减	生产活动中的用水量递减，2020 年单台车用水量比 2006 年基准年减少 57%
	挑战循环型社会体系的构筑	（7）以在日本建立的报废车合理处理方法对国际做出贡献	
		（8）报废车的再利用体系向国外开放	HV 电池回收目标>50%
		（9）生产活动中排放物减少以及资源的有效利用	单台车废弃物产生量比 2006 年基准年减少 88%
		（10）物流活动中捆包包装材料递减及资源的有效利用	补给部品每年递减捆包材料总量的 1%
自然共生	挑战创造人与自然共生的未来	（11）推进将各事业所/各地区活动"与地区连接"的自然保护活动	
		（12）强化对将自然/生物多样性保护"与世界相连"的环境活动的支援	
		（13）强化对将环境活动"与未来连接"的环境教育的贡献	
管理		（14）强化推进环境连接管理	
		（15）有助于各国、各地区的都市大气环境改善的废气减排	废气法规实施时导入符合法规要求的车辆
		（16）生产活动中的 VOC 递减	整车涂装比 2006 年基准年全线平均减少 71%；保险杠涂装比 2015 年基准年全线平均减少 1%
		（17）推进与商务伙伴合作的环境活动（供应商）	
		（18）推进与商务伙伴合作的环境活动（销售店、代理销售店）	
		（19）进一步强化全球员工教育/启发活动	
		（20）积极公开环境信息并充分地进行交流	

丰田中国在中国开展业务伊始，便将丰田生产方式等一系列丰田理念和绿色理念在所有的独资和合资公司中实施，在设计、生产、物流、回收等一系列过程中运用精益和绿色实践技术来消除浪费和环境影响。在实践过程中，丰田中国公司精益实践的实施能够对环境绩效产生积极的效果，比如，全面质量管理寻求产品和过程质量的持续提升，同时带来非常大的对企业废弃物的处理产生高效率、低污染的积极的溢出效应。反之也依然，绿色实践的实施也同时对优化企业的制造过程绩效，环境管理系统的实施过程中面向环境设计等一系列技术的采用能够对企业的制造过程产生直接和间接的改进效果。精益和绿色共同重点关注：浪费、消除浪费的技术、缩短制造周期、人员和组织、供应链关系、关键绩效指标，以及常见的工具和做法。由于这些重叠的关注重点，精益和绿色实践的实施能带给企业更多的效益，如表 4.13、表 4.14 所示。

表 4.13　丰田中国公司精益绿色项目实施案例及效果展示

项目分类	措施及效果
化学物资管理	在正式投产的零部件和材料、补给品、用品、辅助材料中，丰田的禁用物资由 2007 年的 4 种增加到了 10 种，并且在 2016 年，辅助材料禁用物资达到 1 010 种，同时禁止所有工厂使用对臭氧层具有破坏性的化学品
生产材料管理	在设计和生产过程中，丰田通过减少材料和零部件的使用量，增大低 CO_2 材料的开发和利用力度，以及更大范围地使用再生物材料、易拆解设计等多种方式，来降低环境影响
能耗优化	本着"必要的能源在必要的时刻只提供必要的量"的宗旨，对公司空压机组的能耗进行了优化。优化措施为：根据露点温度自动控制干燥机干燥时间，每月节省压缩空气消耗 47 436m^3；优化空压机开启时间，每月可节省电量 4 640kW·h；生产及非生产时间供气压力低压化，每月节能电量 24 255kW·h；对各条生产线加装气源控制开关，非生产时关闭气源，减少压缩空气的泄漏
降低油脂废弃量	作业员观察发现，油脂在使用过程中存在不必要的浪费，于是进行现场调查，分析浪费产生的原因，最后通过调整油桶油泵限位判别开关的位置、改变油脂待用时的保存方式及加强其他作业过程中的油脂回收利用等，有效地将油脂浪费量减少到零
优化空压机比流量，降低电耗	对全厂耗电量占比最大的空压机开展了优化活动。通过优化空压机室排气管道结构、降低管道压力损失、优化空压机运转状态等措施，公司的空压机比流量由 6Nm^3/kW·h 提高到 8.5Nm^3/kW·h，每年可节约电量 660MWh
优化成型车间革新注塑机能源消耗	结合停止、修理、关闭等 7 个节能优化着眼点和丰田 just in time 的生产理念，对成型车间革新注塑机能源消耗进行了优化。通过延迟模温机开启时间、精确控制模具预升温时间、关闭非必要加热和减少注塑计量加热器等措施，革新注塑机单台耗电量达到设定的目标要求，每年节约电量 2 000MWh

项目分类	措施及效果
降低绿化用水量	对水的使用方式进行了优化。在杜绝跑、冒、滴、漏现象后，通过深入调查，发现绿化用水最多，占全厂用水量的43%，便通过调整浇水时间、频度、方式和管路铺设结构，成功地将绿化用水量降低了35%
VOC排放管理	导入了4套VOC废气浓缩焚烧装置，预计每年减少涂装、成型车间VOC排放量300多吨
无镍化	通过工艺革新，完成了表面无调磷化工艺的导入，实现了车身前处理废水排放中重金属镍、磷等污染物含量为零
污水与废弃物管理	将废弃物分类、"3R"活动、油液分离等工作递减废弃物量，在华工厂将污水和固体废弃物交由有处理资质的废弃物厂家进行审慎处理，最大限度地降低对环境的影响。目前，12家工厂产生的生活垃圾以外的废弃物总量中，约90%已实现了再利用
绿色供应链	绿色采购链：实施绿色采购指南，积极组织一级供应商之间的相互检查，以及时发现并解决其潜在的环境问题 绿色物流链：在整车生产、零部件和备件生产方面，通过增加单台卡车装载台数、修改路线缩短运输距离、提高卡车装载率等方式，削减运输次数，如为了减少运输过程中的废气排放，以铁路运输的方式代替卡车运输，比传统的卡车运输大大减少了路程中的废气排放，减少环境压力 绿色销售链：将环境责任延伸到下游经销商，引入全球经销商环境风险审核计划，丰田中国的经销商需进行DERAP认证 绿色回收：重视回收问题，建立了规范的回收制度和流程，目前实现了废旧混合动力电池回收目标和运输器具的再回收利用
"现地现物"研发	不断追求品质完善，根据"现地现物"情况进行研发，以ISO9001质量管理体系为基础，全数导入丰田管理标准，并结合精益生产方式和现地化改进，明确各部门的品质保证工作和制度流程，致力于打造一流的现地研发体系
快速解决质量问题	贯彻丰田生产方式，并付诸实践，为营造品质第一、顾客第一的企业氛围而倾注力量。快速解决质量问题，致力于消除使用环境引起的长期慢性品质问题、市场品质问题（使用相关、环境相关），以及随时把握环境变化并反馈给开发部门等三方面进行努力，实现彻底消除中国特有的使用环境引起的市场品质问题，从而赢得客户的微笑

表4.14 丰田中国广汽丰田公司精益绿色实施精益绿色绩效指标

指标	单位	年份			
		2015年	2016年	2017年	2018年
产品合格率	%	97.9	98.5	98.7	99.10
人均年产量	台	41.55	43.01	43.62	50.73
产量增长率	%	6.3	4.9	3.78	36.45
现场环境领域安全/事故	件	0	0	0	0
单台总能耗	吨标准煤	0.132	0.114	0.109	0.107
单台电能消耗	千瓦·时	566.2	519.8	490.3	505

表4.14(续)

指标	单位	年份			
		2015 年	2016 年	2017 年	2018 年
	吨标准煤	0.07	0.064	0.06	—
单台蒸汽消耗	吨	0.41	0.3	0.28	—
	吨标准煤	0.047	0.028	0.027	—
单台天然气消耗	立方米	18.85	17.96	18.25	19.47
	吨标准煤	0.023	0.022	0.022	—
VOCs 排放量	克/平方米	12.5	10.38	6.77	6.73
单台车废弃物产生量	千克	8.23	6.63	7.15	8.60
单台车自然水消耗量	立方米	2.32	1.89	1.79	1.65
单台车二氧化碳排放量	吨	0.52	0.47	0.45	0.42
包装容器可回收利用率	%	100	100	100	100
一级供应商 ISO14001 认证率	%	98	98	99.40	99
经销商 DERAP 认证率	%	84.70	85	90	100

注：数据来源于广汽丰田公司 2018 年度企业社会责任报告。"—"表示无数据。

4.2.2 精益绿色制造系统实施方法中基于碳效率指标的价值流程图应用案例

制造业企业正在努力追求更加环保的工艺流程和产品，因此越来越需要在环境友好性和效率提高之间取得平衡。这可以通过同时集成和实施精益和绿色实践来实现。为了实现这一目标，本书提出了一种碳效率指标的价值流程图模型（carbon efficiency-value stream mapping，CE-VSM），该模型使用碳效率和碳排放作为评估指标。该模型从七种废弃物的角度确定了生产过程每个阶段的时间流、能量流、物料流和运输流的集成水平，并将其转换为碳排放流。该框架模型可以实现可视化，并且可以评估制造过程的绩效输出，帮助克服与集成和实施精益和绿色实践相关的挑战。此外，本书还建立了碳效率的数学模型，以分析和计算所有类型的废弃物的碳排放量，以确定减少或消除废弃物的机会。本书通过对生产金属冲压件的制造单位进行案例研究，证明了该方法的有效性。

4.2.2.1 问题的提出

当前,要求现代制造业企业不仅要精益,而且要绿色可持续。精益概念专注于消除浪费,降低成本以及提高质量和效率。绿色和可持续的概念确保了环境友好的产品和工艺,同时考虑到经济和社会效益。Garza-Reyes对精益和绿色概念进行了文献综述,并建立了精益绿色概念图,使用精益和绿色方法解释了概念图,并结合精益绿色性能指标,分析了精益绿色对组织绩效的影响。

尽管精益与绿色之间存在着很强的相关性,但是制造业企业发现由于资源有限,在工具集成、许多评估指标以及收集大量数据上难以同时整合和实施精益绿色实践。关于精益和绿色绩效,Ng、Low 和 Song 讨论了文献中可用于评估资源效率的现有工具或技术。与对传统价值流程图工具的大量学术研究相比,很少有研究将传统价值流程图作为工具来分析其增强运营环境可持续性的表现。为了补充和支持这一有限的研究领域,本书提出了一种系统地实施和进行 CEVSM 研究的方法。CEVSM 基于 VSM 和可持续制造概念。大多数研究仅考虑时间、经济和能耗指标来评估生产系统的生产率和环境绩效。随着全球能源的日益短缺以及气候变化的不断加剧,精益生产和低碳制造之间的关系逐渐受到关注。国内的研究现状侧重于单一研究精益生产或低碳制造,而将两者结合的研究主要集中在战略管理层面,具体深入的分析还较少。笔者的研究团队在低碳制造领域已取得了不错的成果。通过将碳效率添加到 VSM 的基本体系结构中,然后考虑时间、能源、材料和运输来生成此模型。CEVSM 标识时间流、能量流、物料流和运输流的集成级别。能量流、物料流和运输流被转换为碳排放流,在每个步骤中均被描述为非增值和增值碳排放,并确定了碳效率的机会作为评估指标。为了分析优化的可能结果,本书还使用 CEVSM 开发了未来方案,所生成的数学模型利用了碳效率,其中分析和计算了来自七种废弃物的碳排放量,以确定减少或消除七种废弃物的机会。该模型不仅可以用于诊断目的,而且可以用于碳效率预算和制定节能措施。

为了实现这一目标，本书提出的方法采用并简化了现有的文献中使用的某些方法。它基于 Dües、Tan 和 Lim 以及 Ng、Low 和 Song 的文献并做了进一步的研究。研究目标概括如下：

（1）在常规 VSM 的基础上，通过考虑碳效率，将精益生产与低碳制造相结合，提出 CEVSM 模型。同时，该模型使用行业案例进行验证。

（2）使用该模型框架，CEVSM 可以确定生产过程每个阶段的时间流、能量流、物料流和运输流的集成水平。将这些转换为碳排放量，以碳效率作为评估指标来可视化和评估现代制造业的绩效。

（3）建立了以碳效率为评价指标的数学模型，对这七种精益废弃物的碳排放量进行了分析和计算，以确定减少或消除废弃物的机会。这些不仅可以用于诊断目的，而且可以用于碳效率预算和节能措施。而且，可以在未来的状态图中计划、实施、可视化跟踪和记录改进措施。

4.2.2.2 基于碳效率的绿色价值流程图（CEVSM）模型的建立

生产现场通常存在制造过剩浪费、库存浪费、搬运浪费、加工浪费、动作浪费、等待浪费、不良品浪费七大浪费。虽然 EPA 提出了七大浪费与环境影响之间的关系，但目前多数文献仅从生产管理层面关注七大浪费，对于分析并量化七大浪费所产生的碳排放的研究目前较少。因此，本书提出改进的价值流程图，以集时间流、能量流、物料流、运输流、碳排放流于一体的形式将生产过程中的生产设备碳排放、物料碳排放、运输碳排放、存储碳排放可视化，分别量化了生产中增值碳排放和非增值碳排放，以碳效率为评价指标建立数学模型；分析并量化了七大浪费所产生的碳排放。

价值流是精益生产的理论基础，是一个产品或服务通过其生产工序所要求的全部活动，包括给产品增加价值和不增加价值两部分。传统价值流程图以价值流为切入点，注重辨识时间所导致的浪费，并未考虑生产过程中的物料、加工设备、运输工具以及存储过程所产生的环境影响。因此，为降低生产过程中的碳排放，本书基于传统价值流程图，综合考虑了制造过程中由原材料、加工设备、物料运输、存储等产生的碳排放流，提出了改进价值流程图。它不仅体现了时间流的增值与非增值部分，还体现了物料流、能耗流、运输流增值与非增值部分，最终将物料消耗、设备能耗、运输及存储过程产生的碳排放以碳排放流形式在图中体现。因此 MVSM 直观地体现了生产过程中增值和非增值的时间、能耗以及碳排放流。

如图 4.6 所示，MVSM 由传统价值流程图的标准符号和增加的物料流、能耗流、运输流、碳排放流组成。图中各类流线底端代表产品的非增值部分，即无用的时间、成本以及资源等；各类流线顶端代表产品的增值部分，即可用于评估和计算的有用消耗价值流。

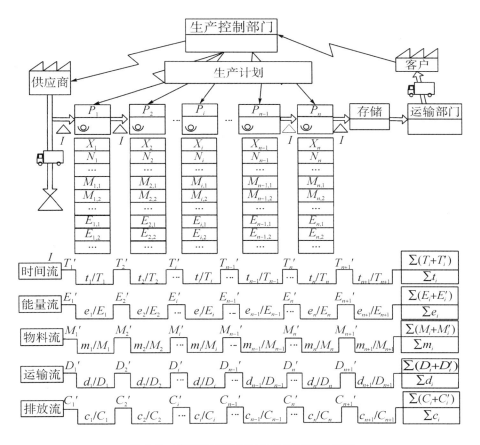

图 4.6　碳效率指标的绿色价值流程图模型

在图 4.6 中，P_i：第 i 个加工过程；X_i：第 i 个加工过程所需操作人数；N_i：第 i 个加工过程所需设备数；$M_{i,j}$：第 i 个加工过程对第 j 种物料的消耗量；$E_{i,j}$：第 i 个加工过程中第 j 种能源的消耗量；T'_i：第 i 个加工过程前的非增值时间；T_i：第 i 个加工过程的非增值时间；t_i：第 i 个加工过程的增值时间；E'_i：第 i 个加工过程前的非增值能耗；e_i：第 i 个加工过程的增值能耗；E_i：第 i 个加工过程的非增值能耗；D'_i：第 i 个加工过程之前的非增值运输距离；d_i：第 i 个加工过程的增值移动距离；D_i：第 i 个加工过程的非增值运输距离；$C_i{}'$：第 i 个加工过程前的非增值碳排放；c_i：第 i 个加工过程的增值碳排放；C_i：第 i 个加工过程的增值碳排放。

4.2.2.3 碳效率计算模型

2000 年，世界可持续发展委员会提出了生态效率的概念，即创造更多的价值并减少对环境的影响，这与精益生产理念吻合。在本书中，将碳效率用作评估指标，通过制造系统实现一定的生产目标而产生的碳排放来衡量环境影响。该公式可以表示为

$$C - efficiency = \frac{增值产品或增值服务}{碳排放量} \qquad (4-11)$$

假设式中增值产品或增值服务的计量与生产过程所需的增值时间（t_{va}）成正比，k 是未知的常数，碳排放量包含了生产过程中的原材料消耗、设备使用、物料移动和存储所产生的总碳排放（C_{total}）。因此，式（4-11）可表述为

$$C - efficiency = \frac{k \cdot t_{va}}{C_{total}} \qquad (4-12)$$

4.2.2.4 碳排放计算模型

机械制造系统中的碳排放具有多源性，主要包括物料碳、能源碳以及制造工艺过程中所产生的直接碳排放。因此，制造过程中产生的碳排放主要是原材料、生产设备、运输设备、存储设备能源等的消耗所产生的碳排放。生产设备能耗包括空载能耗 E_{idle} 和载荷能耗 E_{load} 两部分。在生产流程

中，需要运输原材料、零部件等，物料移动的碳排放只考虑了产品的运输，运输碳排放主要受运输距离的影响。本书中存储过程造成的碳排放主要是由照明等引起的电能消耗。

结合本书提出的修正的绿色价值流程图，公式（4-12）中碳排放量的计算公式为

$$C_{total} = C_{va} + C_{nva} \tag{4-13}$$

上式中，C_{total} 为生产单件产品的总碳排放量，C_{va} 为生产单件产品的增值碳排放量，C_{nva} 为生产单件产品的非增值碳排放量。其中

$$
\begin{aligned}
C_{va} &= \sum_{i=1}^{N} C_i^{va} = \sum_{i=1}^{N} (C_i^m + C_i^E) \\
&= \sum_{i=1}^{P} \sum_{j=1}^{N} (Q_{i,j}^m \cdot EF_{i,j}^m \cdot M_{i,j}) + \sum_{i=1}^{P} \sum_{l=1}^{S} (E_{idle} + P_{i,l} \cdot t_{i,l}^{va}) \cdot EF^{elec}
\end{aligned}
\tag{4-14}
$$

上式中，C_i^{va}：单件产品第 i 个加工过程的增值碳排放量；C_i^m：单件产品第 i 个加工过程的原材料增值碳排放量；C_i^E：单件产品第 i 个加工过程的设备能耗产生的增值碳排放量；$Q_{i,j}^m$：单件产品第 i 个加工过程消耗的第 j 种原材料的质量；$EF_{i,j}^m$：单件产品第 i 个加工过程消耗的第 j 种原材料的碳排放系数；$M_{i,j}$：单件产品第 i 个加工过程消耗的第 j 种原材料的材料利用率；$E_{i,l}^{idle}$：第 i 个加工过程使用的第 l 种设备的空载能耗；$P_{i,l}$：单件产品第 i 个加工过程使用的第 l 种设备的额定功率；$t_{i,l}^{va}$：单件产品第 i 个加工过程使用的第 l 种设备的有效工作时间（增值时间）；EF^{elec}：电能的排放系数。

$$
\begin{aligned}
C_{nva} &= \sum_{i=1}^{N} C_i^{nva} = \sum_{i=1}^{N} (C_i^{nm} + C_i^{nE}) + \sum_{w=1}^{R} C_w^T + C^I \\
&= \sum_{i=1}^{P} \sum_{j=1}^{N} [Q_{i,j}^m \cdot EF_{i,j}^m \cdot (1 - M_{i,j})] + \sum_{i=1}^{P} \sum_{l=1}^{S} (E_{i,l}^{idle} + P_{i,l} \cdot t_{i,l}^{nva}) \cdot \\
&\quad EF^{elec} + \sum_{w=1}^{R} E_w^T \cdot EF^{elec} + E^I \cdot EF^{elec}
\end{aligned}
\tag{4-15}
$$

上式中，C_i^{nva}：单件产品第 i 个加工过程的非增值碳排放量；C_i^{nm}：单件产品第 i 个加工过程的原材料非增值碳排放量；C_i^{nE}：单件产品第 i 个加工过程的设备能耗产生的非增值碳排放量；C_w^T：单件产品第 w 段运输距离的碳排放量；C^I：单件产品在存储过程消耗的碳排放量；$t_{i,l}^{nva}$：单件产品第 i 个加工过程使用的第 l 种设备的无效工作时间（非增值时间）；E_w^T：第 w 段距离运输单件产品能耗；E^I：单件产品存储过程中的能耗。其余的变量解释同式（4-14）。

4.2.2.5 制造系统七大浪费碳排放计算

尽管七大浪费中并未直接包含有害物质的排放等环境影响，但这并不表明七大浪费与环境影响之间没有关系，因此企业在消除七大浪费的同时也能从中获得环境效益。Greinacher 等人研究发现，七种传统形式上的精益废弃物在产生的同时也产生能源和材料浪费，产生相应的环境影响。精益浪费产生的相关环境影响见第 2 章表 2.1。

从式（4-14）、式（4-15）可知，增值碳排放和非增值碳排放均由原材料、加工设备、运输、存储四部分碳排放组成。根据表 2.1 所列出的环境影响，七大浪费会不同程度地导致原材料、加工设备、运输、存储产生多余的碳排放，因此由七大浪费产生的碳排放计算如下：

$$Y^v = (\Delta C_m^v \cdot Y_m^{v_k} + \Delta C_E^v \cdot Y_E^{v_k} + \Delta C_T^v \cdot Y_T^{v_k} + \Delta C_I^v \cdot Y_I^{v_k}) \cdot \eta^v$$

$$= [(\Delta Q_m^v \cdot EF_m) \cdot Y_m^{v_k} + (E_{idle} + P \cdot \Delta t^v) \cdot Y_E^{v_k} + \Delta E_T^v \cdot EF^{elec} \cdot Y_T^{v_k} + \Delta E_I^v \cdot EF^{elec} \cdot Y_I^{v_k}] \cdot \eta^v$$

$$= \left[\sum_{i=1}^{P} \sum_{j=1}^{N} (\Delta Q_{m_{i,j}}^v \cdot EF_{i,j}^m) \cdot Y_m^{v_k} + \sum_{i=1}^{P} \sum_{l=1}^{S} (E_{i,l}^{idle} + P_{i,l} \cdot \Delta t_{i,l}^v) \cdot EF^{elec} \cdot Y_E^{v_k} + \right.$$

$$\left. \sum_{w=1}^{R} \Delta E_{T_w}^v \cdot EF^{elec} \cdot Y_T^{v_k} + \Delta E_I^v \cdot EF^{elec} \cdot Y_I^{v_k} \right] \cdot \eta^v \tag{4-16}$$

上式中，Y^v：第 v 种浪费产生的碳排放量，$v = 1, 2, 3, 4, 5, 6, 7$；ΔC_m^v、ΔC_E^v、ΔC_T^v、ΔC_I^v：第 v 种浪费中原材料、加工设备、运输过程、存储过程产生的碳排放量；$Y_m^{v_k}$、$Y_E^{v_k}$、$Y_T^{v_k}$、$Y_I^{v_k}$：第 v 种浪费对原材料、加工设备、运输过

程、存储过程是否产生影响，$k = \begin{Bmatrix} 0，第 v 种浪费对碳排放不产生影响 \\ 1，第 v 种浪费对碳排放产生影响 \end{Bmatrix}$；

ΔQ_m^v：第 v 种浪费导致的多余原材料使用量；Δt^v：第 v 种浪费导致的加工设备多余的加工时间；ΔE_T^v：第 v 种浪费导致的运输过程的多余能耗；ΔE_I^v：第 v 种浪费导致的存储过程的多余能耗；$\Delta Q_{m_{i,j}}^v$：第 v 种浪费导致的每件产品第 i 个加工过程消耗第 j 种原材料的质量；$\Delta t_{i,l}^v$：第 v 种浪费导致的每件产品第 i 个加工过程使用的第 l 种设备的加工时间；η^v：当 $v=1$ 时，η^v 代表制造过剩的零部件数，当 $v=4$ 时，η^v 代表次品数，当 $v=2$，3，5，6 时，$\eta^v = 1$。

4.2.2.6 该方法在生产金属冲压件生产线中的应用

以生产金属冲压件的制造单位的生产过程为例，每日生产需求为 920 件，由不锈钢制成，厚度为 0.5 毫米，重量为 51.9 克。生产线采用双班制，每班次的有效班次为 7.67 小时。金属冲压件的生产包括五个主要工序，每个金属冲压件的加工周期如图 4.7 所示，零部件通过自动托架运输。因此，每个金属冲压件的节拍时间为 60 秒。生产金属冲压件的制造单位当前的 CEVSM 如图 4.8 所示。钢的碳排放系数为 7.048 千克 CO_2e/kg，在本书中取值为 2.41 千克 $CO_2e/kg/kW \cdot h$。

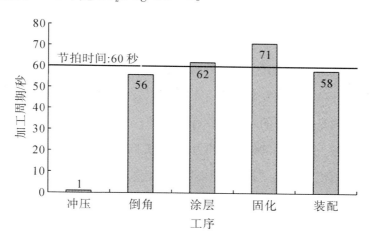

图 4.7 金属冲压件的各工序及加工周期

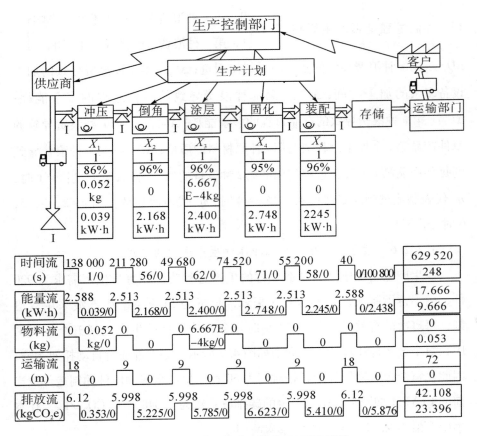

图 4.8 金属冲压件生产线的 CEVSM 现状

（1）当前产品制造价值流程状态图和现状分析

该生产线采用推动式生产，其缺陷是：用大量的在制品保证生产不间断地进行，导致工序间在制品库存的堆积以及生产周期的延长，90%以上的非增值时间是由大量的在制品库存引起的；当预先安排的作业与实际需求脱节的时候，导致零部件大量堆积；每道工序按照自己的节拍生产，未考虑整体价值流，形成"孤岛"作业；各工序间的长距离运输使得运输碳排放量达到 0.976 kg CO_2e；质量管理仍停留在传统质量检验阶段，集中以事后抽样或事后检验为主，质量控制未前移到供应商前端，产品质量源头控制薄弱，导致总装生产线一次装配合格率不高，使得不良品产生不必要的碳排放。

从图 4.8 的时间流可以看出，非增值时间为 629 520s，而增值时间只有 248s。增值时间/非增值时间的比例为 0.03%。碳排放流中总碳排放为 65.504kg CO_2e，其中非增值碳排放为 42.108kg CO_2e，增值碳排放为 23.396kg CO_2e。由于该制造过程处于确定的系统中，因此式（4-12）中的 k 设为 1，当前碳效率为 2.87s/kg CO_2e。综上所述，该制造单元存在着制造过剩浪费、库存浪费、运输浪费、不良品浪费、生产线不平衡等问题。

（2）改进后价值流程图及碳效率分析

精益生产和绿色制造方法被用于解决金属冲压件生产中存在的问题。为了减少废弃物浪费以优化碳效率指标，人们采取了相应的措施，采用了一种广泛使用的方法来改进制造过程，例如，必须使用快速换模（SMED）方法，"5Why"分析和连续流处理来缩短制造周期，减少大量库存并消除过程转换/运输时间。

为了达到未来的状态，建议通过实施精益工具对流程进行一些改进，当完全实施和管理精益工具可以以积极的方式影响环境时，在每家企业中，都使用了相同类型的精益工具：5S 用于设置、清理和标准化工作场所，并且可以避免操作员的移动；蜂窝制造用于将工作场所和机器进行分组，并且可以在兔子追逐单元中使用连续流处理来实现；SMED 对于减少机器设置时间和提高生产率非常有效；TPM 用于加强机器维护，并可以减少故障引起的机器停机待工时间。特别是可以实现以下改进：①通过实施用于连续流处理的单元制造来实施修改后的设施布局；②通过将实际生产周期与计算确定的节拍时间进行比较，从而确定并消除生产瓶颈；③通过使用超市拉动系统和构建看板系统，缩短了进料至交货的时间和大量库存；④减少了生产过程（尤其是冲压过程）每个阶段的转换时间，以提高设备的可用性；⑤协助供应商进行质量管理以提高进货质量；⑥在生产过程的每个阶段建立 5S 和 TPM 管理体系，对环境产生积极影响。

为了减少当前冲压件生产线的废弃物浪费以优化碳效率指标，表 4.14 列出了改进事项和环境效益等。

表 4.14　改进事项、目标、方法（工具）和环境效益

问题点	改进事项	目标	方法（工具）	环境效益
作业人员经常需要走很长一段距离才能拿起和装载 WIP 以及倒角、涂层、固化、装配过程中为非连续流动作业产生大量库存	实施修改后的设施布局	实现连续流作业，减少大量库存，缩短行走距离、生产周期	采用单元式连续流加工，采用 U 形生产线	运输距离缩短 27 米，减少大量库存和运输，循环时间短，减少了排放
喷漆、固化时间大于生产节拍（60s/件），会引起生产不均衡	识别和消除生产瓶颈	工序作业时间缩短到 60 秒的节拍时间	方法分析（方法、标准工作设计）、5S 活动、TPM 活动	减少生产过剩、库存、等待、缺陷等产生的相关环境负面影响
冲压与单元式生产之间的节奏不平衡，导致原材料以及工序间的库存堆积、产生过剩浪费	减少工序之间的物流时间和等待时间以及大量的库存	只生产需要的产品，减少大量库存。只订购需要的产品，减少大量库存	实施超市拉动系统，建立看板系统　执行每天的订单和原材料的交付	减少与环境影响有关的生产过剩和库存，现场管理变得相对简单，库存超市的设置取消了多余的运输距离
由于转换时间长，机器在每个生产阶段的可用性更低	减少每个阶段的转换时间	减少产品转换时间	实施 SMED 作业改进，执行 5S 和 TPM 活动	降低生产准备和等待时间，节约能源消耗
供应商提供的原材料质量低劣	供应商的质量改进活动	供应商的质量改进活动	执行 QCC 活动，协助供应商实施精益绿色管理体系	减少与环境影响相关的缺陷、时间和库存浪费
现行的经营管理模式存在问题	所有现场管理人员和工人的精益和绿色生产活动	各阶段建立 5S、TPM、ISO14001 管理体系，确保环境效益	提供一些精益绿色工具（5S，TPM，ISO14001）来帮助车间减少浪费和环境影响	减少垃圾的错误分类收集，减少工作场所的油脂和溶剂、抹布、油气泄漏，减少灰尘和烟气的排放

因此，通过将精益思想和低碳制造相结合，本书提出了 CEVSM 模型。该模型将时间流、能量流、物料流和运输流整合为碳排放流。碳排放流量的特征是非增值和增值碳排放。本书建立了以碳效率为评价指标的数学模型。为了同时提高生产率和环境绩效，本书分析和计算了七种废弃物的增

值时间和非增值时间、碳效率和碳排放量。

笔者对在将来的状态图中这些改进进行了标记，如图 4.9 所示。该图显示了为金属冲压件生产线开发的改进的 CEVSM 模型。增值时间约为 237 s，但是，非增值时间从 629 520 s 减少到 220 800 s。经过改进，减少了生产线产生的废弃物，例如库存、运输和缺陷，并消除了由这些废弃物引起的不必要的碳排放。根据公式（4—16），由产生过量废弃物、库存废弃物、运输废弃物和缺陷引起的碳排放量分别为 30 131.84 kg CO_2e、17.626 kg CO_2e、0.976 kg CO_2e 和 903.955 kg CO_2e。表 4.15 显示了 CEVSM 模型改进之前和改进之后的效果比较。

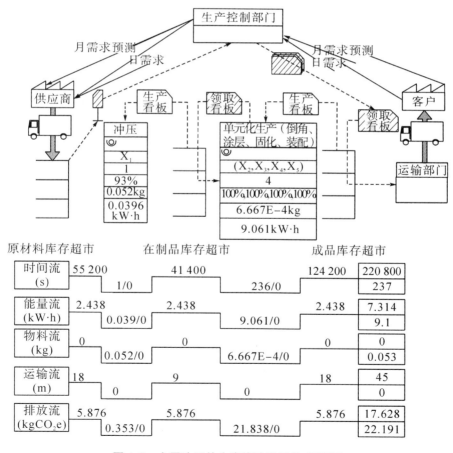

图 4.9　金属冲压件生产线改进后的 CEVSM

表 4.15　金属冲压件生产线改进前后的 CEVSM 度量指标

指标	改进前	改进后	改进比例/%
增值时间/ t_{va} /s	248	237	4.4
运输距离/m	72	54	25
非增值时间/ t_{nva} /s	629 520	220 800	64.9
增值碳排放/ C_{va} /kg CO_2e	23.396	22.191	5.2
非增值碳排放/ C_{nva} /kg CO_2e	42.108	17.628	58.1
碳排放总量/ C_{total} /kg CO_2e	65.504	39.819	39.2
碳效率/ $C-efficiency$ /s/kg CO_2e	2.87	5.952	107.4

4.3　本章小结

　　本章将有关精益与绿色实施方法与绩效之间关系的相关零散的研究理论知识系统化，以识别精益绿色实践与绩效的关系以及如何将其整合到一个评估系统中，确定精益和绿色绩效和实践之间的关系。本章建立了精益、绿色、精益绿色三个决策层次结构，确定与之相对应的准则、子准则和可供选择方案。以 FANP 方法进行评价来确定每个准则和子准则的相对权重，应用 Fuzzy-COPRAS 评价方法进行效度分析，构建集成框架作为精益绿色实施的路线图。为更进一步融合和协同精益绿色，在对丰田理念、丰田生产方式和企业进行现场观察和文献研究的基础上，构建精益绿色系统集成管理模型精益绿色屋，以管理在企业组织和运营层面的精益和绿色绩效，旨在促进协同精益和绿色实施。最后，引入丰田中国公司案例来证明精益和绿色能够非常好地协同融合，促进企业的可持续发展。

　　目前，大部分制造业企业正在努力追求更加环保的工艺流程和产品，因此越来越需要在环境友好性和生产效率之间取得平衡。这可以通过同时集成和实施精益和绿色实践来实现。为了实现这一目标，本章提出了一种碳效率指标的绿色价值流映射模型，该模型使用碳效率和碳排放作为评估指标。该模型从七种浪费的角度确定了生产过程每个阶段的集时间流、能量流、物料流、运输流、碳排放流于一体的改进的价值流程图，并将其转换为碳排放流。此外，本章还建立了碳效率的数学模型，以分析和计算所有类型的浪费的碳排放流量，从而确定减少或消除浪费的机会。本章还通过对生产金属冲压件的制造单位进行案例应用研究，提高了案例研究企业的经济和可持续绩效，并有助于减少其对环境的影响，提高其运营绩效，证明了该方法的有效性。精益实践可以作为绿色制造过程的催化剂，通过共同实施促进企业的可持续发展。

5 精益绿色制造系统集成协同机制研究

5.1 基于内部人员跨部门整合的精益绿色制造系统集成协同机制

人员（员工）在企业组织运营过程中的效率和有效性是衡量企业组织维持和发展可持续性的关键指标之一。本书从人员跨部门整合的视角开发了一个框架模型，以解决精益绿色制造在制造业企业中实现协同和可持续运作的问题。利用网络层次分析法（ANP）和解释结构模型化（interpretative structural modeling method，ISM）技术，制造业企业在实施精益绿色实践的过程中，可以通过建立跨部门目标评价即共同的动态精益绿色指数和深度分析涉及人员（员工）的障碍因素进行建模，实现人员的横向和纵向整合。这一框架模型有利于促进人员跨部门的深度融合，为精益绿色集成协同实施打下坚实基础。

5.1.1 问题的提出

精益理念通过消除产品/服务制造过程中的浪费来提高整个制造过程的效率、质量和降低成本。精益生产有一系列实践方法（工具）来减少制造过程中的浪费，从而消除浪费带来的环境负面影响，节约资源和能源，提高效率和效益。同时，精益实践的应用也有利于减少环境污染，消除企业导入和应用污染控制新技术的障碍，建立持续改进的氛围，强调减少污染能给企业增加价值。企业采用精益生产会降低污染减少的边际成本，既可以降低环境开发的成本，也可以提高减少污染所增加的价值。同时，绿色制造中的"3R"（reduce、reuse、recycle）技术也显示出与精益方法相似的属性，企业在实践精益理念以消除浪费和持续改善环境的同时，在设计过程中采用绿色环保设计，在制造过程中使用可回收利用的零部件，在消费过程中对消费者和生态环境无害以及消费后能进行回收处理等，以提供更清洁的产品和服务。因此，绿色理念同样促进了企业在制造过程中减少对生态环境产生不利影响的产品或服务，提高环境生态效率。由此可见，精益和绿色制造似乎自然而然地实现了整合。制造业企业可以同时采用精益生产和绿色制造战略来降低成本和风险，增加收入，改善品牌形象，使企业经营过程中的经济、社会、环境效益协同发展，实现企业可持续运营。

环境视角在企业战略和消费者偏好中发挥着越来越重要的作用，越来越多的跨国公司为了在全球市场上保持竞争力而采用精益绿色制造理念。比如像丰田这样的汽车公司，已经通过精益绿色的方法（技术）成功地实现了可持续运营。精益绿色理念已经被绝大多数制造业企业理解和接受，许多企业组织也成功实施了精益绿色的应用程序。但实现精益绿色的过程并不容易，会遇到各种挑战，这些挑战包括：不确定的目标、不确定的需求、缺乏最高管理层的持续关注、缺乏专业的技能和无效的方法、部门间存在知识和信息传递障碍等。制造业企业要实现精益绿色的协同融合，虽然存在很多阻力和障碍，但人力资源的整合才是最大的挑战，并已成为精益绿色企业实现可持续运营的第一要务。资源基础论（resource based view, RBV）的研究者认为企业拥有独特的资源，这些资源可转变成独特的能力，因此这些独特的资源与能力是企业持久竞争优势的源泉。根据资源基础理论，人员（员工）作为组织最重要的无形资产和组织成功的关键因素，必须得到良好的管理，以保证高绩效和精益绿色协同目标的实现，最终实现可持续经营。

关于精益绿色制造协同的文献表明，制造业企业通过同时实施精益和绿色实践能够开发出组织独特的运营资源和能力，可实现支撑可持续发展的三重底线即人、环境和利润的协同发展。在当今竞争激烈的全球化经营环境中，只有同时满足这三个要素，企业才能在市场竞争中获得优势地位。传统上，企业一直只关注利润，很少考虑人（社会）和环境。在这三个要素中，关注点转换造成的利益冲突进一步恶化了企业的决策过程，使得可持续运营管理更加困难。本书的目的之一是建立一个框架模型，以解决在制造业企业实现可持续运营过程中实施精益绿色战略以整合人力资源，减少精益绿色战略实施过程中的障碍，帮助管理者理解实施精益和绿色实践的过程如何影响其他资源和能力禀赋以及工厂的绩效目标。通过人力资源的整合实现精益绿色战略的协同融合，也实现对环境、社会的关注。人员（员工）在企业的运行操作过程中的效率和有效性是衡量企业可持续性的决定性指标。人员也是企业可持续发展的重要指标。员工（即"软"领域）是组织维持运作的最关键因素。

对人力资源的整合需要从横向和纵向整合的整体角度来进行，因此，我们的框架将由两个阶段组成：第一阶段处理横向视角问题。制造业企业中各部门的人员（或工人）之间的不协作常常是利益冲突引起的。企业中的每个部门都有自己的目标要实现，而这些目标可能并不一致。因此，目标不一致会影响员工通过协作在工作中创造优秀绩效的动机，造成部门间耗费大量精力进行沟通，并产生不满。由于在精益绿色实践过程中各部门之间缺乏共同的关注点，实现凝聚是极其困难的。因此，在这一阶段，我们将使用网络层次分析（ANP）技术开发一个共同的目标框架模型来协调所有部门的工作重点，来横向地整合人员，减少冲突，增强部门之间的凝聚力，最终达到可持续的绩效。在第二阶段，解决纵向问题即精益绿色战略实施障碍和人力资源管理（例如，员工培训、管理支持）的关键影响因素以及这些因素之间的相互作用。笔者将使用解释结构建模（ISM）技术来识别精益绿色战略实施过程中影响人的一组先行变量因素及其相互关系。识别和审查这些关键成功因素之间的关系，将使管理人员能够更深入地了解障碍的状态，有助于消除这些已被识别的障碍，为精益绿色战略的实施打下坚实的基础。

5.1.2　内部人员横向整合构建跨部门精益绿色共同目标

在过去的几十年里，生产模式有了很大的变化，现在的制造业企业已经通过采用各种精益绿色实践来提高产品和过程的环境友好性、效率和效益性。制造业企业正面临越来越大的外部压力，要求它们变得更环保、更负责任。精益实践可以成为绿色实践成功实施的催化剂，并有助于实现绿色绩效和目标。精益实践有利于绿色实践，而实施绿色实践反过来又对现有的精益实践产生积极影响。绿色和精益可以有效地协同工作，因为它们在某种程度上是可以同时实施的。例如，绿色和精益都可以在减少浪费、缩短交货时间、优化产品设计以及综合运用各种方法和技术联结人员、组织和供应链关系等方面取得协同效应。精益实践的副产品是绿色或环境绩效。例如，使用5S概念来保持工作环境的清洁，可能会帮助人们更快地发现危险的细小裂痕和泄漏，从而能够更快地解决这些问题。精简的操作程序通常需要更少的操作和存储空间，可以转化为对能源需求的减少。较少缺陷的产生也能够减少对能源和资源的需求。因此，精益实践能力的提高能促进实质的环境绩效优化。越来越多的研究人员开始研究实施绿色和精益对组织绩效各个复合维度的影响，这些复合维度包括经济、运营、环境和客户满意度等不同方面。

资源基础论（RBV）认为，人是运营管理的主要目标，它推动组织运营管理系统有效协作来实现竞争优势。在运营管理中，人通常被视为

147

"软"的方面，与企业正常运转所需的设施设备、物流配送、产品设计、流程和网络信息技术等运营管理的"硬"的方面相比，这一"软"的方面更具有再生和持久的竞争优势。在丰田公司所创立的精益生产系统中，员工也被视为重要资产，人的潜能没有充分发挥被视为企业资源的严重浪费。

如上文所示，第一阶段的工作就是横向整合人员。笔者将基于 ANP 技术开发一个精益绿色共同指标系统，通过一个共同的目标来协调所有部门的重点关注，从而来横向地整合人员，减少冲突，增强部门之间的凝聚力，最终达到可持续运营的绩效目标。如果组织中的每个人在短期内能够发挥自己的最大优势，那么共同的目标就会又好又快地实现。如果员工的潜能或优势（人力资源）的实力与经营管理战略不一致，制造业企业维持经营的目标就很难实现。员工是运营管理系统的主要推动者，因此，必须通过建立一个共同的精益绿色目标系统来对员工进行高效的管理，以维持制造业企业的可持续运营管理。本节主要内容就是运用 ANP 技术构建目标模型来开发人员横向整合的精益绿色目标——跨部门精益绿色共同指数，从横向的角度来整合人，也就是通过一个共同的绩效度量，通过集体的联合或协同来整合各个部门的人的力量。

5.1.2.1 指标体系

制造业企业在推进实施精益绿色实践的过程中，人员（或工人）被视为宝贵的资产。员工是组织生存和发展的支柱，没有员工的承诺和充分支持，任何组织的管理变革计划和精益绿色实践改进项目的有效性都将受到限制和抵制。人是驱动变化和改进的主要主体，需要被激励和管理。Bowersox 等人也强调人员因素对于组织绩效是最重要的，它直接影响着运营管理实践的成功。根据 Mahidhar 的研究，组织中人员（或工人）的不合作往往是利益冲突或者是不同部门追求的目标不一致造成的。员工之间的关注点不同或者目标有冲突将影响员工的工作积极性，甚至会使员工产生不满情绪，最终对组织的运营产生负面影响。要使组织中跨部门的员工愿意在一起工作，就需要建立一个共同的目标，减少冲突，增强部门之间的凝聚力，协调所有部门的关注点。

要建立共同指数，就需要了解制造业企业使用的绩效衡量目标和准则指标体系。组织中的不同部门有不同的绩效考核指标，这些指标可能并不一致。例如，质量保证部门强调产品质量标准的符合性，而生产和计划部门主要强调准时交货给客户，而采购部门则强调节约成本。因此，需构建跨部门工作目标的结果衡量共同指标。

本书通过文献研究，并咨询制造业企业精益主管、生产计划主管和企业运营主管，最后确定了四个关键的度量标准（成本、环境、社会、内部流程和员工参与）作为跨部门共同指标的绩效决定因素。然后，确定了构成支持精益绿色实践的各种活动的五个主要领域的次级指标体系（具体见表 5.1）。为了更加客观地对复杂系统进行评价，充分考虑各指标之间存在的联系与差异，本书采用网络层次分析法（ANP）对各级指标进行赋权，所构建的 ANP 模型的标准和子标准如图 5.1 所示。

表 5.1 评价体系：主准则和次准则

1 级（目标：共同指数）	2 级（主准则）	3 级（次准则）
	经济（EC）	资源能力（EC1）
		降低财务风险（EC2）
		降低总成本（EC3）
	环境（EN）	空气污染（En1）
		噪声（EN2）
		CO_2 排放（EN3）
		生态系统影响（EN4）
	社会（SO）	顾客关系管理（SO1）
		质量（SO2）
		雇员工作安全（SO3）
		社会责任（SO4）

表5.1(续)

1 级（目标：共同指数）	2 级（主准则）	3 级（次准则）
	内部流程（IP）	资源计划（IP1）
		改进项目（IP2）
		效率提升（IP3）
		员工生产率（IP4）
		员工工作态度（IP5）
	学习与成长（GL）	员工培训（GL1）
		信息交换（GL2）
		员工知识共享（GL3）
		增强劳动技能（GL4）

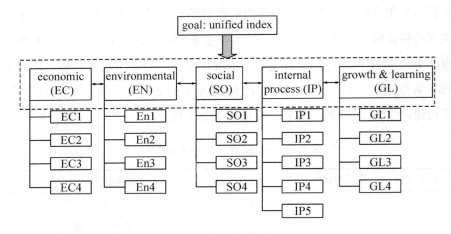

图 5.1　内部融合 ANP 层次模型

5.1.2.2　ANP 的运算过程

如图 5.1 所示，ANP 的结构主要为两个层次：由问题目标及决策准则构成的控制层；由控制层支配的所有元素构成的网络层，其内部元素可能相互影响。通过该方法求解指标权重值的具体流程如图 5.2 所示。

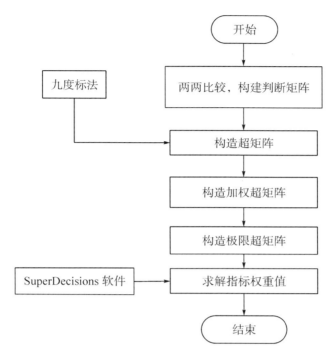

图 5.2　ANP 的指标赋权流程

5.1.2.3　精益绿色目标指数解释

通过 ANP 计算出来的总权重值——精益绿色共同指数，显示制造业企业在可持续运营过程中的企业精益绿色实践所产生的绩效结果。它可以作为企业组织在实施精益绿色实践过程中聚焦和融合各部门不同目标的基准。制造业企业在实施精益绿色实践过程中，不同的部门有不同的关键绩效考核而导致员工不满和消极抵制精益绿色项目，但管理者没有办法采取改进措施。通过建立一个跨部门的精益绿色实施共同指数评价系统，管理人员可以持续运用统计技术收集和计算各部门的共同指数来监控企业组织的可持续运营关键绩效指标。管理人员可以根据监控到的共同指数的变化，采取相应的改进计划和通过不定期地与部门员工交流沟通来培育企业文化。强调团队合作和团队努力的跨部门企业文化将大大增强各部门之间的凝聚力和提高企业中员工的满意度。

5.1.3　内部人员纵向整合识别精益绿色实践实施障碍

通过识别精益绿色实践实施障碍所构成的因素之间的相互关系，可以构建一个强大的精益绿色实施基础。通过研究和理解这些相互关系，管理者可以更好地制定精益绿色管理策略，以维持其持续运营。制造业企业的管理者可以提前识别精益绿色实施过程中与人员相关的关键瓶颈因素，可以合理安排时间和资源，取得更大的竞争优势。企业组织精益绿色实践实施障碍和人力资源管理（如雇员培训、管理支持）的关键影响因素以及这些因素之间的相互作用是重要的。本书首先识别绿色精益实践实施中涉及人的障碍因素，然后建立这些障碍之间的二元关系，生成一个层次模型，以理解障碍的状态，这将有助于消除这些已被识别的障碍，有效实施绿色精益战略。因此，本书利用解释结构模型（ISM）技术检验这些因素之间的相互作用，实现人员纵向整合的目标要求。

ISM 技术是一种定性的、解释性的求解复杂问题的方法，通过基于系统构成元素复杂互联结构映射，识别主要的研究变量，也可以系统地帮助识别系统中涉及的变量之间的上下文关系的复杂问题解决方案。ISM 已经成为一种合适的工具来识别这些被识别的障碍之间的上下文关系，依赖于描述元素之间相互联系的某种关系，支持系统各元素之间复杂关系的识别和排序，从而分析各元素之间的影响，使用系统方法将不清晰的模型转换为结构良好的结构化模型。本书运用 ISM 技术的主要步骤是：识别并列出一系列影响精益绿色实践实施的关键障碍要素；确定要素两两之间的关系和开发一个系统构成要素相互作用的二元关系来表示挑战之间的成对关系的交互作用结构性矩阵（structural self-interaction matrix，SSIM）；随后构建直接可达性矩阵和最后一个可达性矩阵，检查各要素间二元关系的传递性；基于最终可达性矩阵执行水平分区、级位划分和建立层次关系模型，并将精益绿色实践实施的障碍要素分组，分析关系动态。

5.1.3.1 障碍要素识别

我们通过大量的文献研究和来自制造业企业精益绿色项目以及生产运行方面的高级经理人员及众多专家和学者所组成的决策团队，通过头脑风暴法对制造业企业实施精益绿色战略的障碍要素进行识别。主要障碍要素和挑战如表5.2所示。

表5.2 精益绿色战略实践实施的障碍要素

编号	障碍	描述
1	缺乏精益绿色思维	精益绿色理念是获取环境、经济和社会效益的一种心态
2	竞争与不确定性	当企业在不确定的环境中运行时，竞争将变得更加难以应对，从而导致严重的问题，例如库存过多
3	来自客户的压力和客户的不参与	面向客户需求和供应链合作伙伴参与的绿色产品设计是精益绿色的成功基础
4	人力资源素质低	对于任何寻求成功的组织来说，人力资源都是最重要的资源之一。员工在组织运作过程中的效率是可持续性的指标
5	高层管理人员的利润压力和缺乏管理层的真正支持	管理人员的承诺和坚定支持在实施精益绿色项目、分配资源和激发员工士气方面发挥着关键作用
6	缺乏沟通系统和IT支持	在精益绿色实施的每个阶段，IT设施都被认为非常重要，是沟通和信息传输平台
7	非有效方法	员工对精益绿色原则失去控制，转而采用传统的运营方式
8	缺乏kaizen环境	员工对精益绿色原则失去控制，转而采用传统的运营方式
9	缺乏支持和鼓励的文化、激励机制	组织文化可以通过激励和鼓励员工与供应链成员采用精益绿色理念来帮助组织实现长期和短期目标
10	知识和信息传递	有效沟通的媒介和渠道
11	团队管理不善，缺乏跨职能团队	实施精益绿色理念本质上是多功能和多学科的工作；但是，这些工作需要利用团队管理原则进行管理
12	管理层缺乏共识	如果高级管理人员没有共同的愿景，员工就无法明确管理的目标和方向。知识和信息无法准确、高效地传递。在组织中灌输精益绿色文化非常困难

表5.2(续)

编号	障碍	描述
13	缺乏专业的培训项目、培训计划	缺乏适当设计的培训项目和培训计划可能会阻碍员工熟悉适当的精益绿色过程
14	项目实施	根据运营要求和客户要求成立问题解决小组或自发的改进团队
15	非精益绿色行为	企业项目的某些目标出现重叠，从而导致工作冗余和资源浪费。现有的一些实践也是无效的，并且是精益绿色生产的绊脚石
16	时间和资源管理不力	时间管理效率低下，可能导致资源未得到最佳利用，也无法进行计划控制和执行
17	资金限制	在初期阶段进行更多资金投入以从实施精益绿色理念中获取经济、社会和环境利益至关重要

在制造业企业刚开始实施精益绿色实践的阶段很难消除这些障碍，不能产生实施精益绿色实践所带来的利益和效果，反而增加了部门和员工的工作量，这就导致了部门之间的冲突和员工的不满、不配合等。因此，有必要对实施精益绿色实践过程中的障碍进行分析，并采取有效措施来消除这些障碍。

5.1.3.2 建立结构交互作用矩阵

我们在确定制造业企业实施精益绿色的 17 个障碍要素后，还需用 ISM 确定各障碍要素之间的关系，来构建障碍要素之间的结构交互作用矩阵（structural self-interaction matrix，SSIM）。本书用了四个符号表示两两障碍要素之间影响方向和关系的类型。本书使用的四个符号具体是：

V：行要素影响列要素；

A：列要素影响行要素；

X：行列两要素相互影响；

O：行列两要素无直接影响。

制造业企业实施精益绿色实践 17 个障碍之间的关系经过两两比较，基于上面四个符号代表它们之间的 SSIM 已经开发出来了，见表5.3。

表 5.3　实施精益绿色实践障碍的结构交互作用矩阵（SSIM）

S. no.	1	2	3	4	5	6	7	8	9	10	11	12	13	14	15	16	17
1	—	O	O	X	A	A	O	A	A	V	X	O	A	V	O	O	A
2		—	A	O	V	V	O	V	V	V	O	O	O	O	O	O	V
3			—	V	V	O	X	V	O	V	O	O	V	O	O	O	V
4				—	A	A	A	A	A	V	X	A	A	V	A	A	A
5					—	V	A	V	V	V	V	A	V	V	A	A	V
6						—	A	X	X	V	V	V	A	X	V	A	A
7							—	V	V	V	V	A	V	V	O	O	V
8								—	V	V	V	A	V	V	A	A	A
9									—	V	V	A	X	V	A	A	A
10										—	A	A	A	X	A	A	A
11											—	A	A	V	A	A	A
12												—	V	V	O	V	V
13													—	V	A	A	A
14														—	A	A	A
15															—	V	V
16																—	V
17																	—

5.1.3.3　构造初始和最终可达矩阵

根据表 5.3 中要素之间的二元关系构造初始可达矩阵（A），矩阵中元素 $A = (\alpha_{ij})_{n \times n}$，则其定义为：

$$\alpha_{ij=} \begin{cases} 1, & S_i R\, S_j \ \text{或}(S_i,\ S_j) \in R_b(S_i\ \text{对}S_j\ \text{有某种二元关系}) \\ 0, & S_i R\, S_j \ \text{或}(Si,\ Sj) \notin R_b(S_i\ \text{对}S_j\ \text{没有某种二元关系}) \end{cases}$$

据此，实施精益绿色实践障碍的初始可达矩阵如表 5.4 所示。

表 5.4　实施精益绿色实践障碍初始可达矩阵

S. no.	1	2	3	4	5	6	7	8	9	10	11	12	13	14	15	16	17
1	1	0	0	1	0	0	0	0	0	1	1	0	0	1	0	0	0
2	0	1	0	0	1	1	0	1	1	0	0	0	0	0	0	0	1
3	0	1	1	1	1	0	1	1	1	0	1	0	0	1	0	0	1
4	1	0	0	1	0	0	0	0	0	1	1	0	0	1	0	0	0
5	1	0	0	1	1	1	0	1	1	1	1	0	1	1	0	0	0
6	1	0	0	1	0	1	0	1	1	1	1	0	1	1	0	0	0
7	0	0	1	1	1	1	1	1	1	1	1	0	1	1	0	0	1
8	1	0	0	1	0	1	0	1	1	1	1	0	1	1	0	0	0
9	1	0	0	1	0	1	0	1	1	1	1	0	1	1	0	0	0
10	0	0	0	0	0	0	0	0	0	1	0	0	1	1	0	0	0
11	1	0	0	1	0	0	0	0	0	1	1	0	0	1	0	0	0
12	0	0	0	1	1	1	1	1	0	1	1	1	1	1	0	1	1
13	1	0	0	1	0	1	0	1	1	1	1	0	1	1	0	0	0
14	0	0	0	0	0	0	0	0	1	0	0	0	1	1	0	0	0
15	1	0	0	1	1	1	0	1	1	1	1	0	1	1	1	1	1
16	0	0	0	1	1	1	0	1	1	1	1	0	1	1	0	1	1
17	1	0	0	1	0	1	0	1	1	1	1	0	1	1	0	0	1

在构造了直接可达矩阵后，接下来就是要重点研究最终可达矩阵的构造。所谓最终可达矩阵考虑了传递性的影响，就是表示系统要素之间任意次传递性二元关系。传递性就是指间接关系，即如果障碍 C 导致障碍 D，障碍 D 导致障碍 E，则障碍 C 也必然会导致障碍 E。表 5.5 显示了最终的可达矩阵，该矩阵考虑了实现精益绿色实践所面临的挑战障碍之间的所有传递关系。

表 5.5　实施精益绿色实践障碍最终可达矩阵

S. no.	1	2	3	4	5	6	7	8	9	10	11	12	13	14	15	16	17
1	1	0	0	1	0	0	0	0	0	1	1	0	0	1	0	0	0
2	1	1	0	1	1	1	0	1	1	1	1	0	1	1	0	0	1

表5.5(续)

S. no.	1	2	3	4	5	6	7	8	9	10	11	12	13	14	15	16	17
3	1	1	1	1	1	1	1	1	1	1	1	1	1	1	0	0	1
4	1	0	0	1	0	0	0	0	0	1	1	0	0	1	0	0	0
5	1	0	0	1	1	1	0	1	1	1	1	0	1	1	0	0	1
6	1	0	0	1	0	1	0	1	1	1	1	0	1	1	0	0	0
7	1	1	1	1	1	1	1	1	1	1	1	1	1	1	0	0	1
8	1	0	0	1	0	1	0	1	1	1	1	0	1	1	0	0	0
9	1	0	0	1	0	1	0	1	1	1	1	0	1	1	0	0	0
10	0	0	0	0	0	0	0	0	0	1	0	0	0	1	0	0	0
11	1	0	0	1	0	0	0	0	0	1	1	0	0	1	0	0	0
12	1	1	1	1	1	1	1	1	1	1	1	1	1	1	0	1	1
13	1	0	0	1	0	1	0	1	1	1	1	0	1	1	0	0	0
14	0	0	0	0	0	0	0	0	0	1	0	0	0	1	0	0	0
15	1	0	0	1	1	1	0	1	1	1	1	0	1	1	1	1	1
16	1	0	0	1	1	1	0	1	1	1	1	0	1	1	0	1	1
17	1	0	0	1	0	1	0	1	1	1	1	0	1	1	0	0	1

5.1.3.4　划分级位

通过对最终可达矩阵的分析，我们确定了每个障碍的可达集、先行集和两者的相交集。将可达集与相交集完全相同的障碍要素确定为 ISM 的层次结构的最高级要素，从表 5.5 可以清楚地看出，"knowledge and information transfer" 和 "projects implementation" 被定义为第一级（最高级）。将整个系统要素的最高级要素去掉后，再求剩余要素集合的最高级要素。依次迭代继续进行，直到每个障碍的级别都被识别出来（见表 5.6）。

表 5.6　实施精益绿色实践障碍的级位划分

S. no.	R(Si)	A(Si)	C(Si)	Li
1	1、4、10、11、14	1、2、3、4、5、6、7、8、9、11、12、13、15、16、17	1、4、11	ii
2	1、2、4、5、6、8、9、10、11、13、14、17	2、3、7、12	2	vi
3	1、2、3、4、5、6、7、8、9、10、11、12、13、14、17	3、7、12	3、7、12	vi
4	1、4、10、11、14	1、2、3、4、5、6、7、8、9、11、12、13、15、16、17	1、4、11	ii
5	1、4、5、6、8、9、10、11、13、14、	2、3、5、7、12、15、16	5	v
6	1、4、6、8、9、10、11、13、14	2、3、5、6、7、8、9、12、13、15、16、17	6、8、9、13	iii
7	1、2、3、4、5、6、7、8、9、10、11、12、13、14、17	3、7、12	3、7、12	vi
8	1、4、6、8、9、10、11、13、14	2、3、5、6、8、9、12、13、15、16、17	6、8、9、13	iii
9	1、4、6、8、9、10、11、13、14	2、3、5、6、7、8、9、12、13、15、16、17	6、8、9、13	iii
10	10、14	1、2、3、4、5、6、7、8、9、10、11、12、13、14、15、16、17	10、14	i
11	1、4、10、11、14	1、2、3、4、5、6、7、8、9、11、12、13、15、16、17	1、4、11	ii
12	1、2、3、4、5、6、7、8、9、10、11、12、13、14、16、17	3、7、12	3、7、12	vi
13	1、4、6、8、9、10、11、13、14	2、3、5、6、7、8、9、12、13、15、16、17	6、8、9、13	iii
14	10、14	1、2、3、4、5、6、7、8、9、10、11、12、13、14、15、16、17	10、14	i
15	1、4、5、6、8、9、10、11、13、14、15、16、17	15	15	vi
16	1、4、5、6、8、9、10、11、13、14、16、17	12、15、16	16	vi
17	1、4、6、8、9、10、11、13、14、17	2、3、5、7、12、15、1617	17	iv

5.1.3.5　建立递阶结构关系模型

根据表5.5中的最终可达矩阵进行级位划分，将所有的17个障碍要素已有的层次结构进行排列，并将所有障碍要素转化为ISM模型，最终得到ISM结构模型如图5.3所示。该模型具有层次结构和关系方向性。

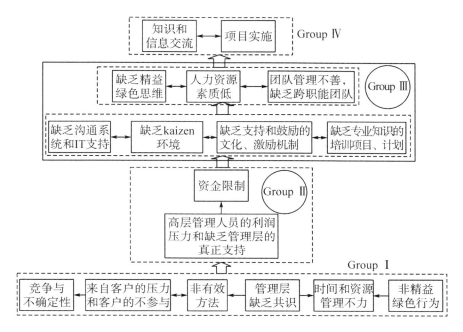

图 5.3　精益绿色制造实施障碍的层次关系模型

5.1.3.6　障碍要素关系动态分析

根据图 5.3 对制造业企业精益绿色实践实施过程中的障碍要素进行关系动态分析，可以为管理者在项目的实施过程中和企业的可持续运营中提供管理决策依据。为了方便分析，可以将 ISM 模型中的不同层级的障碍要素划分为不同的区域。第一组由障碍要素（2、3、7、12、16、15）组成。该组变量的特点是具有高的独立性和驱动性的障碍要素，可以是象征性地称为问题的根源和确保企业组织能给予认真的关注。这些因素在任何时候都将成为企业实施精益绿色实践的障碍。第二组由障碍要素（5、17）组成。企业组织发起和实施精益绿色实践项目都必须有管理层的倡议、参与、支持和承诺，并提供充足的资金、资源，资金和资源是精益绿色项目启动和实施的重要保障因素。第三组障碍因素主要涉及间接及直接涉及人力因素的软环境、文化氛围、技术、行为和管理方面，这些障碍因素是当前需要考虑解决的问题。这些障碍因素需要得到适当的选择、培训、解决，以形成有利于成功实施精益绿色实践的组织环境和文化、技术成长和管理的基础工程。最后，所有的障碍都集中在"项目实施"和"知识和信息交流"上，也是最终出现的不利结果。制造业企业精益绿色项目实施不顺利或者是没有产生预期的效果，从而造成员工抱怨和不满意，跨部门之间产生矛盾和冲突，影响部门之间、员工和员工之间的沟通和交流。

制造业企业跨部门建立起来的精益绿色实施共同指数能够调整和聚焦不同部门的行动目标。不同部门的员工在企业实施精益绿色战略的时候，实现部门的目标与企业目标、跨部门目标相匹配而追求使用这个统一的指标，员工的关注点是一致的，不同部门之间有更强的凝聚力，同时也能够让更多的人了解精益绿色战略，参与到精益绿色实践项目中来。

通过运用 ISM 技术对制造业企业推动实施精益绿色战略过程中人力资源方面所产生的 17 个障碍要素层次关系的分析，有助于确定组织实施精益绿色实践中企业可持续运营方面的成功与失败因素。将障碍要素分类为不同的区块链，管理者可以了解每个区块链子对组织中精益绿色实践的影响程度和强度差异，才能做出正确的指引和管理决策。管理人员可以针对障碍要素的影响程度的不同，使用适当的风险缓解工具或技术来处理这些对企业可持续运营产生影响的软性因素带来的不确定性。同时，最重要的是，这样做有助于组织建立一个强大的精益绿色战略实施的文化、技术和管理基础，促进内部不同部门人员之间深度交流和沟通。制造业企业可以通过解决本书中所涉及障碍，跟踪精益绿色实践在制造业企业可持续运营中的成功实施，将能够更好地应对外部的不确定性，战胜非精益绿色竞争对手，从而提升其竞争力。

5.2 基于企业利益相关者的精益绿色制造系统协同机制

我们对精益绿色文献的全面回顾表明，目前还缺乏研究来分析实施整合的精益和绿色集成协同的驱动因素。尽管有一些学者和研究人员研究了精益和绿色的整合范例，但他们的研究集中于精益和绿色的整合实践方法或其对运营和环境绩效的影响。因此，本书试图确定并考虑集成协同实施精益和绿色的驱动因素。这项研究的重点如下：通过文献综述和专家意见选择精益和绿色制造一体化的驱动力因子，并通过多准则决策（multi-criteria decision-making，MCDM）方法从环境、社会和经济的角度对制造业企业进行精益和绿色集成协同的驱动因素排名，从定量的角度发现和确定不同驱动因素的驱动影响力和被影响力，即驱动力强度大小。因此，实施精益绿色制造集成协同驱动力来自企业的内源和外源因素，共同驱动企业实现可持续发展。

5.2.1 利益相关者角度的驱动因素分析

因前文已经给出实施精益绿色制造的内部障碍因素，因此以下只需要对存在的障碍因素进行分析，采取相应的对策措施消除存在的障碍因素，这些相应的举措就是实施精益绿色制造的驱动因素。如前文所述，转换后的驱动因素可以是内源精益绿色驱动因素包括管理者和内部员工。但是，要研究实施精益绿色制造集成产生的协同效应，还需要外源驱动因素包括股东、上下游企业、消费者、竞争者、社会公众和政府机构等，这八类要素可以作为划分评价指标的四个层面（或者说评价指标可以划分为四类）。

笔者针对内源绿色驱动与外源绿色驱动中的每一类因素都进行了驱动

强度评价指标的分类辨识。需要特别说明的是：由于这些指标源于已发表的研究成果，其科学性、有效性已被众多专家和学者广泛接受，并且这些指标是对所有当前能够检索到的相关研究成果的归纳整理和发展，因此这些已被识别出的评价指标既具有科学有效性又具有系统全面性。上述指标可由图 5.4 予以说明。

在图 5.4 所示的驱动因素评价指标分类示意图中，各项评价因素指标的具体含义如下：

（1）内部驱动因素。管理者及企业内部基于外部压力或基于自身对实施精益绿色制造等管理效益的认识直接驱动自身内部的精益绿色化，或者内部员工基于环境效率成本等意识的自发行动或自身经济环境利益诉求驱动企业精益绿色化。

员工意识及培训（D_1）：企业内部员工对精益绿色理念的认识以及接受程度和企业对内部员工提高精益绿色意识的培训情况。

高层管理者的意识及承诺（D_2）：高层管理者对企业开展精益绿色化管理带来长远竞争优势的认识和做出的公开支持及承诺。

集成战略规划与沟通（D_3）：精益生产、绿色生产、环境保护等被高层管理者纳入规划的情况、中低层管理者对实施精益绿色实践的认可和支持程度以及企业内部部门之间为改进精益绿色管理而进行合作。

持续改进（D_4）：利用精益和绿色工具持续改进解决内部问题并不断消除浪费、提高效率、降低成本等，引导业务实现可持续性，降低精益和绿色领域内的七大浪费。

业务流程再造与变革（D_5）：精益和绿色思维是简化组织流程的实用方法，精益和绿色工具帮助企业遵循和使用全球公认的方法和标准来促进企业业务流程精简，适应组织精益绿色变革的要求。

技术更新升级（D_6）：利用能源和资源高效的先进技术，实现生产技术、设备性能和产品性能符合环保要求和同业领先。

全员参与及员工授权（D_7）：制造业企业试图建设精益和绿色企业，需要全体雇员在所有业务职能上分担责任，所有员工对业务操作中出现的问题进行评估并提出建议来设法解决，同时企业激励和授权员工在日常的业务活动中开展精益绿色项目改进活动并提供制度、资金等支持。

组织文化（D_8）：提供和营造一个积极的支持精益绿色行动的工作环境和氛围，开放、包容和接纳新思想、新管理模式的动态化的企业文化形态。

（2）经济与市场驱动因素。通过差异化的精益绿色竞争策略驱动企业成本节约，快速向顾客提供绿色化的产品，满足市场需求。

节约成本（D_9）：减少能源和资源消耗及消除一切不产生附加价值的工作方法，且即使该工作能增值，但花费的时间、资源、精力超过了最低界限。

竞争优势（D_{10}）：通过产品绿色概念维持市场竞争优势状况，同时通过节约成本、优化产品质量和快速响应顾客需求使企业具有竞争优势。

（3）政策驱动因素。政府机构等对企业精益绿色化的驱动作用主要表现为强制驱动和行业性规范、行业认证等行业壁垒等，通过企业内部制定的相关激励制度来促进各部门及员工积极推进和落实精益绿色相关的战略、制度和计划等。

政府制定的法律法规（D_{11}）：政府对环境保护的相关法律法规，对企业污染控制、垃圾填埋税、排放标准等措施要求。

专业的认证管理体系（D_{12}）：ISO9000 质量管理体系、ISO14001 环境管理体系、OHSAS80000 职业健康安全管理体系和 ISO50000 能源管理体系等制度的采用、实施、完善和认证等，促使企业不断朝精益和绿色化方向前进。

激励机制（D_{13}）：政府机构对企业所在行业管理人员和企业开展绿色

管理的奖惩制度。

（4）消费者与社会其他利益相关者驱动因素。消费者利用其手中的"货币选票"通过价格、响应速度和绿色消费等驱动企业的精益绿色化。社会公众通过提高环境保护意识、监督政府履行环境管理义务、促使企业开展绿色化管理等方式形成企业绿色化的公众预期进而间接地驱动企业绿色化。

绿色品牌形象（D_{14}）：通过绿色产品树立良好市场形象，以及产品的生态商标或者品牌形象的有利程度和消费者对企业绿色商标的认可程度等驱动企业精益绿色化。

公众压力（D_{15}）：企业所在地方的社区、供应链上的其他合作伙伴、企业股东、非政府组织、媒体等对企业的要求、监督等。

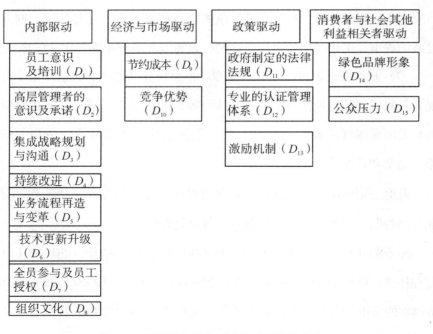

图 5.4　精益绿色制造集成驱动因素的分类

5.2.2 利益相关者角度的驱动因素评价

5.2.2.1 驱动因素驱动强度影响评价的构建方法

（1）评价方法模型选择原因

精益绿色驱动因素的影响评价指标之间可能会存在关联影响关系。考虑到在 4 类 15 项指标中各项指标之间虽然保持相互独立、不相互重叠，但这并不意味着这些指标之间不存在相互关联影响关系。首先，在各类精益绿色驱动因素内部的各指标之间都有可能会存在关联影响关系。如在内部驱动层面，高层管理者倘若对企业绿色竞争优势有足够的认识，并对政府机构和社会公众做出了环保承诺，那么绿色生产结合精益生产、环境保护等被纳入规划的机会就会随之提高，企业的绿色经营管理活动也会受到足够的重视与支持，企业对开展绿色经营管理活动所做出的预算也会增加，因此，高层管理的意识及承诺（D_2）会对精益绿色集成战略规划与沟通（D_3）、持续改进（D_4）、员工意识及培训（D_1）等其他因素产生影响，其他指标活动的开展和取得的成效又会反过来影响高层管理的意识及承诺（D_2），坚定高层管理者的信念和意志，形成良性循环，促进企业在精益绿色化道路上进一步前行。其次，在隶属于不同精益绿色驱动因素的驱动评价指标之间可能会存在关联影响关系。终端消费者如果对快速交货和高质量且符合环保标准的产品有强烈的需求，那么一方面可能会促进制造业企业对通过精益生产创造的优势基础上的绿色产品树立良好市场形象的品牌产生强烈的意愿，另一方面也可能会引起企业内部对精益绿色经营管理活动有足够的重视与支持，所以，在消费者与社会其他利益相关者驱动因素层面的绿色品牌形象（D_{14}）的形成会影响到经济与市场驱动因素层面的竞争优势（D_{10}）的建立和维持等。

鉴于上述原因，用于反映精益绿色驱动关系的 4 类 15 项评价指标可以被视为要素之间存在错综复杂关联影响关系的一个复杂网络，而在复杂网络中指标/因素的重要程度就是该指标连接其他指标/因素而使其具有的显著性效果。复杂网络理论中的决策实验室分析（DEMATEL）方法能够通过分析系统中因素之间的逻辑关系与直接影响矩阵计算因素的影响程度、被影响度、原因度与中心度揭示出重要影响因素以及内部构造。因此本书基于 DEMATEL 方法来定量评价分析精益绿色驱动强度评价指标体系。

（2）DEMATEL 方法（步骤）

DEMATEL（decision-making trial and evaluation laboratory，DEMATEL）方法主要使用图论理论，以构造图的矩阵演算为中心进行。

不妨设由制造业企业精益驱动因素强度评价指标组成的集合为 $\Re = \{\gamma_n | n = 1, \cdots, N\}$，其中，$\gamma_n$ 表示第 n 个评价指标，$N = 15$。基于 DEMA-TEL 方法构建精益绿色驱动因素的强度评价指标体系的方法（步骤）如下：

①绘制关联关系有向图。若评价指标 γ_n 对 γ_n' 有直接影响，则在二者之间标记一条由前者指向后者的单向箭头。以此类推，即可绘制出反映所有评价指标关联关系的有向图（关联关系有向图）。

②在绘制精益绿色驱动因素评价指标之间的关联关系有向图的基础上，判断各因素之间影响关系的强弱度，并用矩阵表示。针对两两因素之间存在的直接影响关系，由决策专家群组按照 1~3 标度法（影响程度与标度值对应关系为：强↔3，中↔2，弱↔1，无直接关系↔0）共同确定影响程度评价值 k。将系统各要素的直接影响强度值表示成矩阵形式 $\boldsymbol{M} = [\chi_{ij}]_{m \times n}$，即为直接影响矩阵。该矩阵中的各元素表示各影响因素之间的关系密切程度。

③为分析各因素之间的间接影响关系，需要求解综合影响矩阵 $\boldsymbol{M''}$，见公式（5-1）。

$$M'' = M' + M'^2 + \cdots + M'^n = \frac{M'(I - M'^n)}{(I - M')} = M'(I - M')^{-1} \quad (5-1)$$

其中，M' 由公式（5-2）计算而得，I 为单位矩阵。

$$M' = \frac{\chi_{ij}}{\max(\sum_{j=1}^{n} \chi_{ij})} \quad (5-2)$$

④计算精益绿色驱动因素之间驱动强度的原因度（$R_i - C_i$）与中心度（$R_i + C_i$）。

由综合影响矩阵 $M'' = [t_{ij}]_{n \times n}$ 可以计算出各因素指标的影响度与被影响度，分别为 R_i 与 C_i［见公式（5-3）］，进而可以推知用于表示各因素在所有评价指标中作用大小（重要程度）的中心度 $m_n = R + C$ 以及用于表示内部构造的原因度 $r_n = R - C$。

$$R_i = \sum_{j=1}^{n} t_{ij} \quad C_j = \sum_{i=1}^{n} t_{ij} \quad (5-3)$$

其中，影响度为 M' 的每行元素之和，称为影响度。被影响度为 M' 的每列元素之和，称为被影响度。中心度为每个元素的影响度与被影响度之和，它表示了该元素在系统中的位置以及所起作用的大小。每个元素的影响度与被影响度之差为该元素的原因度。如果原因度>0，表明该元素对其他要素影响大，称为原因要素。如果原因度<0，表明该元素受其他要素影响大，称为结果要素。

通过上述计算，可以根据影响度和被影响度来判断每一个影响精益绿色的因素对精益绿色实施起驱动作用力大小的影响程度，再根据中心度判断出各个指标在精益绿色驱动体系中的重要程度。

5.2.2.2 基于 DEMATEL 方法的因素影响强度计算及结果分析

（1）因素影响强度计算

为了能够有效构建供应链绿色驱动强度评价指标体系，可以邀请两组（每组各 3 位）熟识精益绿色领域相关专业人士在共同研讨的基础上一起参与精益绿色驱动因素驱动强度评价指标体系的构建。按照 DEMATEL 方法绘制各评价指标之间的影响关系有向图和直接影响矩阵。

首先建立上述各个因素之间的直接影响矩阵，如表 5.7 所示。如果因素 N_i 与因素 N_j 有直接影响，则相应的第 i 行第 j 列元素为不同的数字，根据影响程度的大小为 1 至 3。如没有直接影响关系，相应的元素为 0。

表 5.7　精益绿色驱动因素驱动强度初始化直接影响矩阵

因素	D_1	D_2	D_3	D_4	D_5	D_6	D_7	D_8	D_9	D_{10}	D_{11}	D_{12}	D_{13}	D_{14}	D_{15}
D_1	0	0	0	3	0	0	3	2	3	2	0	0	0	0	0
D_2	3	0	3	2	3	3	3	2	1	1	0	2	0	2	0
D_3	1	0	0	2	2	1	1	1	1	1	0	1	0	1	0
D_4	0	0	0	0	1	1	1	1	3	3	0	1	0	2	0
D_5	0	0	0	3	0	0	3	2	1	2	0	2	0	0	0
D_6	2	0	0	3	0	0	0	0	3	3	0	1	0	0	0
D_7	2	0	0	3	0	0	0	3	3	3	0	1	0	1	0
D_8	0	0	0	2	2	0	2	0	1	1	0	1	0	1	0
D_9	0	0	0	0	0	0	0	0	0	3	0	0	0	3	0
D_{10}	0	0	0	0	0	0	0	0	0	0	0	0	0	3	0
D_{11}	1	3	3	1	0	3	0	0	0	0	0	0	0	0	0
D_{12}	3	2	2	3	3	3	2	2	1	2	0	0	0	2	0
D_{13}	0	3	2	3	0	3	3	1	2	0	0	0	0	0	0
D_{14}	0	0	0	0	0	0	0	2	0	0	0	0	0	0	3
D_{15}	0	3	3	1	0	1	0	1	0	2	2	2	2	2	0

按照前文选择方法中的步骤，首先构造并测度精益绿色驱动因素驱动强度的初始化直接影响矩阵（见表 5.7）及综合影响矩阵（见表 5.8），然后通过计算各评价指标的影响度与被影响度推知它们的中心度和原因度，最后利用中心度指标对所有各项评价指标进行相对重要性排序（见表 5.9）。

表 5.8　精益绿色驱动因素驱动强度综合影响矩阵

因素	D_1	D_2	D_3	D_4	D_5	D_6	D_7	D_8	D_9	D_{10}	D_{11}	D_{12}	D_{13}	D_{14}	D_{15}	R_i	C_i	R_i+C_i	R_i-C_i
D_1	0.015	0.003	0.003	0.154	0.018	0.009	0.141	0.113	0.165	0.146	0.001	0.019	0.001	0.062	0.007	0.86	0.85	1.71	0.00
D_2	0.171	0.013	0.135	0.206	0.170	0.152	0.200	0.171	0.152	0.177	0.002	0.131	0.002	0.169	0.020	1.87	0.57	2.44	1.31
D_3	0.059	0.007	0.007	0.131	0.101	0.055	0.077	0.081	0.089	0.105	0.001	0.063	0.001	0.087	0.010	0.87	0.71	1.58	0.16
D_4	0.017	0.007	0.007	0.036	0.055	0.050	0.061	0.071	0.148	0.170	0.001	0.055	0.001	0.133	0.016	0.83	1.84	2.67	-1.01
D_5	0.028	0.009	0.010	0.173	0.031	0.021	0.154	0.125	0.096	0.153	0.001	0.103	0.001	0.065	0.008	0.98	0.84	1.82	0.14
D_6	0.090	0.005	0.006	0.147	0.015	0.013	0.026	0.027	0.157	0.176	0.001	0.051	0.001	0.059	0.007	0.78	0.91	1.69	-0.13
D_7	0.093	0.007	0.007	0.162	0.027	0.015	0.039	0.156	0.167	0.188	0.001	0.059	0.001	0.110	0.013	1.05	1.28	2.32	-0.23
D_8	0.018	0.006	0.007	0.120	0.097	0.014	0.108	0.040	0.080	0.095	0.001	0.061	0.001	0.083	0.010	0.74	1.32	2.06	-0.58
D_9	0.001	0.003	0.003	0.004	0.002	0.002	0.002	0.013	0.002	0.124	0.001	0.003	0.001	0.138	0.017	0.31	1.52	1.84	-1.21
D_{10}	0.001	0.002	0.002	0.003	0.002	0.002	0.002	0.012	0.002	0.003	0.001	0.002	0.001	0.123	0.015	0.17	1.91	2.09	-1.74
D_{11}	0.080	0.123	0.138	0.106	0.037	0.149	0.044	0.041	0.060	0.068	0.000	0.032	0.000	0.046	0.005	0.93	0.10	1.03	0.83
D_{12}	0.166	0.087	0.098	0.233	0.167	0.151	0.161	0.165	0.148	0.210	0.002	0.054	0.002	0.172	0.021	1.84	0.82	2.66	1.02
D_{13}	0.050	0.125	0.100	0.202	0.044	0.153	0.170	0.100	0.165	0.107	0.001	0.043	0.001	0.078	0.009	1.35	0.10	1.45	1.24
D_{14}	0.008	0.019	0.021	0.026	0.015	0.014	0.017	0.096	0.015	0.027	0.010	0.019	0.010	0.026	0.123	0.45	1.51	1.95	-1.06
D_{15}	0.057	0.152	0.167	0.138	0.060	0.105	0.073	0.109	0.076	0.165	0.082	0.122	0.082	0.157	0.019	1.56	0.30	1.86	1.26

表 5.9　精益绿色驱动因素驱动强度相对重要性排序（基于中心度）

驱动因素	影响度	被影响度	中心度	原因度	排序
持续改进（D_4）	0.830	1.840	2.669	−1.010	1
专业的认证管理体系（D_{12}）	1.838	0.819	2.657	1.019	2
高层管理者的意识及承诺（D_2）	1.872	0.567	2.438	1.305	3
全员参与及员工授权（D_7）	1.047	1.277	2.324	−0.230	4
竞争优势（D_{10}）	0.174	1.915	2.088	−1.741	5
组织文化（D_8）	0.739	1.318	2.058	−0.579	6
绿色品牌形象（D_{14}）	0.447	1.507	1.953	−1.060	7
公众压力（D_{15}）	1.562	0.301	1.863	1.261	8
节约成本（D_9）	0.314	1.524	1.838	−1.209	9
业务流程再造与变革（D_5）	0.978	0.842	1.820	0.136	10
员工意识及培训（D_1）	0.856	0.853	1.709	0.003	11
技术更新升级（D_6）	0.780	0.905	1.685	−0.125	12
集成战略规划与沟通（D_3）	0.872	0.710	1.583	0.162	13
激励机制（D_{13}）	1.348	0.104	1.452	1.244	14
政府制定的法律法规（D_{11}）	0.930	0.104	1.034	0.826	15

（2）计算结果分析

综合影响矩阵中的行和即为每个因素的综合影响度，而列和表示该因素的被影响度，行和与列和之差为该因素的原因度，表示该因素与其他因素的因果逻辑关系程度。通过综合影响矩阵分析，从表 5.9 中可以得出影响精益绿色实施的原因因素（原因度大于零的因素）重要程度由大到小依次是高层管理者的意识及承诺（D_2）、公众压力（D_{15}）、激励机制（D_{13}）、专业的认证管理体系（D_{12}）、政府制定的法律法规（D_{11}）、集成战略规划与沟通（D_3）、业务流程再造与变革（D_5）、员工意识及培训（D_1），如图 5.5 中各因素的原因度所示。

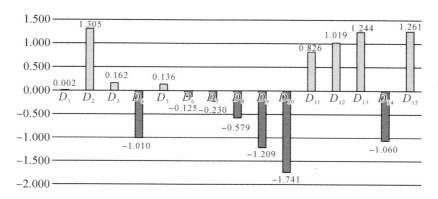

图 5.5 驱动因素的原因度分布

由此可以看出，高层管理者的意识及承诺（D_2）原因度最大，因此在制造业企业实施精益绿色的驱动因素中，关键是制造业企业高层管理者的意识和承诺，他们来决定其企业是否引入精益绿色先进制造模式，在实施推动过程中持续关注和提供资源进行支持，建立企业适应精益绿色的流程变革和组织企业文化。如果企业在这方面得到高层管理者重视和支持，给予足够的资金、人力以及政策上的支持，那么企业推进精益绿色制造系统才能有保障。公众压力（D_{15}）、激励机制（D_{13}）、专业的认证管理体系（D_{12}）、政府制定的法律法规（D_{11}）、集成战略规划与沟通（D_3）也是关键驱动因素之一。公众压力（D_{15}）、激励机制（D_{13}）、政府制定的法律法规（D_{11}）这些关键因素是企业外部的压力，也是促使企业扩大市场份额，回应政府、社会、非正式组织的外部声音，建立绿色品牌和竞争优势的外部促进因素。专业的认证管理体系（D_{12}）、集成战略规划与沟通（D_3）是在企业内部实施精益绿色制造系统的内部压力和行动指南，为了实现高层管理者制定的精益绿色战略和达到管理体系的认证要求，促使企业在内部实施精益绿色措施，实现经济效益、环境效益和社会效益的整合统一。

结果因素（原因度小于零的因素）重要程度由大到小依次是：竞争优势（D_{10}）、节约成本（D_9）、绿色品牌形象（D_{14}）、持续改进（D_4）、组织文化（D_8）、全员参与及员工授权（D_7）、技术更新升级（D_6）。结果因素是受到其他因素的影响而对精益绿色的实施产生的影响，因此可追根溯源找出最原始的影响因素来加以控制，从根源上实现精益绿色在企业实施的顺畅、便捷和产生效益。

行和与列和之和称为该因素的中心度如（如图 5.6 驱动因素的中心度分布图），表示该因素在系统中的重要性程度，通过综合分析这些量，可以得出各个因素对精益绿色的重要程度，从而找出重要的因素。从表 5.9 中可以得出中心度的重要程度由大到小依次为持续改进（D_4）、专业的认证管理体系（D_{12}）、高层管理的意识及承诺（D_2）、全员参与及员工授权（D_7）、竞争优势（D_{10}）、组织文化（D_8）、绿色品牌形象（D_{14}）、公众压力（D_{15}）、节约成本（D_9）、业务流程再造与变革（D_5）、员工意识及培训（D_1）、技术更新升级（D_6）、集成战略规划与沟通（D_3）、激励机制（D_{13}）、政府制定的法律法规（D_{11}）。

因此，制造业企业实施精益绿色制造系统要获得成功，取得相应的经济、环境和社会效益，关键要集中在以下几点上：①制造业企业实施精益绿色战略时必须在内部活动过程中持续改进，消除一切浪费，节约能源和原材料等以降低成本，提升质量和提高效率，实现产品的绿色化。②制造业企业在企业内部实施精益绿色措施，应该尽可能引入 ISO9000 质量管理体系、ISO14001 环境管理体系、OHSAS80000 职业健康安全管理体系和 ISO50000 能源管理体系等，这些管理体系的导入与运行能够让企业自觉或不自觉地走上精益绿色化道路，同时也从另外一个侧面验证了这些管理体系在企业的运用能够促进企业精益绿色化（验证了第 2 章 2.3 节的研究结论）。③高层管理者在企业导入和实施精益绿色管理模式上起着非常重要的作用。高层管理者的支持能从战略上进行引领，在企业预算资源上给予支持，在企业业务流程变革上予以推动，同时对企业精益绿色组织文化的建立起到倡导和示范引领作用，从而推动企业实现可持续发展。④对于政府机构而言，要充分发挥政府机构的激励驱动作用，政策性优惠措施的着力点应该是企业高层管理者。

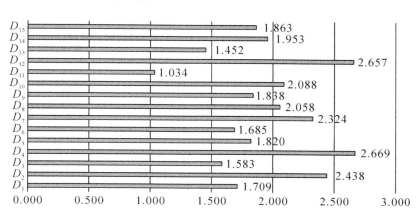

图 5.6　驱动因素的中心度分布

5.3　制造业企业精益绿色制造系统集成协同模型

实施精益绿色系统的企业需要一整套包括企业实施精益绿色系统能力标准和改进的路线指南。因此，本书借鉴信息软件行业广泛应用的软件能力成熟度模型（capability maturity model，CMM）的成功经验，结合精益管理系统的实施特点，对企业实施精益绿色系统建立能力成熟度模型（lean-green capability maturity model，LGCMM），也即是通过建立概念框架，对可以用于评估精益和绿色系统集成协同效果的模型（lean green synergy，LGS）进行构建和探讨，主要用来评估制造业企业精益和绿色系统集成程度和成熟度。

5.3.1　精益绿色协同模型概念框架

20 世纪 60 年代末爆发的"软件危机"促进软件工程诞生和发展。1987 年，卡内基梅隆大学关键工程研究所提出了软件能力成熟度模型，并随后被软件行业广泛应用，极大地促进了企业应用软件开发水平和能力的提升。CMM 的精髓是持续改进，它的这一思想就起源于精益管理领域的全面质量管理（TQM）。TQM 就是关注组织中的所有过程所有成员全面的包括组织和个人完成工作的方法、步骤等工作内容。而 CMM 就是针对软件工程的特点，采用 TQM 的思想和方法对软件企业自身过程和质量能力的评估进行优化提供标准，为后续的持续改进提供路线图。但在现实的世界里，评估标准和改进路线不仅是软件型企业所必需的，同时也是其他制造业企业生产和管理过程以及产品和工作质量能力提高的需要。实施精益绿色系统的企业需要一整套包括企业实施精益绿色系统水平能力标准和改进的路线指南，因此有人提出了精益和绿色协同成熟度模型（LGSCMM）。

该模型按照 CMMI 提出的阶梯结构将精益和绿色成熟度分为 5 个等级（CMMI，2017）。Verrier 等人也提出了基于 CMMI 模型的成熟度模型，但是他们的研究是以非常初步的方式提出的成熟度概念。他们对成熟度做了主观的类比，因为他们的主要目的是提出企业应实施精益绿色浪费消除的实践方法以减少精益和绿色浪费。而本书提出的成熟度模型要和 CMMI 的模型更好地保持一致，于是定义为：

水平 1 级（初始混沌）：企业内部没有能够支持精益绿色改进过程的环境。该企业对大多数精益和绿色问题以及它们可能共存的意识有限，最高管理层不会对内部存在的效率、成本和环境问题等建立管控指标或指导原则。该企业无法实施精益和绿色实践，因为大多数人员对这些系统中的浪费缺乏认识，沟通水平很低，为了获得良好的结果，需要员工的个人英雄主义，并且改进措施是孤立的且没有文件记录形成体系标准化，改进成果也只产生短期效果，因此很难重复。

水平 2 级（稳定管理）：由于企业已经遵循制造过程标准化和可重复的流程，因此产生了精益绿色浪费意识，偶尔执行基本精益或绿色行动，可以孤立地应用精益和绿色实践。企业意识到，生产过程中可能存在非增值废弃物，可以减少这些浪费。改进措施是有限的，并且基本上由法规、顾客反馈和企业问题急切解决要求驱动。企业也意识到主要的精益绿色工具，特别是需要管理和优化生产现场（制造车间）。

水平 3 级（标准化定义）：精益绿色流程可以得到更好的整合、更好的理解和更好的记录。使用的测量标准数量更大，涵盖了更具体的指标，并制定预期行动来消除可能的浪费。精益和绿色系统可以共存，但实践之间几乎没有整合。精益和绿色行动是分开进行的，并且意识到精益和环境实践都可以为企业增值。高层管理人员制定主要的环境指标和与过程特殊性有关的指标使浪费和过多的资源消耗在运营水平上下降，精益绿色成为过程驱动力，并且与员工就精益绿色主题进行内部交流，衡量实现目标的进度，建立了部分可视化管理机制。

水平 4 级（量化优化）：量化改进目标并使其与业务目标保持一致。这是精益和绿色融合的数量统计水平，精益和绿色行动被认为是最重要的，并且通过强有力的自上而下和自下而上的管理定期进行，认识到为实现一个目标而采取的行动不能相互矛盾。对所有员工进行培训，促进员工的参与和建议，促进流程改进。建立和监控指标，测量并控制操作，不断跟踪废弃物以提升精益和绿色绩效，使其与目标和需求完全一致，以提高企业对这些生产系统的绩效的认识，从而可以预测精益和绿色系统的绩效。

水平 5 级（创新水平）：精益绿色目标在共生中进行，通过持续改进过程来应用和衡量持续改进。了解任何行动产生的所有直接和间接关联，对所有精益和绿色目标进行量化和定期修正，以反映业务目标的变化，因此能够增强其积极影响。企业正在不断有效地进行持续优化，并意识到它们在各个层面上的共同利益有期盼而积极的行动，有效地监控所有精益和绿色工具，实现了有效的精益和绿色战略可持续性。

图 5.7 总结了在 CMMI 研究所开发的框架中进行修改的 LGSCMM。

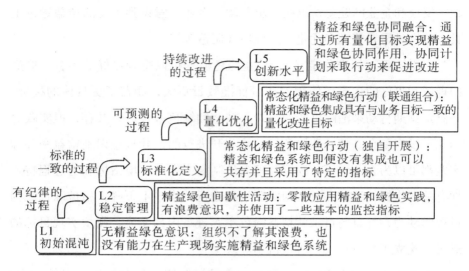

图 5.7　精益绿色协同成熟度模型（LGSCMM）

5.3.2　精益绿色协同模型评价

精益和绿色系统的集成是一个引起学者们极大兴趣的问题研究点，虽然目前已有一些研究成果，但仍需要进一步发展，特别是关于精益绿色系统的协同作用以及任何衡量组织精益绿色成熟度级别的研究。目前发现的在该领域的文献，关于该主题的大多数研究都还停留在评论上，理论设想等更多地集中在概念领域，仍然还有很多问题需要在目前已有的研究基础上进一步深入解决。

学者们为了支持精益和绿色的集成部署和评估，已经开发出了比较多的系统模型。其中包括：LARG-ANP 模型，该模型还集成了敏捷和柔性制造系统；Verrier 等人建立了精益绿色框架；Faulkner 和 Badurdeen 使用价值价值流程图 VSM 的方法来评估环境绩效（SUS-VSM）；Fercoq 等人开发了精益和绿色矩阵，将 7 种精益废弃物与绿色系统"3R"的层次结构以及Verrier 等人提出的成熟度模型进行了整合。另一个模型是 ROBECOSAM 的模型，它没有直接使用"精益"和"绿色"这两个术语，而是根据社会、环境和经济三个支柱对可持续性进行了评估。ROBECOSAM 与标普道琼斯指数联合提供了一种重要工具，该工具使用了 600 多个绩效指标和 80~120 个问题集来评价组织每年的经营业务成熟度。尽管它是一个非常完善的工具，但是该模型仅能用于部分企业，其复杂程度限制了小型企业的使用。

在上面提到的模型中，现在所有模型都能展现出积极的结果，能够部分或完全满足设想的目标。但是，也还存在一些局限性。Cabral 等人提到了他们的多准则决策方法不一致的问题，因为需要进行大量比较来定义指标。SUS-VSM 是能够初步评估可持续性的出色工具，但它无法对精益和绿色协同作用进行完整评估。Verrier 等（2016）提出了一个基于 CMMI 研究所成熟度的精益和绿色成熟度模型，但是他们的研究还处于非常主观的早期概念阶段。

对精益和绿色关系的探讨被认为是一种相对较新的方法，但尚未得到广泛讨论。本书的目的是为制造业企业进行精益和绿色成熟度评估模型构建和评价，同时也能适应其他工业领域。LGS 旨在通过建立计算模型平台和模型计算公式平台进行应用，该平台负责生成图表并计算组织的成熟度级别。本书建立模型的概念来自现有学者的研究成果。该模型方法包括模型的构建、计算公式和程序步骤、评估指标的选择以及成熟度特征的定义，以方便对组织进行分组并进行基准测试。

LGS 基于包括绩效指标和结构化问卷的指标（收集评价数据），以评估精益和绿色整合水平，判断其精益绿色成熟度层级。

5.3.2.1 精益绿色实施评估绩效指标

对于每个工业部门，LGS 模型的应用都需要选择一组不少于 18 个绩效指标（9 个精益和 9 个绿色）。绩效指标尽可能选择定量评价指标，并且要结合行业特色来进行选择，这样评价企业精益绿色成熟度才有实际意义。评价指标的选择方法：首先由该领域的不同学者、专家在广泛的文献中摘取已有的评价指标，然后组织学者、专家对汇总过来的评价指标体系进行集体综合判断，选择本行业实施精益绿色战略最合适的指标体系。之后，通过对该行业企业该领域从业者进行访谈，验证这些指标在本行业企业中的适用性。访谈的目的是确定企业是否实施和监视所选指标所需的变量，或者它们是否已实施了这些指标。访谈之后，学者、专家再次做出新的判断，以验证所选指标的适用性或提出必要的更改。这样就可以确定适合该行业企业的精益绿色绩效评价指标体系。本书将建立制造业企业一般性的精益绿色协同融合成熟度框架模型，提供一个公共的评价框架，因此不涉及具体评价指标的选择。在本书中，为了更好地解释所提出的评估模型，说明模型的构建思路，本书定义了构成 LGS 模型的评价指标，总共包含 20 个指标。以精益绿色绩效评价指标为基准来评价企业精益绿色协同融合成熟度模型，可以分别从评价指标数量两个方面和绩效实施结果方面评价，最后综合三者的评价结果（取平均值为最终的结果）。

5.3.2.2　精益绿色绩效评价指标实施监控数量评价模型等级（L_1）

在确定制造业企业成熟度评价指标（不少于 18 个评价指标）后，可以从企业采用了多少个绩效评价监控指标来判断企业目前处于一个什么样的精益绿色成熟度。企业采用精益绿色绩效评价指标数量的成熟度等级和评估指标的数量关系如表 5.10 所示。

表 5.10　企业采用实施监控的指标数量与成熟度级别的关系

绩效监控指标数	成熟度
0~4	1
5~8	2
9~12	3
13~16	4
17~20	5

5.3.2.3 精益绩效监控指标与绿色绩效监控指标区别度评价模型等级（L_2）

单独采用总体的精益绿色绩效输出监控指标的总体数量来评判该企业整体的精益绿色成熟度是不完整和不平衡的，还需从精益绩效输出指标和绿色绩效输出指标的差异性（精益与绿色融合性外在表现，评价指标之差越小，说明协同融合性越好）评价企业所处成熟度等级。精益方面的监控指标与绿色方面的监控指标之差组成的评判标准如表 5.11 所示。使用该标准来判断企业成熟度等级时，必须在采用表 5.10 标准进行评判的基础上得到另一个等级，然后取这两者的最小者来确定该企业处于哪一个成熟度等级。

比如 A 企业目前采用评价精益绿色绩效输出监控指标的总数是 14 个（其中精益指标 9 个、绿色指标 5 个），从表 5.10 的评判标准可以得到该企业的成熟度等级为第 4 级，通过表 5.11 的评价指标可得到该企业的成熟度等级为第 3 级（精益指标与绿色指标之差为 4），故该企业的精益绿色成熟度等级为第 3 级。

表 5.11　精益绩效监控指标与绿色绩效监控指标之差与成熟度等级的关系

精益绩效监控指标数量 与绿色绩效监控指标之差	成熟度等级
0~3	水平等级同表 5.10 的判定结果
4~7	水平等级在表 5.10 判定结果的基础上降一级
8~10	水平等级在表 5.10 判定结果的基础上降二级

5.3.2.4 精益绿色绩效评价指标监控测量值计算的评价模型等级（L_3）

由于不同的监控指标测量单位不一致，数据量纲不统一，为了评估精益绿色监控指标测量值所代表的该阶段企业精益绿色协同融合成熟度，可将其值做归一化处理，见公式（5-4）。我们在需要将不同来源的数据以相同规模进行处理的几项研究中使用了此方程式。它允许将所有值设置在 0~100，因此可以在同一径向图中绘制具有不同度量单位的指标。

$$V_e = \frac{V_i - V_{\min}}{V_{\max} - V_{\min}} \times 100 \qquad (5-4)$$

上式中，V_e 为归一化后的指标值，V_i 为当期的测量值，$V_{\max}$、$V_{\min}$ 分别为该监控指标的最大值和最小值。为此，需要企业建立相应的数据库来保存历史数据，以方便进行相应的统计计算以及进行改进前和改进后的效果对比等。对于定性指标，则可以通过问卷调查的方式来获取该指标的数值，且每种选择的回答都具有权重。这样，每个部分的效应之和就会生成一个值，该值等于绩效指标值。该指标也将通过公式（5-4）进行标准化。其中最大值和最小值将分别通过权重较大或较小的效应选项的总和来确定。在绩效指标的值归一化后，将其用雷达图进行表示，即可以通过计算图中覆盖的面积百分比来定义该企业所处的成熟度等级。该百分比是根据评估中确定的值相对于图表的总面积来生成的，该总面积对应于由图 5.8 形成的中心到外环的面积，也可以直观地显示企业需要改进的领域。

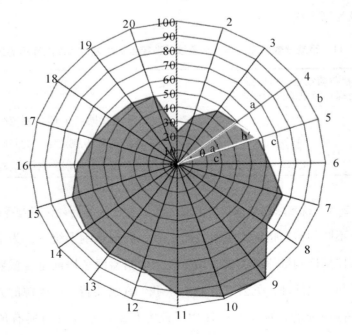

图 5.8　雷达图（模拟案例）

图中总面积的计算由 20 个边长分别为 a、b、c 的三角形组成，图中覆盖的总面积由 20 个边长分别为 a'、b'、c' 的三角形组成，三角形的顶角为 θ，其值为 360°/20。三角形面积的计算步骤和公式（Leite，2014）如下：

$$b = \sqrt{a^2 + c^2 - 2 \times a \times c \times \cos\theta} \tag{5-5}$$

$$s = \frac{a + b + c}{2} \tag{5-6}$$

$$s_{area} = \sqrt{s \times (s - a) \times (s - b)(s - c)} \tag{5-7}$$

可以知道 a 和 c 对应于曲线图的两个轴，其长度由相应绩效指标的值给出，b 由公式（5-5）计算。其中外环面积的轴长为绩效指标的最大值，总面积对应于由图的轴形成的 20 个三角形的面积的和。因此，根据公式（5-5）、公式（5-6）、公式（5-7）可以计算出绩效指标所在每个三角形的面积，所有三角形面积的总和对应于图中的灰色区域。只需计算该灰色区域面积相对于总面积的百分比并通过表 5.12 的定义来确定相应的结果，并根据此结果确定成熟度等级。

表 5.12　绩效指标值面积区域比值与成熟度等级的关系

绩效监控指标值的面积百分比/%	成熟度等级
0~20	1
21~40	2
41~60	3
61~80	4
81~100	5

最后，企业总体的成熟度等级由上述三者的算术平均值确定，计算方法见公式（5-8）。

$$L_{总} = \frac{L_1 + L_2 + L_3}{3} \tag{5-8}$$

5.4　本章小结

人力资源是企业实现可持续运营的关键资源要素。本章首先运用 ANP 和 ISM 技术（方法、工具）为制造业企业实施精益绿色战略环境下的人员管理和帮助组织维持其运营绩效提供了一条可视化、透明的和切实可行的路径，尤其是建立了人员横向整合的跨部门共同指数的 ANP 企业动态统计评价框架。人员整合是企业成功实施精益绿色运营管理模式的关键，精益绿色战略又促进了企业经营的可持续性。因此，对企业人员（员工）的横向和纵向的协同整合可以导致组织创造更高价值。

针对制造业企业精益绿色协同实施过程中的驱动因素进行分析，本章提出四大类 15 个影响因素，并基于 DEMATEL 方法对这 15 个驱动因素进行分析和辨识。根据计算结果，可以进行综合影响指数分析，分析影响驱动精益绿色系统的重要因素和主要因子，从而在实践过程中予以特别关注和重点培育。

制造业企业的精益绿色集成协同程度与精益绿色协同成熟度密切相关，精益绿色协同成熟度越高则制造业企业的绿色精益化程度越高，精益绿色协同成熟度越低则制造业企业的精益绿色化程度越低。因此，科学地对制造业企业精益绿色成熟度进行评价是有效开展精益绿色实践的基本前提。虽然已有不少专家、学者从不同的视角对精益绿色系统绩效评价等开展了研究并建立了比较多的模型，但是就目前而言，仍比较少有精益绿色成熟度等级评价方面的研究成果，因此，本章最后借鉴信息软件行业广泛应用的软件能力成熟度模型（capability maturity model，CMM）的成功经验，结合实施精益管理系统的特点，建立企业实施精益绿色系统水平评价能力成熟度模型（Lean-green Capability Maturity Model，LGCMM），也即通过建立概念框架，建立一个用于评估精益和绿色系统集成协同等级的模型

（lean green synergy，LGS）来评估制造业企业精益和绿色系统集成程度和成熟度等级。通过模型可以发现企业在实施精益绿色实践过程中存在的短板，能够进一步促进精益绿色系统的协同融合，促使精益绿色系统完美结合，促进企业的可持续发展。

6　精益绿色制造系统集成协同运行设计

本书对上述理论和实践的研究，在已有的研究文献基础上推演出了一套精益绿色框架模型（图 6.1）来帮助企业通过实施精益绿色战略获得经济、环境和社会效益。这个模型说明在企业实施精益绿色系统实现企业的可持续运营转型的动态过程中必须包含三个层级：企业战略层面精益绿色思想的渗入（S）、运营层面精益绿色思维绩效评估指标的集成整合（O）、操作层面精益绿色方法（工具）的实施（C）和持续创新改进（I）。这个动态体系简单地展示了制造业企业能够通过精益生产和绿色制造的相互协作来达到经济、环境和社会层面的可持续性运营绩效并产生相互加强的效果，后续章节将详细地阐述该体系的展开模型。

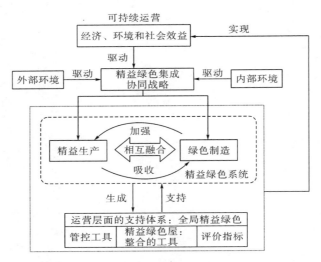

图 6.1　制造业企业精益绿色集成协同实施模型

184

6.1 精益绿色制造系统集成协同管控战略方法

6.1.1 精益绿色战略层面的渗入

随着环境污染日益严重，环境问题的重要性日益凸显，大多数企业意识到了环境管理对于维持企业竞争优势的战略意义，尤其是在中国这样的发展中国家，面对对外贸易严重的绿色壁垒和以资源消耗为主的制造业所造成的环境问题，强化环境管理尤为重要。近几十年来，中国的工业快速发展，经济发展取得了长足进步。但是，这种发展在一定程度上是以牺牲环境为代价的。因此，制造业企业目前最重要的事是要了解企业如何做到环保，同时又不损害企业的盈利能力。越来越多的学者正在研究精益和绿色制造对企业实现盈利和绿色环保的重要性。传统上，精益生产被视为改善经济和运营绩效的有力工具，但它对环境的影响参差不齐。现有的研究还调查了精益和绿色实践以及两者之间可能的协同作用，并探讨如何通过建立管理系统和工具带来积极的运营绩效。然而，在企业层面上，尤其是在发展中国家的企业中，部署精益和绿色实践仍然困难重重。企业实施精益生产和绿色制造管理系统这个过程由企业基于自身情况和战略层面的思想进行选择，主要包括企业的外部环境和经济状况（例如发展阶段和经济模式）。

作为经济增长最快的最大发展中国家，中国的环境形势正日益严峻。国内很长一段时间都坚持以 GDP 为导向的经济发展模式，这导致了全社会发展都以 GDP 增长为目标。中国采用传统的高消耗高污染的发展模式刺激经济高速增长，带来了相应的环境问题。中国加入世界贸易组织以来的经济快速增长都伴随着环境的严重恶化。为了使中国经济继续快速发展，中国的企业需要采取环境管理措施。自1992年以来，中国已将可持续发展作为基本的国家战略。在2009年哥本哈根世界气候大会上，中国承诺到2020年每单位GDP的碳排放比2005年降低40%以上。目前这个目标已超额完成。这是所有的中国企业采取巨大规模的节能减排环境保护措施的结果。现在，许多制造业企业已实施了降低环境影响的管理方法，例如环境管理体系和清洁生产以及绿色制造，以提升环境和经济绩效。但是，在中国，生态退化和环境污染仍然是严重的问题，严重损害了人们的生活质量和经济发展。由于各种原因，制造业企业在实施绿色实践方面面临严峻的挑战。例如，对绿色制造方法的可用性和收益的了解有限，导致许多企业经理将"绿色"视为增加的成本，而不是潜在的收益，而且他们可能不了解使用传统的生产手段和技术是如何影响环境的。很多制造业企业忙于应付各类环境保护的公共政策法规而无暇考虑长期的可持续发展问题，以末端治理解决燃眉之急，治标不治本。

中国不少企业长期以追求短期经济效益为导向，为了在激烈的市场竞争中生存下来，长期只关注短期利益。这是中国大部分企业的特性决定的：中国的很多企业缺少核心技术，只能局限于制造和加工环节，处于价值链上利润最薄弱的环节，导致不少企业热衷于追逐短期的经济利益。根据微笑曲线理论，价值增加环节主要存在于设计阶段和销售环节等价值曲线的末端，而中间制造环节的价值增加非常少。因此，企业的价值只能通过大量消耗电能、水、土地、人力和其他资源来获得价值增加，迫使企业必须持续减少浪费并不断创新流程，寻找新的增长点来维持生存与发展，精益生产的理念被普遍接受，都将精益生产视为最有效的减少浪费的运营方法。而面对如今的环境状况，企业还必须引入环境管理系统，消除环境影响，实施绿色制造。为了满足客户不断增长的绿色产品需求以及符合政府环保法律法规，各企业必须重新考虑它们传统的操作和管理流程。在这种情况下，绿色精益实践已经被制造业企业采用以实现更符合环保原则的运作管理。精益模式被认为可以减少浪费从而降低了成本，提高了质量和效益，确保更好地利用资源，并创造价值带来客户，而绿色制造力求减少对环境的负面影响。然而，中国企业的精益绿色水平普遍较低，精益绿色的应用模式仍然不清晰。对精益绿色的有效应用需要专业知识和丰富的经验，而这些正是很多企业欠缺的。

在企业战略中导入精益绿色战略有助于明确企业核心竞争力，基于核心竞争力的发展战略可以保证企业发展方向的正确性。企业通过进行内部战略分析，有助于根据自身发展情况进行战略调整，强化其核心竞争力。实践中应用的战略性绩效管理体系主要有两个：关键业绩指标法和平衡计分卡法，如图 6.2 所示。

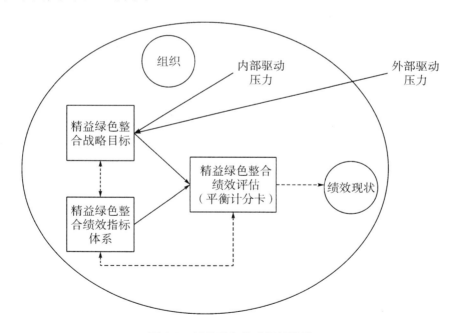

图 6.2　精益绿色战略框架模型

6.1.2 基于 BSC 的精益绿色战略集成管控方法

BSC（平衡计分卡）强调了绩效管理与企业战略之间的紧密关系，有一套具体的指标框架。平衡计分卡的实施能够促进企业战略的显现化，关注利益相关者，改善内部运营状况，调动员工积极性与主动性，加强内部沟通。实施精益绿色战略是实现企业发展目标的必然选择，精益绿色与平衡计分卡的整合是企业战略落地的有效途径，指标驱动企业精益绿色实践将始终围绕企业关注的发展目标，如图 6.3 所示。

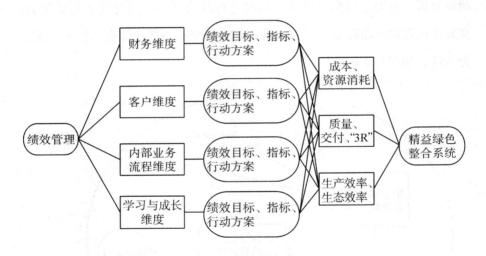

图 6.3 精益绿色战略与评价指标关系矩阵

制造业企业在精益绿色战略实施过程中，所有改进成果都可以由精益和绿色目标来体现。除了定量指标——成本等经济指标衡量有形收益外，还可以通过社会、环境指标体系来分析企业获得的无形收益。这些无形收益对企业的贡献特别是对企业实施精益绿色制造实现可持续运营转型的贡献比有形效益更大。尽管单独评价企业经营过程中的经济绩效、社会绩效和环境绩效的指标有很多，但是综合评价三者的综合指标体系仍比较少，在评价的过程中并不能简单地将这些指标叠加。我们选择的指标还需要反映出其他绩效并与经济、社会和环境三重底线互相关联，如图 6.4 所示。

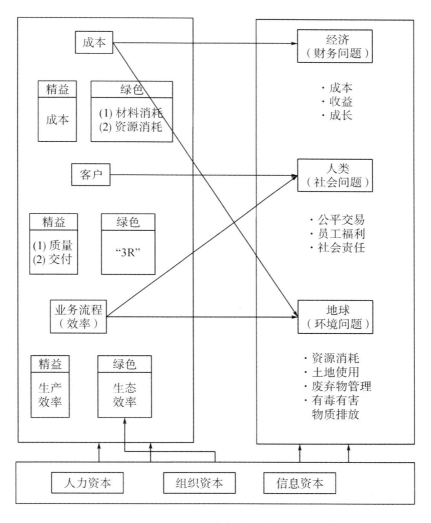

图 6.4　评价指标体系关系

6.2 精益绿色制造系统集成协同在运营层面的运行

在企业管理者和全体员工对导入和实施精益绿色战略达成一致意见，同时取得双方的信任和支持后，应准备将精益绿色战略应用于实践，这就需要一些新的工具和视角来解决精益生产与环境管理之间的矛盾。为了达到这个目的，在运营策划层面，企业应尽可能在自身企业特色的基础上形成自己的生产系统即XPS。

6.2.1 全局精益绿色

工业活动的基本原则是通过卓越运营来竞争，而卓越运营通常被最佳实践方式描述为经营转型和改进工作的基础。福特和斯隆将世界制造业转移到了大规模生产方面，而丰田章男和大野耐一则通过精益生产模式引领了制造业的不断改进。如今，大部分企业根据标杆企业的最佳实践模式进行运作，按照最佳实践在本企业导入实施。在许多情况下，这些都是以企业特定的生产系统（XPS）模型的形式量身定制的，以实现自己的最佳发展。比如，企业质量管理系统（QMS）、环境管理系统（EMS）和职业健康与安全系统（OHS）在大多数制造业企业中都是已建立的惯例体系。但是，尽管企业按照ISO14001的EMS规定来提升环境绩效，但没有规定如何促进组织的环境绩效或使用何种方法。生产系统或精益计划可以促进某些组织方法，工具和方法的实施促进企业的经济效益。因此，需要企业将环境、健康和安全管理问题纳入生产系统模型。制造业企业为了实现或扩大可持续制造领域的发展，必须整合企业已实施的正式的管理系统（QMS、EMS、OHS）和精益运营管理，以最佳实践为导向制订生产系统改进方案，也叫XPS，类似于丰田屋（如图6.5所示），在企业的运营管理体系中进行整合，从而指导各部门、各生产制造单位的具体操作。

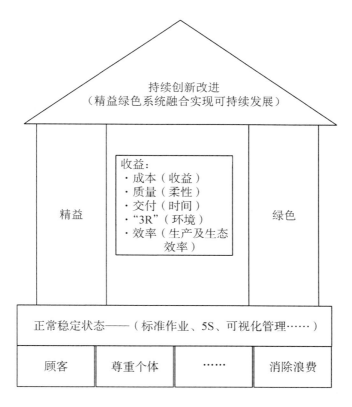

图 6.5 制造业企业生产系统 XPS 通用框架

6.2.2 精益绿色集成协同核心要素

基于 XPS 的这个集成生产系统（类似于丰田屋），最重要的是其怎么去包含和整合企业已实施的正式的管理系统（QMS、EMS、OHS）和精益运营管理中每个系统的所有关键组件。由于对 XPS 中的元素尚无共识，不同的企业采用 XPS 的方式有所不同。根据最近对 TPS 和 XPS 的描述，本书确定了 XPS 中的四个核心要素，并对目前的发展现状进行描述。

（1）价值观和愿景、原则。对于每个拥有自己独特的 XPS 的企业而言，基于企业核心价值观的长期愿景被视为必不可少。当所有不同的管理系统原理和工具都被整合到一个操作系统中时，企业愿景体现的是对企业运营和经营结果的整体看法。原则则是用来支持 XPS 的整体系统视图和维护。例如，丰田方式由五个价值原则来描述：挑战、kaizen（持续改进）、"三现主义"（领导力和通过寻求资源解决问题）、尊重、团队合作。其反映在企业业务价值上，旨在使企业成为客户首选的可依赖产品/服务提供商，并通过质量和创新为客户创造价值。此外，企业的目标是表现出对社会和员工的尊重，以及对供应商和其他利益相关者负责任。进入 21 世纪后，丰田公司以"丰田基本理念"为基础，基于增长、效率、稳健三大关键绩效指标追求可持续性发展，确立了企业对员工、顾客、环境、社会、贸易伙伴、公益活动等关键相关方的基本责任。

（2）工具、方法和技术。精益绿色系统在企业的实施实际上是通过工具、方法和技术来实现的，这些工具、方法和技术都朝着最佳实践的方向发展，并专注于持续改进活动和行为。质量绩效以及 OEE（整体设备效率）和生产率指标均得到监控，改进这些活动的团队活动显而易见。此外，大部分制造业企业每天都会通过监视员工的健康状况来跟踪健康和安全，并开展有关安全的团队改进活动；每周都会对环境事故进行跟进，但大部分企业的环境活动改进工作将由当地政府的环境保护部门进行监控。环境目标是在企业级别设置的，并未分配给相应的团队专门负责，因此环保工具未集成在 XPS 中。因此，为促进企业的可持续发展，实现精益绿色的深度融合，必须将环境管理系统和绿色制造实践方法融入企业的 XPS 中。

（3）组织及关键绩效指标（KPI）。具有特定角色和责任的组织在实践中进一步限制了人们之间的行为和相互交流，因此改进组织的结构和培训以及减少过程变化特别重要。企业通常会对计划目标的实现设定相应的评价指标来进行监控。但是，对可变参数的识别和监控参数的选择对于管理复杂系统至关重要。通过对众多世界 500 强企业的战略管理监控体系的研究，人们发现最重要的监控参数通常作为平衡记分卡中的一组 KPI 给出。这组 KPI 表示每家企业的价值观和原则的重要性。例如，在丰田公司，可以遵循质量差异和生产周期差异来确定质量和交货时间的瓶颈过程。

（4）审计/审核系统。为了修正和改进其他要素的实施，通常会采用审计或评估模型来审计企业的组织学习情况。在许多精益绿色改进系统中，例如"世界一流的制造"和其他精益计划，企业为了寻找和交流最佳实践，非常重视审计体系。在目前的实践过程中，质量和环境管理组织在环境和质量部门中相互集成，而健康和安全由其他部门管理以提供技术支持。在运营级别，团队成员被分配专注于某些方面，例如安全、质量或环境。因此，在这些重点领域的人可以是同一个人，也可以不是同一个人。目前，QMS、EMS 和 OHS 可以通过一个集成管理系统来进行了认证和审核，TPS 的内部审计由重点不同的部门和人员进行。

精益系统对企业运营绩效的提升得到了众多企业的认可，随着对绿色制造的了解和实施，制造业企业可以将其 XPS（TPS）视为改善环境状况的强大工具。"精益思想就是环境思想"和"减少浪费和不必要的资源使用是 TPS 的核心，通过这种方式还可以减少排放和浪费"。企业可以为分类实施环境、健康和安全的行动而从上至下"对应集成"到企业的精益、质量管理系统中，形成"连贯集成"，把实现环境、安全等相关议题整合到企业的整个业务模型中，达到了环境问题与制造、质量议题的"战略整合"，避免了 EMS 和 XPS 之间的直接冲突，可以加强系统之间的逻辑连接。

6.3　精益绿色制造系统集成协同在操作层面的运行

在解决精益生产和环境管理之间的矛盾，在运营层面实现整合并获得具体特定的执行工具之后，就可以遵循一定的步骤来构建精益绿色系统在制造现场的具体实施过程体系。制造业企业的最小作业单元为生产车间，一个生产车间由一条或数条作业流水线组成，对车间的改进其实就是对应流水线的精益绿色改进。

制造业企业的一条产品的单件流水作业生产线是按精益原则组织的制造业企业中最低的生产级别，它由有限数量的操作人员或机器组成。在车间单元级别上实施精益和绿色系统的主要目的是提升支持流程的效能（即减少材料和能源消耗以及废弃物的产生），并减少所有废弃物及其影响。这项研究的目的是根据操作评估制造单元的物料能源流。预期的输出是这些熵流的提升程度。图 6.6 为描绘物料能源流分析的框架。

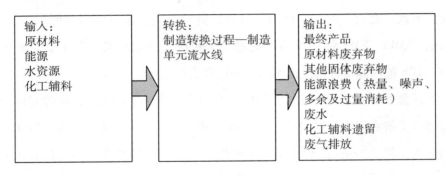

图 6.6　流水线制造单元级别物料能源流分析框架

精益与绿色系统模型在制造业企业车间现场的导入实施，其背后最重要的认同是，精益和绿色方法可以整合为已经建立了精益制造的单元的持续改进过程的一部分。因此，要成为精益和绿色模型整合实施的标杆或者企业进一步优化改进的候选场所，其主要前提或者基础，正如图 6.5 中的XPS 系统的基础结构一样，精益绿色的整合需要相应的基础条件：流程稳定，交货记录超过 90%；使用和应用精益工具的成熟部署水平（即操作员工已经知道并应用最常见的精益工具，例如 5S、可视化管理、自主维护和损失时间分析）；员工参与（EI）制度和系统到位（操作员已经知道并应用了最常见的 EI 工具，例如日常会议、可视化展示等）；一个支持性的管理团队（即部门经理以及高级和中层管理人员）可以支持、协助实施精益与绿色计划；良好的环境意识（即已经对操作员进行了相关环境问题和关注问题的培训）；制造单元大量使用自然资源（即材料、化学药品、水和能源）。

基于精益思想，精益与绿色系统整合模式包含五个方面步骤如图 6.7
所示。每一步骤的内容（目标）如下：

步骤 1：价值流分析—稳定的价值流，确定需要改进的地方。确定一
个需要大量资源投入使用的作业流水线单元，精益工具部署良好以及生产
流程稳定的运营部门，该部门能够证明精益与绿色模型的应用合理。

步骤 2：识别环境关切和影响。通过识别价值流的环境方面和影响来
定义过程改进范围。环境关切和影响定义根据 ISO14001：2015 来考虑。环
境关切和影响可能影响环境、生产单元输入或输出的活动、产品或服务的
特征或特性。环境影响是由单元输入和输出引起的环境变化。

步骤 3：测量环境价值流，确定有关环境过程的实际数据。收集环境
数据，按流程的当前状态为其主要环境流来识别生产单元的实际状态；测
量生产单元的物流/能源流；开展改进活动。改进活动使用的评价指标用
于确定如下成本：能源，使用数据仪器设备收集特定时间段（即一个月）
内消耗的所有能源；水，使用数据仪器设备收集特定时间段（即一个月）
内消耗的所有水；金属和受污染的废弃物及其他废弃物，这表示生产单元
在特定时间段（即一个月）内产生的所有类型的废弃物；油脂等，使用数
据仪器设备收集特定时间段（即一个月）内一个单元使用的所有化学品；
废水，使用数据仪器设备收集特定时间段（即一个月）内产生的所有
废水。

步骤 4：改进环境价值流。在 kaizen 研讨会期间确定消除废弃物的机
会，确定主要生产支持流程的改进优先级，以便团队在改进活动期间进行
分析。在车间组织团队合作，确定主要的废弃物消除机会，分析每个流程
中的主要废弃物并确定主要的改进措施。根据作业员工和机器的数量，
kaizen 事件可能涉及 20~30 人，其中包括所有操作员、负责人和管理人
员、维护人员以及环境和精益专家。精益与绿色整合模式下的改进过程结

构包括以下三个阶段：

阶段1：花数小时介绍生产单元及其实际状态以及生产单元物料和能源流的成本以及对环境的影响，然后建立跨部门的改进团队，负责每个生产单元的支持流程改进活动分项目（即能源、废弃物、水、化学药品等）。

阶段2：花数小时让改进团队参加车间作业。每个团队的目标是了解每次单元操作期间各流程资源的使用或熟悉生产流程。团队应回答的问题包括①为什么在此过程中必须进行此制造操作？②为什么在这里产生这种浪费/消耗？③产生频率是多少？④为什么需要这个频率？⑤此作业是否按照工作标准进行部署？⑥标准是否正确？⑦如何消除或减少这种作业或者消耗？

阶段3：花数小时来绘制生产单元物料和能源流的现状和未来状态图，并为改进机会制订行动计划。这里应回答的一些问题包括①确定了什么？②有哪些改进机会？③预期的变化是什么？④有什么收获？⑤未来状态如何？在回答了这些问题并为该生产单元建立了新的物料和能源流图以及完成这些改进的具体行动计划后，将改进结果提交给现场领导（必须由领导来批准该计划）以制定适当的期望目标。最后，通过考虑改进活动期间进行的所有分析，制作一张未来地图，以显示未来的过程。

步骤5：持续改进。在 kaizen 研讨会中制订行动和沟通计划。在改进中取得的成果通过领导标准工作进行评估应该能够产生可持续性。该行动计划已由项目团队负责人确认。团队成员之间的联系是通过应用现有的员工参与工具建立的。

精益生产与绿色制造的整合是制造业企业基础生产单元持续改进过程中的第二步。可以理解，稳定的生产流程是实现精益和绿色企业的第一步。一旦生产单元实现稳定性并达到一定的生产效率，团队就可以进行下一步了。这解释了为什么精益和绿色整合模型被指定为已经具有稳定生产流程并在应用精益思维概念方面达到基准部署水平的单元。此外，领导力是精益和绿色部署的基本基础。kaizen 计划需要得到生产经理的批准，并且需要得到团队负责人和团队成员的完全承诺才能正确部署和实施它。

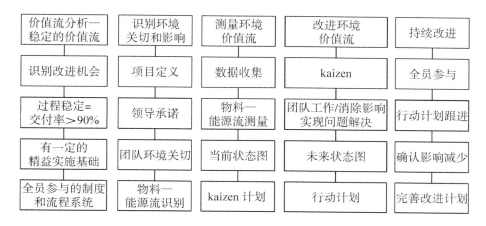

图 6.7 精益和绿色整合模式的五个步骤

6.4 精益绿色制造系统评价方法研究

6.4.1 制造业企业精益绿色制造系统实施综合绩效评价指标体系

精益生产因其始终如一的目标，即消除工厂（车间）产品和服务提供过程中的浪费来降低成本、提高效率，快速响应顾客的需求，为顾客创造价值而闻名，使企业能够保持竞争力，甚至在竞争激烈的市场上蒸蒸日上。绿色制造系统能够节约能源，降低制造过程对环境的负面影响。因此，精益绿色制造系统的集成融合能够为制造业企业带来所需要的高生产率、响应迅速，又是生态高效的生产系统，即提供更多价值且对环境影响较小的系统。制造业企业在实施精益绿色制造系统的过程中需要对实施精益绿色的绩效进行评价，因此评价模型以及评价指标体系的建立非常重要。笔者所在的研究团队已将绿色制造的思想引入制造系统，并且建立了

TQCRE（time、quality、cost、resources、enviroment effect）制造系统决策属性框架和评价指标体系。本书在 TQCRE 的基础上融合精益制造理念，构建了一个指标体系（见表 6.1）来对制造业企业实施精益绿色制造系统进行综合评价，所提出的指标体系是一个综合的、基础的、常用的指标体系，不同的制造业企业可以结合自身所在行业的特色和企业的发展阶段增加和删减相应的指标体系。

目前，针对精益绿色制造系统的评价模型有：基于仿真的评价模型（Paju et al.，Diaz-Elsayed et al.，Greinacher et al.，Kruse et al. 和 Sproedt et al.），数学模型——基于决策方法（多准则决策模型）（Wong & Wong 和 Thanki et al.），以及其他的模型，如理论模型、理论模型和数学模型的结合等。可以说，针对精益绿色制造系统的评价模型已经比较成熟，但是在评价指标的定义上还没有形成一致的结论。本书在文献研究的基础上，总结精益绿色制造系统综合评价的最常用指标体系，以帮助制造业企业评价其精益绿色运行绩效。本章所建立的精益绿色制造系统评价指标体系如表 6.1 所示，该体系指标有宏观总体性的指标和具体的评价绩效指标。这些指标在上述每个模型中都有揭示，可以在相应的参考资料中找到，例如运行指标（生产效率、响应速度等）、与时间（提前期）或经济相关指标（成本即运营成本、库存成本和环境成本）；其他被视为社会指标的指标，例如腐败风险、供应商筛选和本地供应商比例；和环境相关的绩效指标（环境污染程度、绿色形象和 CO_2 排放）等，主要目标是提高资源利用效率，如再利用和再制造的回收材料百分比，同时缩短交货时间，降低库存水平，减少废料、能源消耗以及固体和液体废弃物数量。同时，该指标体系也考虑了所谓的 eco-indicator 99 或简单的 EI99 数据库中的环境生态指数所衡量的环境影响。它是一种加权生命周期评估结果的方法，考虑了产品的环境负担，并衡量产品生命周期全过程对生态系统、人类健康和资源使用的影响，并可通过考虑所有环境因素来分析产品的生命周期（原材料、生产、分销、使用和回收）。

表 6.1　精益绿色制造系统实施总体绩效指标

评价项目性质及内容	KPI & KPIE 概述
总体宏观性、基础指标体系（三重底线维度）	经济：运营成本、环境成本、库存成本； 环境：环境污染种类、绿色形象、二氧化碳排放； 社会：腐败风险、供应商筛选、本地供应商比例； 环境影响（EI99）（mPt/unit）； 温室气体排放（换算成 Kg CO_2 或标准吨煤）； 单位产品成本； 单位人均生产率； 生产周期； 化石能源的累计需求
车间生产线物料/能源流分析指标	能量消耗（兆瓦小时/月）； 水资源消耗（立方米/月）； 金属、物料及受污染的辅助物料等及其他废弃物（吨/月）； 油类及化学品的消耗（立方米/月）； 废液、废弃物等（立方米/月）
精益制造与绿色制造的交互作用与实现可持续发展之间评价指标	单位产品产出电能消耗； 单位产品产出的制造过程中产生的废弃物； 单位产量耗水量； 每小时工作的工伤事故数量
衡量精益绿色制造和组织文化之间的相互作用的评价指标	员工的改进建议数量； 员工的培训时数； 内部员工满意度； 组织成熟度（包括对精益生产、绿色制造的概念理解和掌握）
组织文化和可持续性之间的相互作用评价指标体系	企业履行的社会责任相关内容（社会项目等）； 参与志愿服务的员工人数； 受企业推动的社会行动影响的人数
其他相关的具体评价指标（具体企业选择相应其他的评价指标）	缺陷； 车间使用的空间； 不必要的动作； …… 喷涂过程中的 CO_2 排放量

6.4.2　车间生产线精益绿色制造实施绩效评价

本书在评估车间流水生产线的绩效改进方面采用了物质流成本会计（material flow cost accounting，MFCA）方法，图6.8描绘了具体操作流程的框架。物质流成本会计（MFCA）使得企业资源结构清晰化、损失成本可量化，从产品生产技术和企业创新管理两方面提升了其经济效益和环境效益。MFCA为优化企业内部物质流投入结构、降低环境成本提供了切实可行的路径，将其用于改进过程的内部决策和环境管理具有较强的实际意义，是用于评价经营决策的一种环境管理会计方法，是对传统环境成本计算的创新和发展。

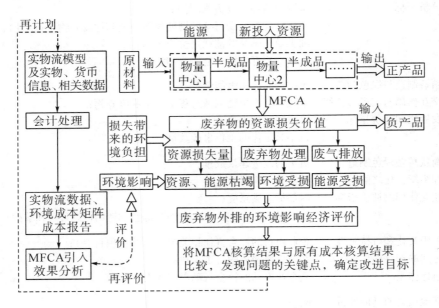

图 6.8　MFCA 在制造流水线绩效评价中的具体操作流程框架

通常企业在对产品成本进行计算的时候，只要是符合质量要求的合格品，其废弃物通常需进行特殊处理，其处理费用最终以制造费用显示。废次品作为产成品（正产品）的"负产品"，其所包含的原材料损失和制造费用（人工费、设备折旧费）往往被忽略。在进行正产品成本计算时，下一工序成本包括上一工序结转的成本，因此各工序新投入成本和上一工序的成本、正产品成本以及负产品成本的数值清晰可见。图 6.9 反映了 MFCA 在 EMA（环境管理会计）中的地位。

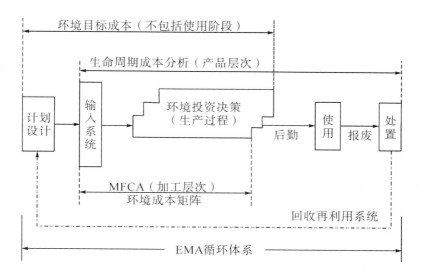

图 6.9　MFCA 的循环体系结构框架

MFCA 通过构建实物流成本矩阵将物料能源流量系统的要素数量化，依据其内部透明性特征，进一步提升物料流量的经济与生态导向功能，将最终废弃物的物料成本及其所分配的间接费用等均包括在内，并以这些全部的成本费用作为管理对象。MFCA 主要体现出以下特征：产品成本 = 正产品成本+负产品成本。其具体计算过程如下：

$$TC = MC + SC + EC + WC \tag{6-1}$$

$$M = G + g \tag{6-2}$$

$$TM = A\sum_{i=1}^{n} G_i + A\sum_{i=1}^{n} g_i \ (i = 1, 2, 3, \cdots; \ G_i, g_i \geqslant 0) \tag{6-3}$$

$$C = av + aw \tag{6-4}$$

$$TC = A\sum_{i=1}^{n} av_i + A\sum_{i=1}^{n} aw_i \ (i = 1, 2, 3, \cdots; \ av_i, \ aw_i \geqslant 0) \quad (6\text{-}5)$$

$$v = \frac{A\sum_{i=1}^{n} G_i}{\text{TM}} \times TC \quad (6\text{-}6)$$

其中，TC（total cost）：总成本；MC（material cost）：物料成本；SC（system cost）：系统成本，包括人工成本、设备折旧等；EC（energy cost）：能源成本，包括电力、燃料费用等；WC（waste-treatment cost）：废弃物管理成本。基于 MFCA 的成本分析方法和前文对投入成本的分类，若企业产成品数量为 A，M 为单位产品重量，G 为单位正产品重量，g 为单位负产品重量，C 为单位产品成本，单位正产品成本为 av，aw 为单位负产品成本，V 为总正产品成本。因此，相应的成本计算根据上述公式进行。

以制造业企业为例（如图 6.10 所示），假设生产某单位产品需投入原材料（依次加工的板材）100kg，材料费投入 MC 为 1 000 元；通过加工转换过程后，加工费（人工费、设备折旧费等）投入 SC 为 600 元，其中正产品成品（作为产品销售）产出 60kg（正产品 SC 为 3 600 元、正产品 MC 为 600 元）、负产品（作为边角余料）产出 40kg（负产品 SC 为 240 元、负产品 MC 为 400 元），那么 MFCA 核算与传统成本计算的差异体现在：

（1）按传统成本计算方法，尽管在生产时产生 40kg 废弃物，但并未计算其成本，而是将其作为投入阶段的成本计算，因此产品成本为 1 600 元（1 000+600）。

（2）按照 MFCA 核算，负产品和正产品都需要根据产品重量和废弃物重量分摊成本，因此，在本例中正产品分摊的成本为 960 元［60÷100×（1 000+600）］，负产品-废弃物应该分摊的成本为 640 元（1 600-960）。

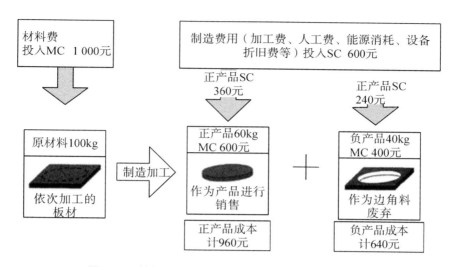

图 6.10　某加工工序传统成本及 MFCA 成本计算比较

由此可见，传统成本计算法和采用 MFCA 核算方法计算的企业制造成本有很大的差距。通过采用环境管理会计成本新方法能够让管理人员及时了解生产过程中不同工序关于其"正产品"和"负产品"的成本信息，能够及时掌握各工序检测点的制造成本分摊情况，确定制造成本的损失分布状况和需要改进的生产工序，进而控制成本，有的放矢地实现降低产品成本。只对符合质量要求的合格产品（正产品）进行产品成本计算才更切合精益绿色思想中的成本概念。而采用传统成本计算方法忽略了负产品所包含的生产制造过程中的能源、人工费、设备折旧费等制造费用的损失。MFCA 核算方法揭示了制造过程中各工序的资源投入和成本流向，为进行成本改进（改进活动的源头）以及科学决策（改进项目开展和改进收益可视化）提供重要依据，为从物质流动的角度审视生产工序成本流的分析计算提供了路径。

6.5 某汽车零部件企业案例分析

TY 机械公司目前是我国某 A 汽车集团（四大汽车集团之一）的成员，生产汽车发动机零部件。A 汽车集团除了有自有品牌汽车系统制造企业外，还积极寻求合资合作，和福特、马自达、江铃控股等建立合资合作企业，并向外资企业输入中国品牌产品，建立中国车企合资合作新模式。从 2005年初开始，借鉴合资公司长安福特、长安马自达的 FPS 体系和日系丰田的 TPS 体系，依据 A 汽车集团的具体情况推出了基于六西格玛、质量管理体系、环境管理体系和精益生产的改进计划的 XPS（APS，A 汽车集团精益生产体系），由 12 大要素四层次的文件体系（A 层：评估手册；B 层：程序文件；C 层：作业指导书和其他文件；D 层：记录）等纲领性文件进行系统设计（如图 6.11 所示），逐步推进，建立标准，对标提升实现持续改进，形成了集团的管理系统 EMS，与质量管理体系（QMS）和职业健康安全体系（OHS）相互结合，形成一个协调的体系。因此，TY 机械公司按照 A 汽车集团要求，在其公司内部推进 APS，并且晋级和推进目标完成情况每年都要接受 A 汽车集团的审核评估。

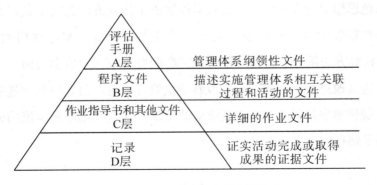

图 6.11 APS 系统四层次文件体系

6.5.1 公司运营层面的策划

6.5.1.1 愿景、价值观和原则

TY 机械公司的价值观是客户至上，质量，杜绝浪费，追求卓越，尊重个人，环境和安全。这些价值观支配着它们集成的经营管理系统（BMS），包括 EMS 和 QMS。它们的 XPS 基于精益管理，建立在对多个重点领域（包括环境）的控制上，如图 6.12、图 6.13 所示。系统设计基于变化控制和稳定性基础，并包含五项对抗损失和变化的原则：尊重人、需求驱动的流程、持续改进、通过标准化的稳定性、团队合作与参与等，共同打造一流的 SQCDEM（安全、质量、交付、成本、士气和环境六大方面）绩效指标企业。TY 机械公司重视安全、质量和对环境的关怀，以及注重尊重人的领导力。该公司的 APS，以丰田 TPS 生产方式的企业价值观为基础，辅以团队合作和过程稳定性，以及准时、内在质量和持续改进的原则，所有这些都支持客户关怀。XPS 结构与 TPS 类似。

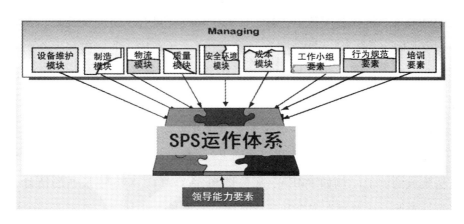

图 6.12 APS 系统要素系统模块

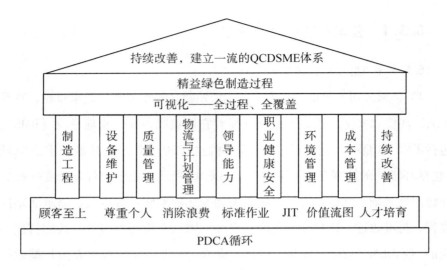

图 6.13 APS 管理系统精益绿色屋

TY 机械公司的 XPS 原理由传统的 TPS 丰田屋描述，以稳定（标准化）和 CI（kaizen）为基础，以准时（just-in-time）和防错防呆（尊重人）为支柱支撑屋顶，象征着客户的价值。值得注意的是，环境和安全与质量、交付和成本一起放在屋顶上。TPS 在五个标题下进行了进一步描述：①及时，②Jidoka（自主），③改善（持续改进），④环境，⑤健康与安全。在环境下，TPS 包括"3R"即减量化、再利用和再循环利用，这"3R"通过推广新的商业模式来实现，优化整个产品生命周期的激励。

6.5.1.2　工具、方法、技术和关键绩效指标

TY 机械公司用于一般改进工作的 PS 工具是传统的精益工具，并且有方法集成的例子（例如 FMEA、风险图和 e-VSM）。XPS 中最初的精益工具存在差距，主要是在安全和环境领域，需要进一步加强与管理系统的集成。EMS 和 OHS 方法由专家制定，并在健康、安全和环境支持部门实施。质量管理体系方法由质量管理体系支柱管理。环境专家仍在使用大多数环境管理系统工具和方法，需要进一步开发这些工具和方法，以便在操作层面上使用。而环境协调员在 EMS 中使用特定的改进工具。EMS 工具开发的

工作重点是可视化和每个人的参与，类似于 XPS 工具的工作。

　　TY 机械公司在推进之初的改进结果是根据三个主要的关键绩效指标来衡量的，即交付（按时交付产品的比例）、客户投诉（投诉数量）和首次通过（无须返工即可交付产品的份额）以及成本（环境成本）和生产率等其他衡量指标。三个主要的关键绩效指标在每年的精益绿色项目实施过程中都显示出显著的优化趋势，在一个研究具体工厂现场，劣质成本降低了 90%。现在，XPS 依赖于一组平衡的价值观和要素，包括用于安全、质量、交付、成本、环境和人员的 KPI（SQCDEM），并对其进行监控以衡量其绩效输出。关键绩效指标在 TY 机械公司层面上进行跟踪，并在运营层面上进行分解。TY 机械公司根据质量管理、质量、成本、交付、改进、安全、对人和环境的尊重等方面的关键绩效指标对绩效进行衡量和控制。每一个方面都包含一个标准化的 KPI 支持流程和工厂之间的比较。在一些类别中，如 Q、C 和 M，据报告四年内优化了 25% 以上，同时环境绩效也有显著提升。尽管改进趋势与关键绩效指标监控之间的联系无法得到证实，但如果将环境和安全关键绩效指标纳入 TY 机械公司的 XPS 中，管理者预计环境和工作环境也会出现类似的趋势。

　　在车间，安全、员工（现场）、质量和生产力绩效在项目团队和工作小组活动中进行跟踪，以提高生产率和产品质量，同时健康和安全也是常见的措施。对成本和环境绩效进行更高层次的跟踪，并跟踪旨在降低环境成本的改进活动。其使用的工具和方法主要是传统的精益工具。环境协调员主要使用一些特定的环境管理系统工具，如环境风险分析。

6.5.1.3　组织和管理体系审计

　　在组织方面，TY 机械公司有一个与 QMS 组织相结合的中心精益持续改进（APS）组织，建立公司领导机构，让领导小组亲自参与，专门成立专门部门来负责推进实施，从而建立从公司延伸至班组的专门推进办公室/负责人（人员及部门可以采用矩阵式组织结构），公司层面按照领导业务归口管理的原则，以 6 个专门小组的形式负责推进、管理、协调、监督、审核、体系完善工作，如图 6.14 所示。公司的目标是将基于 ISO 的管理系统与其 XPS 集成。这主要是由基础块中的环境和安全元素的附加项来完成的，并且 ISO 14001 要求也包含在审核系统中。

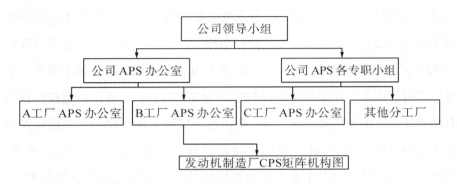

图 6.14　APS 推进组织机构

评估手册中明确规定环境管理是指企业对其生产现场、办公现场及周边环境按规定的要求建立一套行之有效的管理体系，并持续有效地进行科学、系统的管理和控制活动。通过执行一个运作规范、灵活有效且完全融入环境管理体系（ISO14001）中的环境日常运作管理系统，确保公司环境管理持续提升，并符合政府法规要求；通过持续提高企业的环境绩效，提高员工的环境意识和公司环境质量，达到支持公司经营目标、改善公司社会形象、保障员工身体健康、适应可持续发展需要的目的，最终成为环境友好型企业。评估手册中的环境管理要素旨在整合 ISO14001 环境管理体系中的内审管理，使之更具有操作性，并确保环境管理体系有效运行。建立管理体系的目的是加强企业内部环境管理，提高各企业的环境质量和全体员工的环保意识，保障员工的身心健康。

质量和环境管理组织在环境和质量部门相互整合，而健康和安全由技术支持部门管理。在操作层面上，团队成员被分配来关注某些方面，如安全、质量或环境，充分利用公司内部资源，采取各种宣传方式，营造良好的精益生产氛围，针对不同的人员层次开展不同内容的培训，强化价值认同和观念的灌输，相应方法、工具和技术的应用等知识学习，在实施过程中搭建各种平台等硬件设施辅助实施。拥有这些重点领域的人可能是同一个人，也可能不是同一个人。然而，EMS 组织并没有像 CI 组织那样明确定义，也没有与 CI 组织联系起来。尽管如此，在两个站点中的一个站点研究了环境、质量和 CI 的协调人责任在操作层面上由相同的人员承担，并且内部审计在很大程度上实现了整合。质量管理体系和环境管理体系在一个综合管理体系中得到认证和审核，而最近通过 OSHA 18001 认证的职业健康安全体系目前正在单独审核。APS 由六个人进行内部审计，他们各人的侧重点有所不同。

6.5.1.4　EMS 和 XPS 集成分析

TY 机械公司将其 XPS（TPS）视为改善环境状况的有力工具。正如该公司的环境部经理所说，"精益思维是环境思维"，"减少浪费和不必要的资源使用是 TPS 的核心，通过这一点也减少了排放和浪费"。绿色制造项目的整合可以被归类为自上而下的"相应整合"中的实施环境、健康和安全方面，而质量管理则在与 TPS 的"一致整合"中得到进一步发展。环境问题接近于商业模式整合的"战略整合"。

EMS 从某种意义上说是完全自上而下地完全集成在 XPS 中。在笔者所研究的六个方面中，此 XPS 具有最多的支柱和 KPI，并且可能具有最完整的规则系统。但是，由于所有支柱都有其管理和工具，要实现所有领域的同时集成具有挑战性。结果是工具和方法没有集成在一起，而操作改进工作则连在一起集成了起来。尽管在操作层面上对环境的意识很明显，但操作者对交付和质量的关注仍然比其他领域要强。该公司已确定需要进一步开发精益和绿色方法以及系统集成，并参与了开发新产品的研究方法项目。今天大多数工具都还没有集成。OHS 和 EMS 工具集成被视为一个潜在的系统改进领域。

6.5.2　公司制造车间操作层面的实施

涡轮增压器制造厂是 TY 机械公司的核心部门和主要生产产品品种之一，因此选择其为代表操作层面实施 6.3 节所阐述的在制造业企业车间现场进行精益与绿色系统模型的导入，其背后基本且最重要的描绘物料—能源流的分析框架，精益与绿色系统整合模式包含五个方面步骤，基于精益思想来进行本年度分配给制造部门的 QCDSME 等 6 个指标体系的 KPI 目标的项目改进活动。

目前需着力强化公司在环境（绿色）管理方面的管理监控，为此本书建立了一系列评估手册，列入 APS 的第 12 章节部分。环境因素包括企业生产活动、产品和服务所引起的各种要素，涉及对空气、土地和水的污染、噪声、视觉、固体或液体废弃物、自然生态和自然资源或管理物质的使用。各工厂现在积极根据工业和信息化部的要求建立绿色制造标杆工厂。它们通过精益生产的深入推进，总结各阶段推进经验，形成体系、作业、主题活动融入环境因素使 APS 能够在精益绿色集成条件下运行的标准化方式。

在车间操作层面的实施主要是以工作班组管理能力建设为基础，以生产现状为主要对象，以识别与消除精益绿色浪费为核心，以 PDCA 循环为工作原则等实现车间持续改进，开展节约能源、减少废水、废气和固体废弃物、油脂等活动。从 2016 年开始，制造车间从识别和消除七大浪费入手，对工厂生产现场进行精益整改活动，涉及安全、制造、质量和物流、环境等方面。到目前，共发现问题 500 多个，已解决问题 400 多个，正在整改的问题 50 多个，暂时没有办法解决的问题 60 多个，问题整改率达到 90%以上。

目前，通过评估和测试精益绿色集成协同改进项目应用于几个不同的阶段在一个制造业企业的制造单元的实施效果和潜力，通过两者集成并对其潜力进行了评估，能够实现①提高企业的资源生产率，②减少环境污染制造过程的影响。2019 年上半年选择制造车间的轴 A 制造单元、支架 A 制造单元、连杆 A 制造单元和活塞环 A 制造单元实施两个月的精益绿色集成协同改进项目（方法遵循 6.3 节所阐述的生产线改进流程）。在这两个月的改进活动月中，总共举行了七项改进活动。四个制造单元在应用精益与绿色模式的前提条件方面各有不同的特点。表 6.2 展示了采用精益与绿色模式的制造单元的基本特征。改进活动的结果如表 6.3 所示。

表 6.2　精益绿色集成模型试点的四个制造单元环境和制造特性（项目实施前）

制造工程特性	轴 A	支架 A	连杆 A	活塞环 A
工艺属性	机加工	精密成型	机加工	机加工
资源消耗属性	能源、水、切削液	能源	能源	能源
物质和能量流	化学物质/油、金属废料、一般废弃物（清洁布）	化学物质/油、水、废水、金属废料	化学物质/油、金属废料、危险废弃物	废水、化学物质/油、金属废料、危险废弃物、一般废弃物
能量、材料消耗和废弃物情况	能源消耗：72 兆瓦/月；用水量 3 立方米/月；废水生成：6 立方米/月；化学品使用：3 立方米/月；金属废料：18 吨/月；清洁布用量：411 块/月	能源消耗：528 兆瓦/月；用水量：18 立方米/月；废水生成：25 立方米/月；化学品使用：4 立方米/月；金属废料：27 吨/月	能耗：121 兆瓦/月；化学品用量：2 立方米/月；金属废料：18 吨/月；危险废弃物：5 立方米/月	能耗：72 兆瓦/月；污水排放量：9 立方米/月；化学品用量：2 立方米/月；金属废料：2 吨/月；危险废弃物：5 立方米/月；一般废弃物：23 个月
精益生产化程度	高	低	中	中
生产稳定性/%	>90	<90	>90	>90
员工参与情况	高	一般	一般	一般
领导支持	高	一般	一般	一般
绿色意识	一般	一般	一般	一般
资源使用情况	中	高	高	低
物质和能量流动的总成本（万元/年）	42.08	151.4	78.23	20.31
主要环境影响	金属废料	能源	金属废料	能源
环境成本占比/%	65	51	70	63

表 6.3　试点的四个制造单元改进项目实施成果（项目实施后）　单位:%

实施结果	轴 A	支架 A	连杆 A	活塞环 A
节能	14	2	11	4.7
用水量减少	28	1	—	—
一般化工产品消费减少	86	49	60	76
污水排放量减少	28	1	—	0
减少金属废弃物产生	19	28	1	0
减少危险废弃物产生	—	—	50	50
减少一般废弃物产生	66	—	—	5
减少油脂废弃物产生	—	—	—	—
资源使用量平均减少	40	17	31	34

经过两个月的精益绿色项目的实施，精益与绿色模式在制造单元的实施被认为是成功的。该模型适用于：通过优化支持流（即材料和能源消耗以及废弃物产生）的性能来提高制造过程资源生产率，以及通过减少生产过程中产生的所有环境废弃物来减少制造过程的环境影响。总的来说，实施阶段的精益与绿色模型证实了预估的结果。分析改进的结果是通过对环境影响的减少和提高生产力、提高资源利用率等实现了成本降低。

表 6.4 显示了 2019 年底四个单元大部分改进项目继续实施后的改进收益总结果。

表 6.4　试点的四个制造单元改进项目实施后至 2019 年底的经济环境收益成果（项目实施后）

实施结果	轴 A	支架 A	连杆 A	活塞环 A
行动计划实施完成率/%	85	40	50	65
节约成本/万元/年	5.18	4.52	1.23	0.83
减少制造单元物质和能量流动节省成本率/%	12.31	2.99	1.57	4.13%

由上述精益绿色集成协同推进效果可以知道，在减少环境影响和增加利用资源的生产力方面，精益和绿色模式的使用，平均减少了 15%～50%。在降低成本方面，结果显示出潜力减少总成本的 2%～13% 的质量和能量流的制造单元。这些都是初步的结果，大多数项目在推出计划中确定的改进机会仍然存在（平均 60% 的实现率）。在推出计划阶段的四个制造单元中，每年每个单元的成本节约平均约为 2.9 万元。这仅仅代表在精益和绿色模式下，四个试点制造单元的少数项目的推进情况。如果在全公司进行推进，创造的价值会更多更大。经过对这些结果的充分评价，可以认为精益绿色模式是基于不同的目的和原则背后持续改进工作方式的一个很好的例子。基于人的参与改进精神，可以支持制造业企业可持续发展。

6.6 本章小结

总的来说，利用精益绿色整合框架模型可以帮助企业实施精益和绿色战略以获得经济、环境和社会效益。这个模型反映出了在实施企业精益绿色系统以实现企业的可持续运营转型的动态过程中必须包含三个层级：企业战略层面精益绿色思想的渗入（S）、运营层面精益绿色思维绩效评估指标的集成整合（O）、操作层面精益绿色方法（工具）的实施（C）和持续创新改进（I）。所有的工作都必须与企业内外部环境相匹配。在运营层面开发的新工具和方法是整个体系的强力支撑。之后，就可以转换为具体的操作流程。同时还要考虑到为了适应未来变化的各种可能的调整。最终，将这些全部整合在一起形成体系，来帮助企业实现可持续运营。同时，本章采用一家汽车零部件企业的实施案例来说明和验证精益绿色集成协同实施的可能性及实施效果。最后归纳推导得出的最终模型细节见图 6.15。

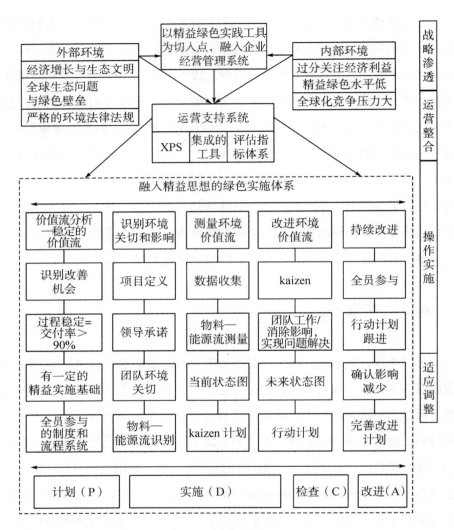

图 6.15　制造业企业精益绿色融合实施模型

7 结论与展望

7.1 结论

为解决在本书起始所说的那样，在当前以精益绿色制造集成协同来实现中国制造业企业可持续发展的研究中，存在的理论知识不足及其他相应的研究问题，本书对制造业企业进行可持续性改进和发展的精益绿色体系集成与协同进行了研究。

本书首先通过精益绿色制造技术对废弃物减少的绩效影响对精益/绿色方法（工具）单独和集成运用聚焦于制造过程中废弃物减少的定量分析方法，来证实精益和制造理念的融合可能性。

其次提出基于标杆管理的 DEA 模型评估精益绿色制造协同实现组织可持续性，通过提出精益绿色制造基准化（LGGMB）和 DEA 方法来评估精益与绿色的协同作用对制造业企业绩效的影响，进一步证实了 LM 和 GM 的兼容性和协同作用，也验证了应用精益理念的企业同时也是那些具有较高绿色实践和绿色绩效的企业。基于创新扩散理论验证精益绿色制造系统企业内部和在合作伙伴之间的扩散对于其最终成功运用精益绿色以及产生相应的绩效影响至关重要。

再次为增进对精益和绿色协同关系的理解，本书建立了制造业企业精益绿色三个层次结构模型，分别用 FANP 和 Fuzzy-COPRAS 方法进行评价分析和检验，评估和确定精益和绿色实践对企业生产过程效率提升和能源优化的影响。本书基于分析结果构建精益绿色系统实践方法集成框架模型和集成管理模型——精益绿色屋来指导企业成为精益绿色企业，进一步促进企业可持续发展。为更好地应用精益绿色实践方法，本书通过一个汽车企业应用案例和选择精益绿色集成工具（方法）的一个价值流程图，提出了一种修正的绿色价值流映射模型。该模型使用碳效率和碳排放作为评估指标，证明了精益绿色实践方法集成的有效性，能够实现高效、节能的目标。本书接着为探讨精益绿色集成协同的影响因素，基于资源基础理论，从人员跨部门整合的角度和利益相关者角度对制造业企业实施精益绿色的驱动因素进行分析，构建了制造业企业的精益绿色集成协同程度的分析概念框架模型和精益绿色协同成熟度等级评价的数学模型。

最后为实现精益与绿色在制造业企业的集成协同实施，本书利用精益绿色整合框架模型来帮助企业通过精益和绿色的实施获得经济、环境和社会效益。本书建立的模型反映出了在企业实施精益绿色系统以实现企业的可持续运营转型的动态过程中必须包含的三个层级：战略层面的渗入（S）、运营层面的策划（O）、操作层面的实施（C）和持续创新改进（I）。

本书主要研究结论如下：

（1）采用基于田口试验设计法测量精益与绿色制造的兼容性和协同作用，提出了精益绿色制造标杆管理模型和评价精益绿色制造系统对企业绩效集成协同作用的数据包络分析方法。

验证精益和绿色制造理念的兼容性和协同作用，实施精益绿色集成协同系统能够更好地实现组织的经济绩效、环境绩效和社会绩效。首先，采用试验设计方法，测量精益浪费分析法、"3R"技术这两种技术单独、组合和集成融合运用对制造业企业中固体废弃物消除绩效的影响。基于试验结果，验证了制造过程中废弃物最小化技术发展的层级结构模型，集成精益/绿色制造"3R"集成融合矩阵法在制造业企业废弃物最小化项目中处置绩效优于精益浪费分析方法、"3R"层级技术和两种方法的组合。然后，通过建立精益绿色制造标杆管理模型（LGMB）和数据包络分析（DEA）方法，对15家制造业企业从人员、信息知识、产品、供应商和客户、产品开发管理及制造流程六个方面进行数据收集和实证分析，验证了精益绿色制造系统对企业绩效产生了集成协同效应。

（2）提出了基于创新扩散理论的扩散过程对绩效的影响结构假设及其与平衡计分卡四个维度之间的绩效输出关系。

本书基于精益绿色集成协同系统在制造业企业内部和外部扩散对组织绩效的影响研究，提出了基于创新扩散理论的精益绿色组织内外部扩散过程对绩效影响的结构模型，采用平衡计分卡（BSC）多维度地从扩散的不同阶段对输出绩效进行评价。在IDT和BSC的基础上，本书建立了一个新的框架，用于探索基于三阶段扩散过程精益绿色模式对组织绩效的影响结构模型与BSC之间的关系。本书运用偏最小二乘法，基于对制造业企业的实证分析，发现精益绿色外部传播与两个早期阶段（采用和内部传播）之间存在显著差异；BSC四个维度的绩效指标在外部扩散阶段都可以很好地实现；外部的组织属性（行业类型）在影响精益绿色实施产生的绩效方面比组织的内部属性（企业规模）更重要。

（3）建立了制造业企业精益绿色层次结构，提出了精益绿色协同对提升生产效率、能源优化使用的评价方法。

为增进对精益和绿色协同关系的理解，本书探讨了精益绿色制造集成协同过程中实践方法的集成组合对制造业企业绩效的影响。本书建立了制造业企业精益绿色三个层次结构模型，分别用FANP和Fuzzy-COPRAS方法进行评价分析和检验，评估和确定精益和绿色实践对企业生产过程效率提升和能源优化使用的影响。本书基于分析结果构建精益绿色系统实践工具集成框架模型来指导企业成为精益绿色企业，进一步促进企业可持续发展。同时，本书通过某汽车生产公司的精益绿色道路案例来验证精益绿色的协同融合，证明了其能够实现高效、节能的目标。本书以精益生产中常用的价值流分析工具——价值流程图（VSM）为例，在传统 VSM 的基础上，建立了以碳效率为评价指标的数学模型，分析了精益与绿色思想、工具在实践过程中实现两者的集成协同作用。最后以某金属冲压件制造过程为例，验证了模型的可行性。

（4）提出了人员跨部门协同目标指数与障碍因素分析方法，识别了精益绿色制造系统实施的主要驱动因子和影响因素，建立了精益绿色集成协同模型。

针对人员（员工）在组织运营过程中的效率和有效性是衡量可持续性的重要指标之一。本书利用网络层次分析法（ANP）和解释结构模型化（ISM）技术等框架体系，从人员整合的视角，建立了跨部门目标评价的动态共同指数和深度分析涉及跨部门协同的障碍因素模型，解决人员的部门内部和跨部门整合障碍，以实现企业精益绿色系统协同和可持续运作。

本书借鉴利益相关者理论，从内源驱动与外源驱动两个视角全面系统地分析了精益绿色集成协同作用机制——驱动因素。本书应用定量分析方法 DEMATEL 构建了精益绿色驱动影响强度评价指标体系，对驱动因素进行分析和辨识，进行综合影响指数分析，分析影响驱动精益绿色系统的重要因素和主要因子，从而在实践过程中引起企业特别关注和重点培育。

结合精益管理系统实施的特点，本书建立了精益绿色系统实施水平评价能力成熟度（LGCM）概念框架，用于评估精益和绿色系统集成协同度（LGS）和评估制造业企业精益和绿色系统集成程度的成熟度。通过评估综合指标体系可以发现企业在实施精益绿色实践过程中存在的短板，能够进一步促进企业精益绿色系统的融合，达到精益绿色系统的集成融合，促进企业的可持续发展。

7.2　展望

尽管本书试图在精益绿色集成协同研究领域做到尽善尽美，但是因为笔者精力和水平有限，本书仍然存在着一些不足。

（1）本书在研究证实集成精益绿色"3R"矩阵是一个非常有用的废弃物消除技术（工具、方法）上，还需要进一步验证其对不同的工业环境都是有益的。同时，废弃物消除技术也将延伸到其他领域，如提高能源效率和降低水资源的消耗，还需要更多的研究来显示集成精益"3R"矩阵的实用性能够贯穿产品的全生命周期和所有的经济活动。

（2）本书提出的CEVSM方法只能用于仅一个制造业企业的指定范围内。为此，必须在各种制造流程中对该框架进行测试，以提高其实用性。应该进行更多相关的研究以测试其通用性和局限性。例如，本书所提出的模型不仅可以用于改进生产操作，而且可以用于其他类型的操作，例如医疗保健、物流和运输以及服务。将来，可以进一步开发CEVSM工具，并从环境、经济和社会角度同时实现可视化和评估过程关键绩效指标。同时，可以开发专门的专家系统来自动执行相关分析。

（3）本书没有考虑到在不同地区内由于发展程度不同、信息化程度不同、行业成熟度不同等对企业导入精益绿色实践来实现可持续运营所可能产生的影响，这将是未来研究中的一部分。对本书提出的精益绿色成熟度等级模型可以做进一步深化研究，建立相应的数据库和专家决策系统进行自动分析和动态更新。

（4）尽管本书通过文献分析和模型构建将精益生产彻底绿色化，即让精益生产与绿色制造彻底融为一体以实现企业彻底的精益绿色化，但其涉及供应链上合作伙伴企业的通力合作问题，因此在未来的研究中，可以尝试将本书构建的相关模型扩展到整个供应链，而不是局限于单个企业。从这个层面上来说，本书也为该领域未来的发展提供了可能性。

参考文献

［1］曹华军，李洪丞，宋胜利，等. 基于生命周期评价的机床生命周期碳排放评估方法及应用［J］. 计算机集成制造系统，2011，17（11）：2432-2437.

［2］曹柬. 绿色供应链核心企业决策机制研究［D］. 杭州：浙江大学，2009.

［3］陈宏军. 供应链绿色驱动机理与驱动强度评价方法研究［D］. 长春：吉林大学，2012.

［4］程海琴，曹华军，李洪丞，等. 基于碳效益的零部件制造工艺决策模型及应用［J］. 计算机集成制造系统，2013，19（8）：2018-2025.

［5］大野耐一. 丰田生产方式［M］. 谢克俭，李颖秋，译. 北京：中国铁道出版社，2006.

［6］杜元伟. 风险投资项目组合优化方法与其应用研究［D］. 长春：吉林大学，2007.

［7］段锦云，钟建安. 进谏行为与组织公民行为的关系研究：诺莫网络视角［J］. 应用心理学，2009，15（3）：263-270.

［8］段锦云. 员工建言和沉默之间的关系研究：诺莫网络视角［J］. 南开管理评论，2012，15（4）：80-88.

［9］丰田中国. 2016—2017 年度丰田中国企业社会责任报告［EB/OL］.

http://www.toyota.com.cn/contribution/download/report.pdf.

［10］冯明，任华勇. 法则关系方法在研究中的应用及其问题思考［J］. 心理科学进展，2009，17（4）：877-884.

［11］傅晓曦. 中国情境下基于绿色精益生产的企业可持续运营策略研究［D］. 天津：天津大学，2016.

［12］广汽丰田. 广汽丰田 2018 年企业社会责任报告［EB/OL］. http://about.gac-toyota.com.cn/visit/newweb/csr/csr_2018/.

［13］何桢，韩亚娟，张敏，等. 企业管理创新、整合与精益六西格玛实施研究［J］. 科学学与科学技术管理，2008，29（2）：82-85.

［14］李虹，田生. MFCA 嵌入企业环境成本控制的路径：基于制造业面板数据［J］. 财会月刊，2013（23）：14-17.

［15］李洪丞. 机械制造系统碳排放动态特性及其碳效率评估优化方法研究［D］. 重庆：重庆大学，2014.

［16］李明斐，卢小君. 胜任力与胜任力模型构建方法研究［J］. 大连理工大学学报（社会科学版），2004，25（1）：28-32.

［17］李书华. 企业环境成本管理的理论与实践研究［D］. 南京：南京工业大学，2004.

［18］李玉霞，曹华军，李洪丞，等. 作业车间碳排放动态特性及二阶优化调度模型［J］. 计算机集成制造系统，2015，21（10）：2687-2693.

［19］刘飞，徐宗俊，但斌，等. 机械加工系统能量特性及其应用［M］. 北京：机械工业出版社，1995.

［20］刘江聘. 制造企业绿色供应链管理创新扩散模型研究［D］. 大连：大连理工大学，2009.

［21］刘强. 质量缺陷管理影响因素对质量绩效的作用机制研究［D］. 哈尔滨：哈尔滨工程大学，2014.

［22］刘晔明. 食品绿色产业供应链管理模式与绩效评价研究［D］.

无锡：江南大学，2011.

[23] 马力，焦捷，陈爱华，等. 通过法则关系区分员工对组织的认同与反认同 [J]. 心理学报，2011，43（3）：322-337.

[24] 迈克·哈默，詹姆斯·钱皮. 企业再造 [M]. 王珊珊，等译. 上海：上海译文出版社，2007.

[25] 孟炯. 消费者驱动的制销供应链联盟产品安全责任研究 [D]. 成都：电子科技大学，2009.

[26] 田一辉. 绿色供应链管理扩散模型研究 [D]. 大连：大连理工大学，2013.

[27] 王先辉. 员工创造力和建言行为关系研究：基于诺莫网络视角 [D]. 苏州：苏州大学，2012.

[28] 魏晨. 基于供应驱动的供应链协同契约模型研究 [D]. 武汉：华中科技大学，2008.

[29] 沃麦克，等. 改变世界的机器：精益生产之道 [M]. 余锋，等译. 北京：机械工业出版社，2015.

[30] 夏艳平. 品牌驱动战略下的供应链管理研究 [D]. 武汉：武汉大学，2005.

[31] 叶飞，张婕. 绿色供应链管理驱动因素、绿色设计与绩效关系 [J]. 科学学研究，2010，28（8）：1230-1239.

[32] 尹瑞雪，曹华军，李洪丞. 基于函数化描述的机械制造工艺碳排放特性及其应用 [J]. 计算机集成制造系统，2014，20（9）：2127-2133.

[33] 张本越，宫赫阳. 日本 MFCA 的新进展及对我国的启示 [J]. 会计之友，2014（12）：29-33.

[34] 赵环宇. 政府采购是绿色供应链的重要驱动 [N]. 中国财经报，2011-01-19.

[35] 周卓儒，王谦，李锦红. 基于标杆管理的 DEA 算法对公共部门的

绩效评价［J］. 中国管理科学, 2003（3）: 72-75.

［36］朱海坤, 付园. 企业社会责任对企业绩效影响的实证研究: 以内蒙古 20 家上市公司为例［J］. 北京化工大学学报: 社会科学版, 2015（2）: 35-40.

［37］朱庆华, 耿勇. 绿色采购企业影响研究［J］. 中国软科学, 2002（11）: 71-74

［38］朱庆华. 绿色供应链管理动力/压力影响模型实证研究［J］. 大连理工大学学报（社会科学版）, 2008, 29（2）: 6-12.

［39］ABREU M F, ALVES A C, MOREIRA F. Lean-Green models for eco-efficient and sustainable production. Energy, 2017（137）: 846-853.

［40］ALBLIWI S, ANTONY J, LIM S A H, WIELE T V D. Critical failure factors of lean six sigma: a systematic literature review［J］. International Journal of Quality & Reliability Management, 2014, 31（9）: 1012-1030.

［41］ALLEN D M. Waste minimization and treatment: an overview of technologies［J］. Greener Manage International, 1994, 5（1）: 22-28.

［42］ALTHAM W. Benchmarking to trigger cleaner production in small businesses: drycleaning case study［J］. Journal of Cleaner Production, 2007, 15（8）: 798-813.

［43］AMBRA GALEAZZO, ANDREA FURLANA, ANDREA VINELLI. Lean and green in action: interdependencies and performance of pollution prevention projects［J］. Journal of Cleaner Production, 2014（85）: 191-200.

［44］ANGELIS J, FERNANDES B. Innovative lean: work practices and product and process improvements［J］. International Journal of Lean Six Sigma, 2012, 3（1）: 74-84.

［45］ANTONY J, ANTONY F J. Teaching the Taguchi method to industrial engineers［J］. Work Study, 2001（50）: 141-149.

［46］ ASIF M, SEARCY C, ZUTSHI A, et al. An integrated management systems approach to corporate social responsibility ［J］. Journal of Cleaner Production, 2013, 56 （10）: 7-17.

［47］ BANAWI A, BILEC M M. A framework to improve construction processes: Integrating Lean, Green and Six Sigma ［J］. International Journal of Construction Management, 2014, 14 （1）: 45-55.

［48］ BANSAL P, ROTH K. Why companies go green: a model of ecological responsiveness ［J］. Academy of Management Journal, 2000, 43 （4）: 717-736.

［49］ BARNEY J. Firm resources and sustained competitive advantage ［J］. Journal of Management, 2009, 17 （1）: 3-10.

［50］ BERGMILLER G G, MCCRIGHT P R. Are lean and green programs synergistic? ［C］ // Proceedings of the Industrial Engineering Research Conference. Norcross, 2009: 1155-1160.

［51］ BIRKINSHAW J, BRESMAN H, HAKANSON L. Managing the post acquisition integration process: how the human integration and task integration processes interact to foster value creation ［J］. Journal of Management Studies, 2000, 37 （3）: 395-425.

［52］ BOLTIC Z, RUZIC N, JOVANOVIC M, et al. Cleaner production aspects of tablet coating process in pharmaceutical industry: problem of VOCs emission ［J］. Journal of Cleaner Production, 2013 （44）: 123-132.

［53］ BORTOLOTTI T, BOSCARI S, DANESE P. Successful lean implementation: organizational culture ［J］. International Journal of Production Economics, 2015 （160）: 182-201.

［54］ BOWEN F E, COUSINS P D, LAMMING R C, et al. The role of supply management capabilities in green supply ［J］. Production and Operations

Management, 2001 (10): 174-189.

[55] BOWERSOX D J. Leading edge logistics: competitive positioning for the 1990's: comprehensive research on logistics organization, strategy and behavior in north [J]. Journal of Experimental Psychology, 2011, 75 (2): 166-169.

[56] BRíO J Á D, JUNQUERA B. A review of the literature on environmental innovation management in SMEs: implications for public policies [J]. Technovation, 2003, 23 (12): 939-948.

[57] CABRAL I, GRILO A, CRUZ-MACHADO V. A decision-making model for lean, agile, resilient and green supply chain management [J]. International Journal of Production Research, 2012, 50 (17): 4830-4845.

[58] CAMPOS L M S, APARECIDA D M H D, VERDINELLI M A, et al. Environmental performance indicators: a study on ISO 14001 certified companies [J]. Journal of Cleaner Production, 2015 (99): 286-296.

[59] CARVALHO H, GOVINDAN K, AZEVEDO S G, et al. Modelling green and lean supply chains: an eco-efficiency perspective [J]. Resources Conservation & Recycling, 2017 (120): 75-87.

[60] CHAN R Y K, LAU L B Y. Explaining green purchasing behavior: A cross-cultural study on American and Chinese consumers [J]. Journal of International Consumer Marketing, 2001, 14 (2): 9-40.

[61] CHAUHAN G, SINGH T P. Measuring parameters of lean manufacturing realization [J]. Measuring Business Excellence, 2012, 16 (3): 57-71.

[62] CHENG T C E, LAM D Y C, YEUNG A C L. Adoption of internet banking: An empirical study in Hong Kong [J]. Decision Support Systems, 2006, 42 (3): 1558-1572.

[63] CHERRAFI A, ELFEZAZI S, GARZA-REYES J A, et al. Barriers

in Green Lean implementation: a combined systematic literature review and interpretive structural modelling approach [J]. Production Planning & Control, 2017 (3): 1-14.

[64] CHERRAFI A, EL FEZAZI S, GOVINDAN K, et al. A framework for the integration of Green and Lean Six Sigma for superior sustainability performance [J]. International Journal of Production Research, 2017, 55 (15): 4481-4515.

[65] CHERRAFI A, ELFEZAZI S, CHIARINI A, et al. The integration of lean manufacturing, six sigma and sustainability: a literature review and future research directions for developing a specific model [J]. Journal of Cleaner Production, 2016 (139): 828-846.

[66] CHIARINI A. Sustainable manufacturing - greening processes using specific Lean Production tools: an empirical observation from European motorcycle component manufacturers [J]. Journal of Cleaner Production, 2014 (85): 226-233.

[67] CHIN W W, MARCOLIN B L, NEWSTED P R. A partial least squares latent variable modeling approach for measuring interaction effects: results from a monte carlo simulation study and an electronic-mail emotion/adoption study [J]. Information Systems Research, 2003, 14 (2): 189-217.

[68] CHIN W W. Issues and opinion on structural equation modeling [J]. MIS Quarterly, 1998, 22 (1): 7-16.

[69] COCKERILL K. Discussions on sustainability [J]. Clean Technologies and Environmental Policy, 2004, 6 (3): 151-152.

[70] COLICCHIA C, CREAZZA A, DALLARI F. Lean and green supply chain management through intermodal transport: insights from the fast moving consumer goods industry [J]. Production Planning & Control, 2017, 28 (4):

321-334.

[71] COOPER R B, ZMUD R W. Information technology implementation research: a technological diffusion approach [J]. Management Science, 1990, 36 (2): 123-139.

[72] DAN AZIMI JIBRILA J, BIN SIPAN I, SAPRIC M, et al. 3R's critical success factor in solid waste management system for higher educational institutions [J]. Procedia - Social and Behavioral Sciences, 2012 (65): 626-631.

[73] DARLINGTON R, STAIKOS T, RAHIMIFARD S. Analytical methods for waste minimization in the convenience food industry [J]. Waste Management, 2009 (29): 1274-1281.

[74] DAVIS F D, BAGOZZI R P, WARSHAW P R. User acceptance of computer technology: a comparison of two theoretical models [J]. Management Science, 1989, 35 (8): 982-1003.

[75] DE TREVILLE S, ANTONAKIS J. Could lean production job design be intrinsically motivating? Contextual, configurational, and levels-of-analysis issues [J]. Journal of Operations Management, 2006, 24 (2): 99-123.

[76] DELMAS M. Erratum to Stakeholders and competitive advantage: the case of ISO 14001 [J]. Production and operations management, 2004 (13): 398.

[77] DEVARAJ S, KOHLI R. Performance impacts of information technology: Is actual usage the missing link? [J]. Management Science, 2003, 49 (3): 273-289.

[78] DIABAT A, GOVINDAN K. An analysis of the drivers affecting the implementation of green supply chain management [J]. Resources, Conservation and Recycling, 2011, 55 (6): 659-667.

[79] DIAZ-ELSAYED N, JONDRAL A, GREINACHER S, et al. Assessment of lean and green strategies by simulation of manufacturing systems in dis-

crete production environments [J]. CIRP Annals – Manufacturing Technology, 2013, 62 (1): 475-478.

[80] DOOLEN T L, HACKER M E. A review of lean assessment in organizations: An exploratory study of lean practices by electronics manufacturers [J]. Journal of Manufacturing Systems, 2005, 24 (1): 55-67.

[81] DOONAN J, LANOIE P, LAPLANTE B. Determinants of environmental performance in the Canadian pulp and paper industry: An assessment from inside the industry [J]. Ecological Economics, 2005, 55 (1): 73-84.

[82] DUARTE S, CRUZ-MACHADO V. Investigating lean and green supply chain linkages through a balanced scorecard framework [J]. International Journal of Management Sciences, 2015, 10 (1): 20-29.

[83] DUARTE S, CRUZ-MACHADO V. Modelling lean and green: a review from business models [J]. International Journal of Lean Six Sigma, 2013, 4 (3): 228-250.

[84] DÜES C M, TAN K H, LIM M. Green as the new lean: how to use lean practices as a catalyst to greening your supply chain [J]. Journal of Cleaner Production, 2013 (40): 93-100.

[85] EPA. The lean and environment toolkit available [EB/OL]. https://www. epa. gov/sites/production/files/201310/docu – ments/leanenvirotool kit. pdf.

[86] ESMEMR S, CETI I B, TUNA O. A simulation for optimum terminal truck number in a Turkish port based on lean and green concept [J]. The Asian Journal of Shipping and Logistics, 2010, 26 (2): 277-296.

[87] FáBER D GIRALDO, LUCAS VINíCIUS REIS, KIPPER L M, et al. A model for lean and green integration and monitoring for the coffee sector [J]. Computers and Electronics in Agriculture, 2018, 150 (7): 62-73.

[88] FAULKNER, WILLIAM, F BADURDEEN. Sustainable alue stream mapping (Sus-VSM): methodology to visualize and assess manufacturing sustainability performance [J]. Journal of Cleaner Production, 2014 (85): 8-18.

[89] FERCOQ A, S LAMOURI, V CARBONE. Lean/green integration focused on waste reduction techniques [J]. Journal of Cleaner Production, 2016 (137): 567-578

[90] FICHMAN R G, KEMERER C F. The assimilation of software process innovations: an organizational learning perspective [J]. Management Science, 1997, 43 (10): 1345-1363.

[91] FICHMAN R G. The role of aggregation in the measurement of IT-related organizational innovation [J]. MIS Quarterly, 2001, 25 (4): 427-455.

[92] FLORIDA R, ATLAS M, CLINE M. What makes companies green? organizational and geographic factors in the adoption of environmental practices [J]. Economic Geography, 2001, 77 (3): 209-224.

[93] FLORIDA R. Lean and green: The move to environmentally conscious manufacturing [J]. California Management Review, 1996, 39 (1): 80-105.

[94] FOLINAS D, AIDONIS D, MALINDRETOS G, et al. Greening the agrifood supply chain with lean thinking practices [J]. International Journal of Agricultural Resources, Governance and Ecology, 2014, 10 (2): 129-145.

[95] FORRESTER P L, KAZUMI SHIMIZU U, SORIANO - MEIER, HORACIO, et al. Lean production, market share and value creation in the agricultural machinery sector in Brazil [J]. Journal of Manufacturing Technology Management, 2010, 21 (7): 853-871.

[96] FU X, GUO M, ZHANWEN N. Applying the green embedded lean production model in developing countries: A case study of China [J]. Environmental Development, 2017 (24): 22-35.

［97］ GALLIVAN M J. Organizational adoption and assimilation of complex technological innovations: Development and application of a new framework ［J］. ACM SIGMIS Database, 2001, 32 （3）: 51-85.

［98］ GANDHI N S, THANKI S J, THAKKAR J J. Ranking of drivers for integrated lean-green manufacturing for Indian manufacturing SMEs ［J］. Journal of Cleaner Production, 2018, 171 （10）: 675-689.

［99］ GARZA-REYES, ARTURO J. Green lean and the need for Six Sigma ［J］. International Journal of Lean Six Sigma, 2015, 6 （3）: 226-248.

［100］ GARZA-REYES J A. Lean and Green e: a systematic review of the state of the art literature ［J］. Journal of Cleaner Production, 2015 （102）: 18-29.

［101］ GARZA-REYES J A, WINCK JACQUES G, LIM M K, et al. Lean and green e synergies, differences, limitations, and the need for Six Sigma ［J］ // Advances in production management systems, innovative and knowledge based production management in a global-local world. IFIP Advances in Information and Communication Technology, 2014 （439）: 71-81.

［102］ GARZA-REYES J A, B VILLARREAL, V KUMAR, et al. Lean and green in the transport and logistics sector: A case study of simultaneous deployment ［J］. Production Planning & Control, 2016, 27 （15）: 1221-1232.

［103］ GENAIDY A M, KARWOWSKI W. Human performance in lean production environment: critical assessment and research framework ［J］. Human Factors & Ergonomics in Manufacturing & Service Industries, 2010, 13 （4）: 317-330.

［104］ GLADWIN T N, KENNELLY J J, KRAUSE T S. Shifting paradigms for sustainable development: implications for management theory and research ［J］. Academy of Management Review, 1995, 20 （4）: 874-907.

［105］ GOVINDAN K, PALANIAPPAN M, ZHU Q, et al. Analysis of

third party reverse logistics provider using interpretive structural modeling [J]. International Journal of Production Economics, 2012, 140 (1): 204-211.

[106] GOVINDAN K, AZEVEDO S G, CARVALHO H, et al. Lean, green and resilient practices influence on supply chain performance: interpretive structural modeling approach [J]. International Journal of Environmental Science & Technology, 2015, 12 (1): 15-34.

[107] GREINACHER S, MOSER E, HERMANN H, et al. Simulation Based assessment of lean and green strategies in manufacturing systems [J]. Procedia CIRP, 2015 (29): 86-91.

[108] GROVER V, GOSLAR M D. The initiation, adoption, and implementation of telecommunications technologies in US organizations [J]. Journal of Management Information Systems, 1993, 10 (1): 141-163.

[109] GUNASEKARAN A, SPALANZANI A. Sustainability of manufacturing and services: Investigations for research and applications [J]. International Journal of Production Economics, 2012, 140 (1): 35-47.

[110] GUNASEKARAN A, PATEL C, MCGAUGHEY R E. A framework for supply chain performance measurement [J]. International Journal of Production Economics, 2004 (87): 333-347.

[111] HAJMOHAMMAD S, VACHON S, KLASSEN R-D, et al. Lean management and supply management: their role in green practices and performance [J]. Journal of Cleaner Production, 2013 (56): 86-93.

[112] Hamdy A, Deif A M. An integrated approach to assess manufacturing greenness level [C]. The CIRP Conference on Manufacturing Systems, 2014: 541-546.

[113] HANDFIELD R B, WALTON S V, SEEGERS L K, et al. Green value chain practices in the furniture industry [J]. Journal of Operations Manage-

ment, 1997, 15 (4): 293-315.

[114] HANDFIELD R, WALTON S V, SROUFE R, et al. Applying environmental criteria to supplier assessment: a study in the application of the Analytical Hierarchy Process [J]. European Journal of Operational Research, 2002, 141 (1): 70-87.

[115] HASLINDA A, FUONG C C. The implementation of ISO 14001 environmental management system in manufacturing firms in Malaysia [J]. Editorial Board, 2010, 6 (3): 100-107.

[116] HEGEDIC M, GUDLIN M, STEFANIC N. Interrelation of lean and green management in Croatian manufacturing companies [J]. Interdisciplinary Description of Complex Systems - Scientific Journal, 2018, 16 (1): 21-39.

[117] HERRERA M E B. Creating competitive advantage by institutionalizing corporate social innovation [J]. Journal of Business Research, 2015, 68 (7): 1468-1474.

[118] HERRMANN C, THIEDE S, STEHR J, et al. An environmental perspective on lean production [C] // Manufacturing systems and technologies for the new frontier, the 41st CIRP Conference on Manufacturing Systems. Tokyo: 2008, May 26-28: 83-88.

[119] HERRON C, HICKS C. The transfer of selected lean manufacturing techniques from Japanese automotive manufacturing into general manufacturing (UK) through change agents [J]. Robotics Computer-Integrated Manufacturing, 2008, 24 (4): 524-531.

[120] HERVANI A A, HELMS M M, SARKIS J. Performance measurement for green supply chain management [J]. Benchmarking, 2005, 12 (4): 330-353.

[121] HICKS C, HEIDRICHA O, MCGOVERN T, et al. A functional

model of supply chains and waste [J]. International Journal of Production Economics, 2004 (89): 165-174.

[122] HINES P, HOLWE M, RICH N. Learning to Evolve: A review of contemporary lean thinking [J]. International Journal of Operations & Production Management, 2004, 24 (10): 994-1011.

[123] HOURNEAUX F, HRDLICKA H A, GOMES C M, et al. The use of environmental performance indicators and size effect: A study of industrial companies [J]. Ecological Indicators, 2014 (36): 205-212.

[124] IACOVOU C L, DEXTER B A S. Electronic data interchange and small organizations: adoption and impact of technology [J]. MIS Quarterly, 1995, 19 (4): 465-485.

[125] JABBOUR C J C. Green human resource management and green supply chain management: linking two emerging agendas [J]. Journal of Cleaner Production, 2016, 112 (20): 1824-1833.

[126] JABBOUR, CHARBEL JOSé CHIAPPETTA, JABBOUR A B L D S, et al. Environmental management and operational performance in automotive companies in Brazil: the role of human resource management and lean manufacturing [J]. Journal of Cleaner Production, 2013 (47): 129-140.

[127] JAIN A, NANDAKUMAR K, ROSS A. Score normalization in multimodal biometric systems [J]. Pattern Recognition, 2005, 38 (12): 2270-2285.

[128] JASCH C. Environmental performance evaluation and indicators. Journal of Cleaner Production, 2000, 8 (1): 79-88.

[129] JAYARAM J, DAS A, NICOLAE M. Looking beyond the obvious: Unraveling the Toyota production system [J]. International Journal of Production Economics, 2010, 128 (1): 280-291.

[130] JOHANSSON G, SUNDIN E. Lean and green product development:

two sides of the same coin? [J]. Journal of Cleaner Production, 2014 (85): 104-121.

[131] KANNAN D. Evaluation of green manufacturing practices using a hybrid MCDM model combining DANP with PROMETHEE [J]. International Journal of Production Research, 2015, 53 (21): 6344-6371.

[132] KAPLAN R S, NORTON D P. Measuring the strategic readiness of intangible assets [J]. Harvard Business Review, 2004, 82 (2): 52-63, 121.

[133] KAPLAN R S, NORTON D P. The strategy map: guide to aligning intangible assets [J]. Strategy & Leadership, 2004, 32 (5): 10-17.

[134] KAPLAN R S, NORTON D P. Transforming the balanced scorecard from performance measurement to strategic management: Part II [J]. Accounting Horizons, 2001, 15 (2): 147-160.

[135] KAPLAN R. The balanced scorecard - measures that drive performance [J]. Harvard Business Review, 1992, 70 (1): 71-79.

[136] KASSINIS G, VAFEAS N. Environmental performance and plant closure [J]. Journal of Business Research, 2009, 62 (4): 484-494.

[137] KING A A, LENOX M J. Lean and green? An empirical examination of the relationship between lean production and environmental performance [J]. Production and Operations Management, 2001, 10 (3): 244-256.

[138] KITAZAWA S, SARKIS J. The relationship between ISO 14001 and continuous source reduction programs [J]. International Journal of Operations & Production Management, 2000, 20 (2): 225-248.

[139] KLEINDORFER P R, SINGHAL K, VAN WASSENHOVE L N. Sustainable operations management [J]. Production and operations management, 2005, 14 (4): 482-492.

[140] KRUSE A, BUTZER S, DREWS T, et al. A simulation - based

framework for improving the ecological and economic transparency in multi - variant production [J]. Procedia CIRP, 2015 (26): 179-184.

[141] KUMAR S, LUTHRA S, GOVINDAN K, et al. Barriers in green lean six sigma product development process: an ism approach [J]. Production Planning & Control, 2016, 27 (7-8): 604-620.

[142] KUMAR S, N KUMAR, A HALEEM. Conceptualization of sustainable green lean Six Sigma: an empirical analysis [J]. International Journal of Business Excellence, 2015, 8 (2): 210-250.

[143] KUMAR S, S LUTHRA, A HALEEM. Critical success factors of customer involvement in greening the supply chain: An empirical study [J]. International Journal of Logistics Systems and Management, 2014, 19 (3): 283-310.

[144] KURDVE M, ZACKRISSON M, WIKTORSSON M, et al. Lean and green integration into production system models: experiences from Swedish industry [J]. Journal of Cleaner Production, 2014 (85): 180-190.

[145] KURDVE M, DAGHINI L. Sustainable metal working fluid systems: best and common practices for metal working fluid maintenance and system design in Swedish industry [J]. International Journal of Sustainable Manufacturing, 2012, 2 (4): 276-292.

[146] KURIGER G, HUANG Y, CHEN F. A lean sustainable production assessment tool [C] // Proceedings of the 44th CIRP Conference on Manufacturing Systems. 2011, May 31-June 3, Madison, WI, USA.

[147] LAPIDE L. What about measuring supply chain performance? In achieving supply chain excellence through technology [J]. AMR Research, 2000 (2): 287-297.

[148] LARSON T, GREENWOOD R. Perfect complements: synergies between lean production and eco - sustainability initiatives [J]. Environmental

Quality Management, 2004, 13 (4): 27-36.

[149] LAUGEN B T, ACUR N, BOER H, et al. Best manufacturing practices: What do the best-performing companies do? [J]. International Journal of Operations & Production Management, 2005, 25 (2): 131-150.

[150] LEE S Y. Drivers for the participation of small and medium-sized suppliers in green supply chain initiatives [J]. Supply Chain Management: An International Journal, 2008, 13 (3): 185-198.

[151] LEE K H. Why and how to adopt green management into business organizations? The case study of Korean SMEs in manufacturing industry [J]. Management Decission, 2009, 47 (7): 1101-1121.

[152] MAHIDHAR V. Designing the lean enterprise performance measurement systems [R]. Master Thesis, Massachusetts Institute of Technology, 2005.

[153] MANIKAS A S, KROES J R. The relationship between lean manufacturing, environmental damage, and firm performance [J]. Letters in Spatial & Resource Sciences, 2018, 11 (6): 1-15.

[154] MANTOVANI A, TAROLA O, VERGARI C. End-of-pipe or cleaner production? How to go green in presence of income inequality and pro-environmental behavior [J]. Journal of Cleaner Production, 2017 (160): 71-82.

[155] MARTíNEZ-JURADO P-J, MOYANO-FUENTES J. Lean management, supply chain management and sustainability: a literature review [J]. Journal of Cleaner Production, 2014 (85): 134-150.

[156] MATHIYAZHAGAN K, GOVINDAN K, NOORULHAQ A, et al. An ism approach for the barrier analysis in implementing green supply chain management [J]. Journal of Cleaner Production, 2013, 47 (5): 283-297.

［157］ MENDELSON H, PILLAI R R. Clockspeed and informational response：evidence from the information technology industry ［J］. Information Systems Research, 1998, 9 (4)： 415-433.

［158］ MI DAHLGAARD-PARK, SU, PETTERSEN J. Defining lean production：some conceptual and practical issues ［J］. The TQM Journal, 2009, 21 (2)： 127-142.

［159］ MILLER G, PAWLOSKI J, STANDRIDGE C R. A case study of lean, sustainable manufacturing ［J］. Journal of Industrial Engineering & Management, 2010, 3 (1)： 11-32.

［160］ MITTAL V K, SANGWAN K S. Prioritizing drivers for green manufacturing：environmental, social and economic perspectives ［J］. Procedia Cirp, 2014, 17 (15)： 559-564.

［161］ MITTAL V K, SANGWAN K S. Ranking of drivers for green manufacturing implementation using fuzzy technique for order of preference by similarity to ideal solution method ［J］. Journal of Multi-Criteria Decision Analysis, 2015, 22 (1-2)： 119-130.

［162］ MODIG, AHLSTROM P. This is lean：resolving the efficiency paradox ［M］. Stockholm, Sweden：Rheologica Publishing, 2012.

［163］ MOLINA-AZORIN J, TARI J J, CLAVER-CORTES E, et al. Quality management, environmental management and firm performance：a review of empirical studies and issues of integration ［J］. International Journal of Management Reviews, 2009, 11 (2)： 197-222.

［164］ MOLLENKOPF D, STOLZE H, TATE W-L, et al. Green, lean, and global supply chains ［J］. The International Journal of Physical Distribution & Logistics Management, 2010, 40 (1)： 14-41.

［165］ MUSEE N, LORENZEN L, ALDRICH C. Cellar waste minimization in the wine industry: a systems approach [J]. Journal of Cleaner Production, 2007 (15): 417-431.

[166] NADEEM S P, GARZA-REYES J A, LEUNG S C, et al. Lean manufacturing and environmental performance e exploring the impact and relationship [C] // IFIP International Conference on Advances in Production Management Systems (APMS 2017): Advances in Production Management Systems. The Path to Intelligent, Collaborative and Sustainable Manufacturing. Hamburg, Germany: Springer, 2017: 331-340.

[167] NETLAND T. Exploring the phenomenon of company-specific production systems: one-best-way or own-best-way? [J]. International Journal of Production Research, 2013, 51 (4): 1084-1097.

[168] NIGHTINGALE D-J. Principles of enterprise systems [R] // Second International Symposium on Engineering Systems. MIT, Cambridge, Massachusetts: 2009, June 15-17.

[169] O'CONNOR M, SPANGENBERG J-H. A methodology for CSR reporting: assuring a representative diversity of indicators across stakeholders, scales, sites and performance issues [J]. Journal of Cleaner Production, 2008 (16): 1399-1415.

[170] ORSATO R J. Strategies for corporate social responsibility competitive environmental strategies: When does it pay to be green? [J]. California Management Review, 2006, 48 (2): 127-143.

[171] PAGELL M, GOBELI D. How plant managers' experiences and attitudes toward sustainability relate to operational performance [J]. Production and Operations Management, 2009, 18 (3): 278-299.

[172] PAGELL M, WU Z. Building a more complete theory of sustainable supply chain management using case studies of 10 exemplars [J]. Journal of

Supply Chain Management, 2010, 45 (2): 37-56.

［173］PAJU M, HEILALA J, HENTULA M, et al. Framework and indicators for a Sustainable Manufacturing Mapping methodology ［C］//Proceedings of the 2010 Winter Simulation Conference (WSC 2010). Baltimore, Maryland, USA: 5-8 December 2010.

［174］PAMPANELLI A B, FOUND P, BERNARDES A M. A lean & green model for a production cell ［J］. Journal of Cleaner Production, 2014 (85): 19-30.

［175］PODSAKOFF P M, MACKENZIE S B, LEE J Y, et al. Common method biases in behavioral research: A critical review of the literature and recommended remedies ［J］. Journal of Applied Psychology, 2003, 88 (5): 879-903.

［176］PREMKUMAR G, RAMAMURTHY K. The role of interorganizational and organizational factors on the decision mode for adoption of interorganizational systems ［J］. Decision Sciences, 2007, 26 (3): 303-336.

［177］PREMKUMAR G P. Interorganization systems and supply chain management: an information processing perspective ［J］. Information Systems Management, 2000, 17 (3): 56-69.

［178］PUVANASVARAN A P, KERK R S T, MUHAMAD M R. Principles and business improvement initiatives of lean relates to environmental management system ［C］// IEEE International Technology Management Conference (ITMC). San Jose, CA, USA: 2011, December 15-17, June 27-30: 439-444.

［179］RAMAMURTHY K, PREMKUMAR G, CRUM M R. Organizational and interorganizational determinants of edi diffusion and organizational performance: a causal model ［J］. Journal of Organizational Computing and Electronic

Commerce, 1999, 9 (4): 253-285.

[180] RAMILLER S N C. Innovating mindfully with information technology [J]. MIS Quarterly, 2004, 28 (4): 553-583.

[181] RAMOS A R, FERREIRA J C E, KUMAR V, et al. A lean and cleaner production benchmarking method for sustainability assessment: A study of manufacturing companies in Brazil [J]. Journal of Cleaner Production, 2018 (177): 218-231.

[182] RANGANATHAN C, DHALIWAL J S, TEO T S H. Assimilation and diffusion of web technologies in supply-chain management: an examination of key drivers and performance impacts [J]. International Journal of Electronic Commerce, 2004, 9 (1): 127-161.

[183] RANKY P G, KALABA O, ZHENG Y. Sustainable lean six-sigma green engineering system design educational challenges and interactive multimedia solutions [C] // IEEE International Symposium on Sustainable Systems and Technology (ISSST), Boston, MA, USA: 2012, 16-18 May.

[184] RUISHENG N, CHOONG LOW J-S, SONG B. Integrating and implementing Lean and Green practices based on proposition of Carbon-Value Efficiency metric [J]. Journal of Cleaner Production, 2015 (95): 242-255.

[185] SANGWAN K S. Quantitative and qualitative benefits of green manufacturing: an empirical study of Indian small and medium enterprises: globalized solutions for sustainability in manufacturing [M]. Berlin, Heidelberg: Springer, 2011: 371-376.

[186] SARKIS J. A strategic decision framework for green supply chain management [J]. Journal of Cleaner Production, 2003, 11 (4): 397-409.

[187] SCHROEDER D-M, ROBINSON A-G. Green is free: creating sustainable competitive advantage through green excellence [J]. Organizational Dy-

namics, 2010 (39): 345-352.

[188] SERTYESILISIK B. Lean and agile construction project management: as a way of reducing environmental footprint of the construction industry [J] // Optimization and Control Methods in Industrial Engineering and Construction. Intelligent Systems, Control and Automation: Science and Engineering, 2014 (72): 179-196.

[189] SEURING S, MÜLLER M. From a literature review to a conceptual framework for sustainable supply chain management [J]. Journal of Cleaner Production, 2008 (16): 1699-1710.

[190] SEZEN B, ÇANKAYA S Y. Effects of green manufacturing and eco-innovation on sustainability performance [J]. Procedia – Social and Behavioral Sciences, 2013, 99 (6): 154-163.

[191] SHAH R, WARD P T. Lean manufacturing: context, practice bundles, and performance [J]. Journal of Operations Management, 2004, 21 (2): 129-149.

[192] SHARMA S. Managerial interpretations and organizational context as predictors of corporate choice of environmental strategy [J]. Academy of Management Journal, 2000, 43 (4): 681-697.

[193] SHAW S, GRANT D B, MANGAN J. Developing environmental supply chain performance measures [J]. Benchmarking: An International Journal, 2010, 17 (3): 320-339.

[194] SHUB A N, STONEBRAKER P W. The human impact on supply chains: evaluating the importance of "soft" areas on integration and performance [J]. Supply Chain Management, 2009, 14 (1): 31-40.

[195] SILVA S A S, MEDEIROS C F, VIEIRA R K. Cleaner production and PDCA cycle: practical application for reducing the Cans Loss index in a bev-

erage company [J]. Journal of Cleaner Production, 2017 (150): 324-338.

[196] SINGH B J, KHANDUJA D. SMED: for quick changeovers in foundry SMEs [J]. International Journal of Productivity & Performance Management, 2010, 59 (1): 98-116.

[197] SOBRAL M C, JABBOUR A B L S, JABBOUR C J C. Green benefits from adopting lean manufacturing: a case study from the automotive sector [J]. Environmental Quality Management, 2013, 22 (3): 65-72.

[198] SPROEDT A, PLEHN J, SCHCONSLEBEN P, et al. A simulation based decision support for eco-efficiency improvements in production systems [J]. Journal of Cleaner Production, 2015 (105): 389-405.

[199] TAGUCHI G. Introduction to quality engineering: designing quality into products and processes [R]. Asian Productivity Organization, Tokyo, Japan.

[200] THANKI S, GOVINDAN K, THAKKAR J. An investigation on lean-green implementation practices in Indian SMEs using analytical hierarchy process (AHP) approach [J]. Journal of Cleaner Production, 2016 (135): 284-298.

[201] TSENG M-L, CHIU S-F, TAN R-R, et al. Sustainable consumption and production for Asia: sustainability through green design and practice [J]. Journal of Cleaner Production, 2013 (40): 1-5.

[202] UNEP. Resource efficient and cleaner production [EB/OL]. http://www.unep.fr/scp/cp/.

[203] VAIS A, MIRON V, PEDERSEN M, et al. "Lean and Green" at a Romanian secondary tissue paper and board mill—putting theory into practice [J]. Resources, Conservation and Recycling, 2006, 46 (1): 44-74.

[204] VALMOHAMMADI C, AHMADI M. The impact of knowledge man-

agement practices on organizational performance [J]. Journal of Enterprise Information Management, 2013, 28 (1): 131-159.

[205] VELEVA V, ELLENBECKER M. Indicators of sustainable production: framework and methodology [J]. Journal of Cleaner Production, 2001, 9 (6): 519-549.

[206] VENUGOPAL V, SUNDARAM S. An online writer identification system using regression - based feature normalization and codebook descriptors [J]. Expert Systems with Applications, 2017, 72 (Complete): 196-206.

[207] VERFAILLIE H A, BIDWELL R. Measuring eco - efficiency: A guide to reporting company performance [EB/OL]. www.wbcsd.org/web/publications/measuring_eco-efficiency. Pdf.

[208] VERRIER B, ROSE B, CAILLAUD E. Lean and green strategy: the lean and green house and maturity deployment model [J]. Journal of Cleaner Production, 2016 (116): 150-156.

[209] VERRIER B, ROSE B, CAILLAUD E, et al. Combining organizational performance with sustainable development issues: the green and lean project benchmarking repository [J]. Journal of Cleaner Production, 2014 (85): 83-93.

[210] VINODH S, RUBEN R B, ASOKAN P. Life cycle assessment integrated value stream mapping framework to ensure sustainable manufacturing: A Case Study [J]. Clean Technologies and Environmental Policy, 2016, 18 (1): 279-295.

[211] WERNERFELT B. A resource-based view of the firm [J]. Strategic Management Journal, 2010, 5 (2): 171-180.

[212] WIENGARTEN F, FYNES B, ONOFREI G. Exploring synergetic effects between investments in environmental and quality/lean practices in supply

chains [J]. Supply Chain Management – an International Journal, 2013, 18 (2): 148–160.

[213] WONG W P, IGNATIUS J, SOH K L. What is the leanness level of your organisation in lean transformation implementation? An integrated lean index using ANP approach [J]. Production Planning & Control, 2014, 25 (4): 273–287.

[214] WONG W P, WONG K Y. Synergizing an ecosphere of lean for sustainable operations [J]. Journal of Cleaner Production, 2014 (85): 51–66.

[215] WU L, SUBRAMANIAN N, ABDULRAHMAN M D, et al. The impact of integrated practices of lean, green, and social management systems on firm sustainability performance: evidence from Chinese fashion auto–parts suppliers [J]. Sustainability, 2015, 7 (4): 3838–3858.

[216] WU I-L, CHANG C-H. Using the balanced scorecard in assessing the performance of e–SCM diffusion: A multi stage perspective [J]. Decision Support Systems, 2012, 52 (2): 474–485.

[217] YANG M G, HONG P, MODI S B. Impact of lean manufacturing and environmental management on business performance: An empirical study of manufacturing firms [J]. International Journal of Production Economics, 2011, 129 (2): 251–261.

[218] YEE R W Y, YEUNG A C L, CHENG T C E. The impact of employee satisfaction on quality and profitability in high–contact service industries [J]. Journal of Operations Management, 2008, 26 (5): 651–668.

[219] YÜKSEL H. An empirical evaluation of cleaner production practices in Turkey [J]. Journal of Cleaner Production, 2008, 16 (1): S50–S57.

[220] YUSUP M Z, MAHMOOD W H W, SALLEH M R, et al. Review the influence of Lean tools and its performance against the index of manufacturing sustainability [J]. International Journal of Agile Systems and Management,

2015, 8 (2): 116-131.

[221] ZHOU Z, CHENG S, HUA B. Supply chain optimization of continuous process industries with sustainability considerations [J]. Computers & Chemical Engineering, 2000, 24 (2-7): 1151-1158.

[222] ZHU K, KRAEMER K L, XU S. The process of innovation assimilation by firms in different countries: a technology diffusion perspective on e-business [J]. Management Science, 2006, 52 (10): 1557-1576.

[223] ZHU QINGHUA, JOSEPH SARKIS, KEEHUNG LAI. Examining the effects of green supply chain management practices and their mediations on performance improvements [J]. International Journal of Production Research, 2012, 50 (5): 1377-1394.